R&D

Virtual R&D Network and Governance Mechanism

虚拟R&D网络及其治理机制研究

——以中国生物制药产业为例

洪 进 洪 嵩/著

北京大学出版社
PEKING UNIVERSITY PRESS

图书在版编目(CIP)数据

虚拟R&D网络及其治理机制研究/洪进，洪嵩著. —北京：北京大学出版社，2016.11
ISBN 978-7-301-27789-8

Ⅰ. ①虚… Ⅱ. ①洪…②洪… Ⅲ. ①互联网络—应用—生物制品—制药工业—工业企业管理—研究—中国 Ⅳ. ①F426.7-39

中国版本图书馆CIP数据核字（2016）第282786号

书　　名	虚拟R&D网络及其治理机制研究 XUNI R&D WANGLUO JI QI ZHILI JIZHI YANJIU
著作责任者	洪　进　洪　嵩　著
策划编辑	王显超
责任编辑	罗丽丽　刘　丽
标准书号	ISBN 978-7-301-27789-8
出版发行	北京大学出版社
地　　址	北京市海淀区成府路205号　100871
网　　址	http://www.pup.cn　新浪微博：@北京大学出版社
电子信箱	pup_6@163.com
电　　话	邮购部62752015　发行部62750672　编辑部62750667
印 刷 者	北京京华虎彩印刷有限公司
经 销 者	新华书店 655毫米×980毫米　16开本　18印张　293千字 2016年11月第1版　2016年11月第1次印刷
定　　价	56.00元

前　言

在全球化和网络化的快速发展过程中，创新组织的形态也处于深刻的演化和衍生发展之中，其中虚拟网络型组织形态是其最为重要、最为复杂的现象之一，需要加以持续深入的探索和研究，这对于风起云涌的大数据时代到来也具有长远和深刻的理论及实践价值。

一、学术价值和作用

本书基于创新系统、社会网络、交易区等理论和方法，对虚拟 R&D 网络的本质和内在机制进行了理论和实证上的探索性研究，并结合国内生物制药产业发展的实践，对我国生物制药产业进行了应用性研究，并取得了较为丰硕的研究成果，不仅丰富了虚拟 R&D 网络理论基础，还对我国生物制药产业的发展提供了有益的启示。

第一，通过持续跟踪和系统研究虚拟 R&D 组织理论，对现代科研组织的基本逻辑和趋势进行分析，对虚拟 R&D 组织的治理机制进行研究，并创新地借助行动者网络理论对虚拟 R&D 组织中的技术创新风险进行分析，并对其治理模式进行构建，同时首次借助“交易区”理论来探讨我国生物制药产业虚拟 R&D 组织中知识资源的状况、传播、创新等问题，这些研究成果进一步丰富了 R&D 组织的理论框架和方法论基础。

第二，通过国际比较，对国外生物制药产业发展的成功经验进行总结，为我国生物制药产业发展提供启示。立足于国内，对国内生物制药产业研发投入、专利产出及 R&D 组织模式进行研究，分析我国生物制药产业发展中存在的问题，提出优化资源配置、完善 R&D 组织治理模式等建议，有助于推进我国生物制药产业 R&D 组织的建设。

第三，从发明者网络的视角，对我国生物制药产业合作网络的演化特征进行分析，重点讨论了生物制药产业的发明者合作强度、专利合作率、子网络的密度、平均中心度、高产发明者所占比例、重复发明者等方面的问题，揭示了我国生物制药产业发明者合作网络的特征，并进一步分析其对专利质量的影响，从发明者合作网络的角度提出提高专利质量的决策建议。

二、特点

本书不仅对虚拟 R&D 组织理论做了进一步的研究，还结合我国生物制药产业的实践，对我国生物制药产业研发投入产出、R&D 组织模式、知识共享、治理机制等方面的问题进行研究，取得了丰硕的研究成果，对虚拟 R&D 组织理论和产业发展实践都具有积极的意义。本书主要具有以下特点。

第一，创新性和学术前沿性。本书以"交易区"理论、"行动者—网络"理论、边界客体理论等国际前沿理论作为新的理论基础，揭示了虚拟 R&D 网络组织的内在机制，包括组织结构、组织运行、知识传播、知识创新等方面的问题，这在国内同类著作中极少涉及。

第二，强调国内外比较研究。本书展开了生物制药产业 R&D 活动的国际比较研究，为我国生物制药产业发展提供了有益的分析视角。

第三，基于理论和实证相结合的方法，强调实证研究方法，对生物制药产业发明者合作网络的特征进行分析，并进一步明确了发明者合作网络特征对专利质量的影响，定量刻画虚拟 R&D 网络的整体特征和内在机制。

第四，对我国四大国家生物制药产业的创新模式进行比较分析，并对中欧生物科技合作创新网络(BIONET)的运行和治理机制进行了分析。这既可以强化本研究的实践意义，也可以增强可读性。

本书与目前网络经济、创新创业等热点问题紧密相联，在主题上契合时代的关注焦点，具有一定的潜在市场需求。从学术研究的角度看，本书具有较强的探索性和学术价值，可以提供给经济管理类的学者和研究生以较高的参考价值；从管理实践的角度看，本书结合了组织管理实践和生物制药产业，故可以为从事管理工作的实践者提供参考。

洪　进　洪　嵩

2016 年 5 月

目　录

第一篇 研究背景与理论基础

第 1 章

导 论

自近代科学诞生以来，科学理论的扩散和技术工具的应用互相融合与促进，持续地催生了现代大工业体系的建立与演化，造就了匪夷所思的物质财富，科学技术已经逐渐成为现代人类社会发展和文明进步最为重要的源泉和动力。然而，在这一发展过程中，科学技术活动本身也随着时代的发展而在经历着持续的演化，并不断获得日益丰富的内容和表现形式，而这种演化的重要表现之一就是科学技术活动的组织形式的变化。回顾科技和产业发展的历史可以发现，经过 19 世纪科学技术建制化(Institutionization)的初步开展，科学技术在 20 世纪中完成了从“小科学”向“大科学”(Big Science)的深刻转变，政府、企业、大学等领域中的科技组织与管理体制得到极大的发展，各种样式的 R&D 组织不断涌现。更为重要的是，在最近的二三十年间，由于全球化进程的深化、市场竞争环境的变化、科学技术的快速发展、新的管理理念的冲击以及信息通信技术的应用，传统的 R&D 组织逐趋向合作化、网络化、分散化和虚拟化，并产生了虚拟 R&D 网络这种新的组织方式。

从 R&D 组织的演化逻辑和实践来看，随着互联网技术的扩散和新兴产业的兴起，虚拟 R&D 组织正处于迅速的成长过程之中，具有广阔的发展空间。然而，目前对于虚拟 R&D 组织的理解还是相当有限的，也缺乏系统深入的研究。本书以此为研究对象，深入探讨虚拟 R&D 网络的本质和内在规律，尤其是分析虚拟 R&D 网络的复杂形态以及治理机制，以图深化对其的认识与理解。同时，以迅速成长的生物制药产业为例，探讨生物制药产业 R&D 组织的治理机制以及知识管理与创新，以期对管理实践有所裨益和启示。

1.1 研究背景与问题的提出：网络时代的虚拟 R&D 组织

从科技创新活动方式的历史演化来看，最近半个多世纪是科学技术体系变化最为剧烈和深刻的时期，目前正处于变革的深化阶段，涉及极为广泛的复杂内容，包括科学技术的知识增长、组织方式、管理工具、社会经济影响等，也表现出若干重要的特征。

1.1.1 全球化趋势和 R&D 国际化

自第二次世界大战以来，随着政治环境较为稳定和交通技术日趋发达，经济全球化趋势越来越强盛，国际贸易的增长也呈现出加速的态势。据统计，1870—1900 年间国际贸易额增长 1.65 倍，而 1950—1990 年这 40 年间增长 56 倍；20 世纪 80 年代 10 年期间，世界贸易额年平均增长 9%，是同期国民生产总值增长率(3%)的 3 倍。以世界贸易出口额与世界 GDP 的比率来看，1960 年为 12.2%，1980 年为 21.8%，1990 年则增至 33%。正是经济全球化力量的推动，各类经济要素的流动加速，世界上各个国家、地区、组织之间的联系已日趋紧密，相互依赖程度也大大提高。

与此同时，随着跨国公司的全球扩张和国际合作的增强，以及科学技术研究自身的发展，R&D 活动也进入了一个国际化或全球化的时代。为此，美国工程科学院专门设立委员会，研究美国应采取的对策；日本通产省于 1990 年提出“科技全球化”的概念，开放许多政府项目，鼓励企业参与国际合作，希望能够站在这一趋势的前列。简而言之，R&D 国际化是在全球化趋势下，各国(地区)科技共同体协调与融合的发展过程。目前 R&D 国际化主要表现为科技问题的全球化、科技研究手段的全球化、科技组织和研究实施的全球化、科技资源的全球化、科技影响和成果评估的全球化等等。显然，这一发展趋势是以信息网络技术的迅速发展为支撑，受跨国公司等主体在全球获取能力和资源、提高竞争力、实现全球利益等内在动机的驱动；同时，科技全球化也是科学和技术知识发展特性以及科技活动自身特点所要求的。

在这一趋势中，跨国公司 R&D 国际化活动是最为活跃的，各大公司的 R&D 海外投资增长迅速。例如美国公司海外研发投资总额已从 1987 年的 52 亿美元提高到 1997 年的 147 亿美元，10 年间海外研发投资的增长速度是其国内研发投资增速的 3 倍(Dalton & Serapio，1999)，见图 1.1；各国公司用于海外 R&D 预算占 R&D 总预算的比重也在日益增加，其中(80 年代末)德国公司约占 17%，瑞典公司约占 23%，美国公司约占 10%，日本公司约占 50%。同时，为了应对日益激烈的市场竞争，跨国公司纷纷在海外设立研发机构，例如 Cannon 公司在 5 个国家的 8 个研究所进行研究开发活动，Motorola 拥有位于 7 个国家的 14 个研究所，Bristol-Myers Squibb 在 6 个国家有 12 个研究所。另外，跨国公司还围绕新技术开发、技术标准等问题，积极参与建立和发展国际战略技术联盟，其中，生物、信息和新材料等技术领域的国际战略技术联盟从 1980 年的 120 个增长到 1995 年的 600 个左右。

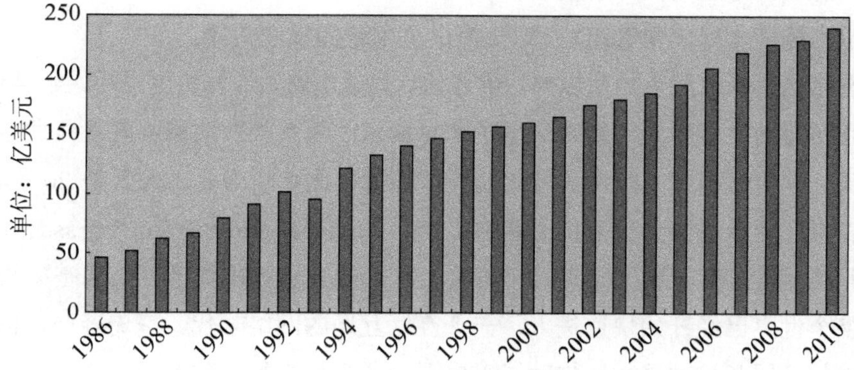

图 1.1　美国跨国公司海外 R&D 投资增长示意图

同时，各个国家政府也顺应经济全球化的大势，根据各自的基础和国情，积极鼓励科学技术研究的国际合作，并给予越来越多的 R&D 财政支持。如美国政府 1995 财政年度用于国际科技合作的经费为 33 亿多美元，占当年联邦政府研究与开发支出总预算的 4%以上；芬兰政府在 1998—2000 年的科学政策中，明确规定用于支持参与国际合作的经费不低于政府科技经费的 3.96%；瑞士政府在 20 世纪 90 年代后期为国际科技合作提供的费用占其研究与开发经费的 14%。

进入 21 世纪以来，随着以金砖国家为代表的新兴经济体的迅速崛起，其科学技术活动也愈益活跃，创新投入快速增加，例如中国的全社会 R&D 费用占 GDP 的比例已经从 20 世纪 90 年代的 0.5%，上升到目前的 2%。同时，欧美发达国家的跨国公司不断将其研发中心或技术中心分布于发展中国家，而中国等新兴国家也逐步在全球分布其 R&D 机构，如华为公司已经设立了 16 个海外研发中心，包括德国、瑞典、美国、印度等国家。公司间的 R&D 合作趋势也在逐步加强，组织形式日益丰富多元化，如技术联盟、技术转让、合资研发、交叉股权持有等。

正是在这样的时代潮流中，R&D 活动已呈现出网络化、国际化、交叉合作、虚拟化等新的特点，由此引发的管理问题却日益复杂，这值得我们给予极大的关注来加以深入研究。

1.1.2 信息技术和网络社会

从技术史的角度看，如同蒸汽机、电力技术、化学工业技术等重大技术创新一样，现代信息通信技术的发展和应用深刻地改变了我们生活的世界及其活动方式，也为经济全球化和 R&D 全球化提供了主要的技术支撑。

自第二次世界战争结束以来，半导体、集成电路、计算机的发明，数字通信、卫星通信等的发展形成了新兴的电子信息技术，使人类的沟通交互手段发生了质的飞跃，并给世界带来了两大变化趋势，即数字化和网络化。尤其是 20 世纪 90 年代以来，随着美国“国家信息基础设施”(National Information Infrastructure，NII)计划的实施和发展，日本、新加坡、欧洲委员会等相继推行信息基础设施建设，整个世界已经开始快速进入了一个互联互通的网络时代。毫无疑问，信息通信技术的应用和扩散极大地推动了以电子商务为代表的全球商贸活动及其网络化的发展，全球性的产业整合和资源配置不断深化。总之，信息技术不仅改变了国际产业环境和技术生态，而且深刻地改变了人类社会的结构方式，使得我们已然生活在网络化的、虚实相间的当代社会之中，并持续地改变着人们的生活方式、思维方式和工作形态。

更为重要的是，信息技术的发展使得全球范围的实时通讯和交流成为可能，原先阻碍 R&D 网络化、虚拟化和国际化的因素迅速弱化甚至消失。实际上，原先跨国公司和其他科研机构之所以不愿意采取相对分散化、虚拟化的 R&D 模式，重要的原因之一就是因为在传统的技术和组织环境中，难以保证合作研发各方之间的有效沟通和信息交流，组织运行和管控的成本太高。因此，当代信息网络技术的发展使得组织间的合作与交流突破了时间和空间上的约束和限制，降低了知识沟通和协作成本，改善了全球范围内的知识生产效率，促进了跨国间和跨组织间的知识整合与知识扩散，极大地克服了知识传递过程中的黏性(stickiness)和隐形损耗，从而使得知识生产与扩散的虚拟 R&D 网络组织形式成为更为有效的知识创新模式。

1.1.3　知识经济和知识创新

自 20 世纪中期以来，知识与经济之间的互动日益增强，人类开始逐渐步入知识经济时代。传统制造业经济比重下降，现代服务业比重日益加大，知识经济迅速发展，知识社会正在形成。1996 年，OECD 组织发表了题为《以知识为基础的经济》的报告，将知识经济定义为建立在知识的生产、分配和使用(消费)之上的经济；而所提及的知识包括人类迄今为止所创造的一切知识，最重要的部分是科学技术、管理及行为科学知识。显然，人类的发展将更加倚重自己的知识和智能，知识经济将取代工业经济成为时代的主流。近些年来为人们日益关注的知识密集型服务业(Knowledge-Intensive Business Service，KIBS)正是反映了这一发展趋势，知识密集型服务业指的是企业在提供服务时融入大量科学、工程、技术等专业性知识的服务产业，包括提供信息服务、财务咨询、研发与技术服务、网络服务、环境保护、生物科技、节能技术、运输仓储、传媒、进出口贸易、通信、国际化服务等组织。更重要的是，知识密集型服务业具有高度的创新功能，在为客户提供服务的同时，企业组织自身必须吸收新知识，学习新技术，不断提升创新能力，创造出适合技术和生产发展新要求的知识应用模式，而且在创新过程中扮演着推动者、传播者和发起者的多重角色。

在知识经济时代，知识成了继土地、劳动、资本之后的又一生产要素，而且是最为重要的要素，技术创新和知识创新的能力已经成为知识社会中国家和企业的核心竞争力。1997 年英国政府对 300 家大型跨国公司进行的调查发现，它们将平均销售收入的 4.6%用于知识创新，其中，丹麦、加拿大和芬兰的公司平均分别将销售收入的 16%、11%和 10%用于知识创新，孟山都公司将销售收入的 22%用于知识创新。也正因为如此，R&D 活动愈来愈成为企业、政府和社会关注的焦点之一。

1.1.4 组织演化和虚拟组织的发展

自工业革命以来，现代组织的演化存在三种重要的发展方向，即从科层制组织向网络化组织发展，从独立性组织向合作型组织发展，从实体组织向虚拟组织发展，呈现出组织形态柔性化、灵捷化的基本趋势。

首先，传统的科层制组织面临着越来越大的巨大挑战，日益激烈的竞争环境和信息技术的应用促使企业向网络化结构演进。早在 1994 年 5 月到 1996 年 12 月间，来自制造业、金融业、教育、公共事业、卫生等领域的 2 088 位管理者参加了 IBM 的高级商务研究所(Advanced Business Institute)的培训学习课程，当要求这些管理者描述未来组织所面临环境的特征时，其中 51%的被调查者将网络的竞争环境描述为“持续的非连续性”(Continuous Discontinuity)，其中已知的影响组织绩效的因素具有难以预见的作用，而一些不能被现有模式解释的新要素则成为决定组织成功与否的重要变量；另外有 25%的被调查者则认为未来环境的特征是“一次间断，随后是持续的、渐进式(Incremental)的变化”(Karen Stephenson，1997)。显然，如此复杂多变的竞争环境要求企业组织结构应该具有充分的灵捷性和适应性，而网络化的组织正是一种能很好地适应环境变化的组织模式。

其次，日益激烈的竞争环境提升了企业间竞争的级别和复杂性，传统的单打独斗式(Get-It-Alone)的竞争战略开始为群体式、合作式竞争所替代，企业和其他竞争性组织更加注重外部资源的利用和整合，主动地寻找合作伙伴(包括其他企业、政府、大学等)以增强自身的竞争能力和扩大战略空间。例如，世界医药产业正在形成以知识为基础的网络式生物制药 R&D 联盟，几乎所有的大医药公司都同其他医药、生物技术公司或研究机构建立了 R&D 联盟或技术伙伴关系，如史密斯兰(Smithline)公司 1995 年在全世界拥有 140 个技术创新联盟，葛兰素史克公司有 60 多个。许多小一些的生物技术公司由于承受不了迅速上升的 R&D 成本而在财务上陷入困境，也纷纷加入了联盟的行列。

最后，由于组织边界的固化，传统的实体组织在市场竞争中日益表现出资源上和能力上的局限性，为了应对这样的困境，企业必须突破或扩展原有实体组织的时空界限，整合更多、更优质的资源，以适应外部环境的快速变化。例如，美国戴尔公司同时进行虚拟生产、虚拟销售，使其经过十几年的发展便成为一个销售额达 120 亿美元的大公司。因此，自 20 世纪 90 年代以来，以虚拟企业和企业联盟为代表的网络化企业组织，成为当前发达国家中流行的企业组织新形式，在全球范围内掀起了日渐主流的热潮。可以说，虚拟组织越来越被实业界和理论界所重视，被称为企业组织的第五代创新，是未来企业组织发展的方向之一，也是最有前途和竞争力的组织形式之一。

正是在这样的背景下，技术进步和管理理念的变革正在迅速地改变着各类组织的形态和结构，而这一变化也强烈地反映在 R&D 活动领域，R&D 活动的虚拟化、网络化、协作化等趋势已日益明显和普遍，因此，对这一深刻的组织变化的系统研究就显得尤为重要和迫切。

1.2 研究的重要性与意义

从创新管理的理论和实践来看，虚拟 R&D 网络组织的兴起和发展是组织和创新研究的重要课题，它不仅呼吁学者们开展更为深入的思考和探索，而且提供了丰富创新理论内涵的重要契机，具有较高的前瞻性和引领性。

首先，科学技术创新已经成为企业和国家间竞争的关键因素，而有效地发挥科技创新资源的潜在功能在很大程度上取决于采取何种组织形式来开展科技创新活动，本书的研究力图揭示现代科学技术创新活动在组织管理方面的新趋势，深化对于虚拟 R&D 网络这一新的组织形态的理解，并将理论探索的结果应用到高技术产业领域的管理实践。由于虚拟 R&D 组织是由信息、技术、人才等资源有效集成的网络结构，既是一个精密的组织体系，又是一个资源和能力可迅速扩大的动态联盟。因此，虚拟 R&D 网络比传统科研机构拥有更丰富的资源禀赋，能在更大范围内进行资源的优化组合，以低成本达到组织柔性的目的，满足瞬息万变的市场环境。虚拟 R&D 组织反映了科学技术活动领域组织间合作网络化和全球化的趋势，它所采取的全新创新理念、灵捷动态的组织结构、战略资源的混合治理机制等，使得这种新型组织方式体现出前所未有的生命力和发展前景。因此，笔者认为虚拟 R&D 组织是最有发展前景的创新组织形式之一，它打破了现存价值链结构，实现了资源特别是科技及相关战略性资源的重新组合和优化，比其他科研组织更适应全球化时代竞争日益激烈、技术生命周期日益缩短、客户导向日益明显的新环境，对这一现象的理论探索具有重要的价值。

实际上，自 20 世纪末开始，虚拟 R&D 网络组织在实践领域中已经有了相当的发展，但至今仍缺乏对它的系统研究。本书立足于系统性和创新性，通过对虚拟 R&D 网络的组织形态及其治理机制的全面研究，有助于我们理解现代科研组织的基本逻辑以及发展趋势，并力图构建起新的理论框架和方法论。

其次，对虚拟 R&D 网络的探索和分析将对虚拟组织的研究有积极的推动作用。虽然虚拟组织和虚拟企业的研究一直是近十多年来管理科学领域内的研究热点之一，国内外的专家们也开展了一些开拓性的工作(Mowshowitz，1986&1997；Davidow and Malone 1992；Byrne et al. 1993；Goldman et al. 1995；Kasper-Fuehrer and Ashkanasy 2001&2003；Martins et al. 2004；Gilbson et al. 2006；Gilson et al. 2015)，但始终有难以深入之困境，基础性、系统性的工作较少。笔者以为原因之一即在于作为现实研究对象的虚拟组织呈现出多样性和复杂性，影响因素及其相互间的关系极为复杂，各类虚拟组织之间存在较大的差异性，而理论基础和工具较为欠缺，研究的切入点则往往流于宽泛，因此推进研究的关键在于对于不同类型或领域的虚拟组织的微观研究，以取得更为具体可靠的研究成果。本研究不仅对虚拟 R&D 网络进行类型学研究，而且选择生物制药产业作为实证研究的对象，进行更为深入的分析和探讨。

再次，虚拟 R&D 网络是现代 R&D 组织发展的重要趋势之一，对它的研究同样具有重要的现实意义。一方面，以网络结构为特征的虚拟 R&D 组织着眼于系统性思考，立足于科技资源的优化配置，这与国家创新体系建设的内在逻辑是一致的。与以前的改革相比，现阶段我国国家创新体系建设的关键不在于分立的政策措施，而在于资源优化配置的系统设计，即跨组织的网络创新。因此，基于信息技术的虚拟 R&D 网络组织的理论研究与实践，对于国家创新系统和创新型国家建设意义重大。另一方面，从微观企业的管理实践来看，企业组织结构的虚拟化和网络化对传统层级制组织管理提出巨大挑战，传统的管理理论和工具难以应对这些新问题，而本研究将会就此展开一些具有应用价值的实证研究和案例分析，以期为产业界提供若干启示和借鉴。

最后，作为创新活动最为密集的高技术产业(Science-Based Industry)，生物制药产业在全球范围内受到各国政府的高度重视，被视为 21 世纪的关键产业之一。无论是政策上的扶持，还是科研经费的大规模投入，都反映出生物制药产业正被逐渐提升到一个国家经济发展的战略高度。我国政府也已经制定出相关政策和激励措施，力图将生物产业培育成为中国高技术领域的支柱产业，但是我国在这一领域的科研水平和创新能力仍然不高，这也严重束缚了产业本身的发展。因此，本研究关注于探索这一产业的 R&D 活动的基本特征和规律，这既可以帮助决策者对已有 R&D 组织进行有效的变革和再造，也可以衍生出更具有科学性、前瞻性的政策建议，为中国生物制药业的技术进步和产业发展提供理论与政策参考。

1.3 研究方法

1.3.1 社会网络分析方法

近二十年来，社会网络分析(Social Network Analysis，SNA)逐渐成为社会科学研究的重要方法，关注的焦点是一组行动者之间的关系及其关系模式，其核心思想是以关系为研究的视角来阐明社会现象和社会结构，采用的方式和方法从概念上有别于传统的统计分析和数据处理方法。传统统计学处理的数据对象是关系数据，且以关系为其分析单位，社会网络分析的数据对象是属性数据。目前，社会网络分析方法的思想已经广泛应用到心理学、社会学、经济学等多学科领域的研究中。社会网络分析可以提供一些结构指标来分析网络结构特征，如个人的程度中心性、网络的平均程度中心性、中介中心性、网络密度等。

在本研究中，社会网络分析不仅用于整体逻辑框架的设计和概念基础的构建，而且应用于产业创新的实证分析。简而言之，社会网络是由点和线所构成的，在本研究中的生物医药产业专利发明者合作网络中，“点”即是合作专利中的“发明者”，亦即网络中的行动者(Actor)。一对发明者之间若是存在合作关系，则在他们之间显示为一条无向“线”，即网络中的关系(Relation)。

从方法和工具上来看，本书实证研究部分所讨论的网络非常复杂，主要表现在节点数目(也即发明者人数)庞大，通常达到几千个，采取恰当的分析软件是非常重要的。目前，虽然已经存在不少算法来对复杂网络的这种拓扑结构进行分析，但它们通常都是基于网络的矩阵表达形式，因而非常耗时耗空间，它们仅仅适用于中等规模(即节点数为几百)的网络。而 Pajek 软件能够快速有效地来分析和仿真复杂网络。因此，本书将采用 Pajek 软件来分析我国生物医药产业专利发明者合作网络，并通过 Pajek 的分析得到六个子网中的指标：发明者总人数、合作次数大于等于五次的发明者人数、重复发明者对数、网络密度、网络平均程度中心度、中介中心势、个人的标准程度中心度；同时，Pajek 强大的可视化界面，可以更为便利地绘制出六个子网的高产发明者的合作网络演化图。

1.3.2 专利分析方法

世界上第一部专利法自 1474 年出现至今已有五百多年的历史，已经发展为较为完善的法律制度，旨在鼓励发明创造、推动科技进步和经济发展。显然，专利是技术信息最有效的载体。首先，专利文献涵盖了全世界 90%以上的最新技术信息，与一般技术刊物相比，专利所提供的信息更是要早 5～6 年，且内容丰富而准确；其次，根据世界知识产权组织的研究显示：专利信息的有效地利用，可以使得研发工作的技术研发周期平均缩短 60%，同时节约科研经费 40%。因此，在当今技术信息爆炸性增长的时代背景下，企业和国家获取竞争优势的关键之一就在于能否充分有效地利用专利文献信息，并将其转化为具有创新性的产品和服务，提升其核心竞争能力。

但是，在很长一段时间内，人们并没有充分意识到专利信息的真实价值，缺乏对其内在技术信息的挖掘和利用。专利分析方法最早出现的标志是 Seidel 于 1949 年首次系统地提出专利引文分析的概念，他认为专利引文是基于相似观点的后继专利对先前专利的引证，与此同时，他还提出了一个重要的设想：若某专利的被引频率较高，那么它所包含的技术也相对的重要。但这个关于专利质量具有启发性作用的观点直到 1981 年才得到进一步的重视和证实。在计算机技术、万维网以及专利数据库不断完善的同时，专利分析方法体系也趋于成熟，并开始应用于企业战略分析当中。

专利分析法是指对相关的专利文献进行筛选、统计、分析，最终使之成为有价值信息的方法。专利文献所包含的信息也就是专利信息的内涵(见表 1-1)，是专利分析的主要对象和内容。从表 1-1 中可以看出，专利文献包含的信息内容非常广泛，可以据此将它们转换为有用的技术信息、法律信息、经济信息、战略信息等。

表 1-1　专利文献所包含的信息

申请号	名称	主分类号	分类号	申请人	发明人	公开日	公开号	专利代理机构	代理人	申请日	地址	国省代码	优先权	权利要求	摘要	……

本书以国家知识产权局 2000—2009 年受理的所有生物医药产业专利数据为样本，运用专利分析的方法探讨以下若干问题：生物医药产业的专利申请和授权的总趋势；国外生物医药专利申请授权所属国家分布情况；国内生物医药专利申请、授权所属地区分布状况；国内外生物医药研究开发的技术领域分布；中国生物医药产业专利权利要求项数与美国在华申请专利的权利要求项数对比图，等等。

1.3.3　其他分析方法

根据研究对象和问题的差异，本书还采用了传统的统计分析和计量经济的研究方法，如负二项回归等，开展了相应的数据分析和实证研究。同时，本研究还采用了文献研究、比较研究和案例研究等方法，对虚拟 R&D 网络和生物制药产业中的研发活动进行了深入的研究，包括虚拟 R&D 网络组织的治理机制、知识共享机制等问题。

1.4　研究基本框架与内容

本书的研究主要从两个方面展开：一是相关的基础理论研究，即采用质性研究(Qualitative Analysis)与定量研究相结合的方法，深入探讨虚拟 R&D 网络的范畴体系、演化机制、基本形态以及网络化治理机制等；同时，利用行动者网络理论、

“交易区”理论和“边界客体”理论，分析虚拟 R&D 网络的知识管理和创新的内在机制。二是以中国生物制药产业为例，从实证和案例研究的角度，探讨生物制药产业中的专利者网络结构、创新绩效、网络治理机制等问题。

本项目的研究框架和基本思路见图 1.2。

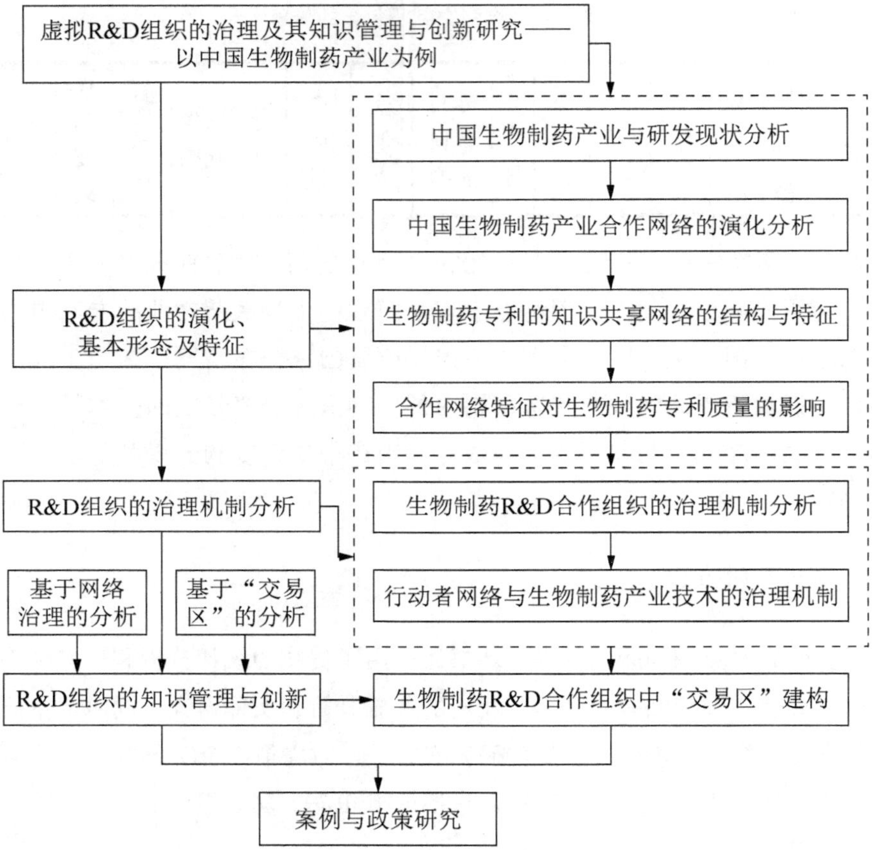

图 1.2　本项目的研究脉络图

具体来说，本书研究的主要内容包括以下几个方面。

1. 虚拟 R&D 组织的基础理论及其治理机制分析

现有的组织管理和创新理论还无法很好地解释虚拟 R&D 活动的内在机制或规律，本书将对这一问题展开探索性的研究，试图构建一个具有系统性的解释性理论框架，为本课题研究提供较为扎实的概念和逻辑基础。

第一，以网络组织的研究为基础，分析和探讨与虚拟 R&D 组织相关的范畴体系及其理论基础，主要包括“行动者-网络”理论(Actor-Network Theory)、“交易区”(Trading Zone)理论、创新管理理论、社会网络(Social Network)理论、虚拟组织理论、交易成本(Transaction Cost)理论等，为本研究提供较为广泛和扎实的理论和方法论基础。

第二，从历史的长镜头出发，分析 R&D 组织形式演化的具体进程，提炼出其内在的发展轨迹，并以此论证虚拟 R&D 网络组织产生的历史和逻辑上的必然性。

第三，深入分析虚拟 R&D 组织的基本形态，探讨虚拟 R&D 组织的基本内涵和特征，并结合科技创新发展的实践和时代背景，研究虚拟 R&D 组织的不同形态及其内在特征，并试图对虚拟 R&D 组织的空间特征进行深入探讨。

第四，结合现代治理理论的最新成果，分析虚拟 R&D 网络的三种治理机制，即基于信任的治理、基于契约的治理以及基于技术创新的治理，揭示出虚拟 R&D 网络的运行模式以及微观治理机制。

2. 基于网络治理的虚拟 R&D 组织的知识管理与创新研究

R&D 组织的核心功能体现为知识的创新、生产、应用和转化，因此本书的研究重点之一即是知识创新与管理的相关问题分析，但本研究力图以近些年若干新的理论进展为视角，揭示这一知识网络的深层机制。

第一，运用盖里森(Peter Galison)的“交易区”理论，分析虚拟 R&D 网络中成员、子机构间的“交易区”的形成机制，从微观层面上分析不同成员、子机构之间的关联性及其生成过程，并进一步探讨其内在的特征。

第二，研究虚拟 R&D 网络中知识资源状况、网络知识传播的功能分析和机制分析、知识溢出与知识产权治理、知识管理模式等方面。

第三，利用边界客体(Boundary Objects)对“交易区”进行解剖和分析，对边界客体的内涵和作用进行详细叙述，并具体探讨“交易区”中知识共享的关键机制，分析在“交易区”中实现知识共享的具体方式，并以现代生物制药产业为例，具体探讨生物制药 R&D 组织中“交易区”的建构。

3. 中国生物制药产业 R&D 活动的现状分析及其国际比较

从现代高技术及其产业发展来看，生物制药产业是最为典型的前沿性产业类型(Science-Based Industry)，也是 R&D 强度最高的产业，科技研究活动也最为活跃而复杂，因此本书选择这一产业作为实证研究的主要对象，力图获取具有应用价值的研究结果。

第一，分析我国生物制药业及其科研活动的现状和特点。根据政府公布的数据以及其他相关文献，总结和分析我国生物制药业的基本状况和特征，如规模、结构、布局、专利特征等；研究我国生物制药业科研活动的基本状况，如资金投入、人力资源状况、组织结构、科研产出与效率等，为后续的研究提供现实基础和依据。

第二，生物制药产业的国际比较。根据 OECD、世界银行等国际机构提供的数据和研究报告，以及相关学术研究成果，分析全球生物制药业及其科研活动的基本状况和发展趋势；选择若干欧美发达国家(如美国、英国、德国等)、若干发展中国家(如印度、巴西等)及若干亚洲国家(如日本、韩国、新加坡等)作为 3 个样本群，具体研究这些国家生物制药业及其科研活动的发展状况和特征；研究中国与样本国家在生物制药业及其科研活动方面的异同，为我国生物制药业发展提供有益的借鉴。

第三，生物制药业 R&D 组织模式研究通过国内外比较研究，提炼出若干典型的生物制药业 R&D 组织模式，并分析各自的特征。

4. 中国生物制药产业专利网络特征、演化及其对创新质量影响的研究

基于对国内外生物制药产业的基本现状分析，本书进一步展开相关的实证研究。

第一，以 2000—2009 年的专利数据为样本，分析了中国生物医药产业中专利发明者合作网络的特征和演化过程。研究结果显示：发明者合作强度不断增强；专利合作成为生物医药技术创新的主要合作方式；网络平均中心度整体上呈现不断递增趋势；高产发明者以及重复合作者对所占比例均呈不断递增趋势。

第二，自主创新能力不仅体现在专利数量的多寡，更是体现在专利质量的优劣上。本书采用了社会网络分析方法及科学计量方法，以 2000—2004 年中国生物医药产业的合作发明专利数据为样本，研究了发明者合作网络特征对创新质量的影响。其中，专利质量用权利要求项数表示，发明者合作网络特征包括：高度中心性发明者；高产发明者；重复合作。经验估计结果显示，专利研究团队中中心发明者和高产发明者的出现对专利质量有正向作用，重复合作与专利

质量呈负相关。

第三，本研究应用社会网络的理论和方法，以中国生物制药产业专利数据为基础，分析了专利合作网络的形成和特征，探讨了合作网络中的知识共享活动，尤其是应用边界客体范畴，对“交易区”中知识共享活动进行过程性的分解。

5. 生物制药业虚拟 R&D 网络的治理机制研究

根据虚拟 R&D 组织的一般性研究，本书更进一步地探讨了生物制药产业的具体实践。

第一，生物制药业虚拟 R&D 网络运行机制研究，包括：研究生物制药业科研活动的组织方式和结构类型；探讨生物制药业虚拟 R&D 组织的网络特征、构成要素和组织边界；分析生物制药业虚拟 R&D 组织的管理机制、协调机制、组织文化等。

第二，生物制药业虚拟 R&D 网络治理结构研究。根据交易成本经济学、博弈论、社会资本等理论，从共同治理和关系治理的角度，深入探讨生物制药业虚拟 R&D 组织治理的理论基点、基本原则和基本的治理结构，分析其治理机制的互补性特征，即科层制组织治理和网络治理的互补共存。

第三，生物制药业虚拟 R&D 组织治理中的关键机制分析。针对这一组织的特殊性，本研究选择一些比较关键性的问题进行深入，主要探讨契约治理、信任机制、技术风险治理这三种机制。

第四，生物制药产业的“行动者网络”研究。运用“行动者网络”理论，结合实际案例分析，对生物制药技术“行动者—网络”的组成要素进行深入分析，尤其是对网络中人类行动者、非人类行动者等的研究；探讨生物制药技术“行动者网络”的发生演化特征，以及网络运行机制；探讨生物制药产业 R&D 活动中合作和结盟的内在机理，分析不同类型的 R&D 组织的网络特征；结合产业实践，深入研究虚拟 R&D 组织与“行动者网络”之间的关系。

6. 我国生物制药业虚拟 R&D 组织的案例研究及政策研究

第一，通过实际调研和材料分析，筛选取若干案例，运用问卷调查和社会网络分析方法进行深入研究，探讨我国生物制药业 R&D 组织活动中已有的经验和存在的问题，分析其内在的原因；对国外成功案例进行比较研究，以期得出启发性的结论。

第二，针对我国生物制药业 R&D 组织活动中存在的问题，并借鉴国际经验，提出一些相关政策建议，以期能有助于我国生物制药业的技术进步和产业发展。

1.5 本研究的创新之处

本研究力图在以下几个方面，为现有研究带来创新。

第一，推进了虚拟 R&D 组织基本形态的研究。本项目首次以组织成员间技术关联程度(高、低)和竞争程度(高、低)两个维度为单位，区分了四种不同类型的多主体虚拟 R&D 网络组织，即价值关联非竞争性组织，技术关联非竞争性组织，技术关联竞争性组织，价值关联竞争性组织。多主体虚拟 R&D 网络组织边界的进一步区分，将为三种不同类型的组织研究(市场、等级以及网络化组织)增加了新的研究内容，也拓展了虚拟 R&D 网络化治理的研究边界。

第二，带动了研发组织知识管理与创新相关研究的发展。本项目首次将“交易区”和“边界客体”这两个概念结合起来，分析与探讨知识管理和创新，并通过生物制药专利联合申请人的社会网络分析，找到了“边界客体”确实存在于“交易区”之中，并据此提出生物研发组织的知识共享网络构建。该部分研究一方面揭示了“交易区”与“边界客体”的内在联系理论；另一方面，也拓展了目前对“交易区”内在机制的一贯分析范式，并为生物研发组织知识管理与创新提供新思路。

第三，揭示了生物制药技术 R&D 组织的网络特征，以及其内在的微观治理机制。首先我们借用 Pajek 的分析方法，采用中国生物医药专利的数据，分析了生物制药技术 R&D 组织的网络特征，包括发明者合作网络的强度与演化、专利合作率及其演化、子网络特征等；其次，通过分析生物制药技术虚拟 R&D 组织三种治理机制，即基于契约的治理机制、基于信任的治理机制、基于技术创新风险的治理机制(借用“行动者网络”理论)，揭示出生物制药技术 R&D 组织微观治理机制。该部分的研究，一方面，扩展了虚拟 R&D 组织的网络治理的分析；另一方面，为生物制药产业本身的治理研究提供了新思路。

第四，促进了对生物医药发明者合作网络与专利质量的相关研究。近年来，随着各国专利申请量的大幅度增长，产生了一些所谓的“垃圾专利”和“问题专利”，这种现象引起了国内外学者对专利质量问题的关注，尤其是生物医药技术等高技术领域。该研究试图使用生物医药技术发明者的程度中心性、专利团队中高产发明者的数量、专利团队中发明者重复合作次数来刻画发明者合作网络特征，并通过所实证研究范式，进一步分析与探讨这一 R&D 网络合作组织特征对生物制药专利质量的影响。

第2章

虚拟 R&D 组织的基础理论及研究进展

2.1　虚拟 R&D 组织的概念和特征

过去的三十多年以来，世界经济发生了翻天覆地的变革，科学技术的进步、信息网络的飞速发展推动着经济全球化的进程，尤其是 21 世纪以来，人类进入以“创新”和“全球化”为主要特征的知识经济时代，变革成为知识经济时代的主旋律。市场和竞争中急剧而不确定的变化给企业发展带来了巨大挑战，因此如何快速响应市场变化成了所有企业所面临的主要问题，而虚拟组织(Virtual Organization)就是一种为了应对环境不确定性、快速赢得市场机会而形成的非永久性的、柔性化的组织形式，是最具适应性的组织创新策略。

从其缘起来说，虚拟 R&D 组织应该是科学技术研究活动组织化进程的现实表现，它是植根于实践的逻辑之中的，但若要对这一生动具象的组织形态进行深入的研究，必然需要探索和揭示其内在的理论逻辑。因此，这种研究就涉及一系列的基本概念范畴以及若干重要的基础理论。

2.1.1　虚拟组织的概念缘起

如前所述，由于市场竞争加剧、全球化、信息技术等因素的综合作用，组织形态尤其是企业组织形式已经发生了深刻的变化，其中虚拟组织的快速发展就是这一组织变革的最重要表现，或者说，虚拟组织是解释新近组织变迁最有价值的概念工具[①]。

自 20 世纪 80 年代以来，国内外学者对虚拟组织的含义提出各种各样的表述，并有各不相同的理解和解释，但目前尚无统一的定义。值得指出的是，在此研究过程中，由于学者们的出发点和语境略有不同，因此使用了一些不同但又类似或相近的术语，如虚拟企业(Virtual Enterprise，VE)、虚拟公司(Virtual Corporation，VC)、动态联盟(Dynamic Alliance)、网络组织(Network Organization)、扩展企业(Extended Enterprise)等，但他们所描述的基本上是同一类组织对象，即虚拟组织。

自 20 世纪 90 年代以来，国内外很多学者都对虚拟组织的含义和特征进行了研究。1991 年，三位著名的美国学者罗杰·内格尔(Roger N. Nagel)、肯尼斯·普瑞斯(Kenneth Preiss)、史蒂文·L. 戈德曼(Steven L. Goldman)在他们共同合作编写的《21 世纪制造业发展战略：工业决定未来》的报告里首次提出"虚拟组织"的概念，并于 1994 年再次合作出版了《灵捷竞争者与虚拟组织》一书，认为虚拟组织是增强企业竞争力的组织方式，这标志着虚拟组织概念的形成。1992 年，威廉·大卫多(William H·Davidow)和马隆(S·Malone)在其专著《虚拟企业》中，对虚拟组织的概念和内涵进行了较为详细的描述。Stuart Barnest 等人(2000)把虚拟组织与电子商务结合起来，深入研究了虚拟企业，并将虚拟组织定义为：由多个组织围绕一个核心组织形成的、把多个成员的核心能力集中到一起，以较低的成本、高效率地满足客户需求的临时性联盟，而这种效果是无法仅仅依靠单个组织的努力来完成的。

从目前的研究来看，关于虚拟组织的定义很多(见表 2-1)，但大致可以归纳为两种类型的定义(Eva C. Kasper-Fuehrer & Neal M. Ashkanasy，2003)，即组织内虚拟组织(Intra-Organizational Form)和组织间虚拟组织(Inter-Organizational Form)。所谓组织内虚拟组织是指在一个组织中若干业务单位的合作形式，它要完成一个共同的任务，并形成一个团队或一个整合的盈利中心。重要的是，组织内虚拟组织

① 笔者认为，从概念的基本内涵看，虚拟组织与网络组织的含义是最为接近的，但网络组织的表述过于一般化，不能反映目前组织变迁的时代特质，也不能突出组织变迁的本质内容，即组织资源和能力的扩展和延伸。简而言之，虚拟组织预示着组织发展的主要方向之一，并将随着全球化的深度拓展以及信息技术影响力的充分释放而显示出愈来愈强的生命力，成为未来最有价值的组织形式。

并不能替代传统的组织结构，而是可以整合进传统的组织设计中，但组织内虚拟组织的边界则会变得模糊。所谓组织间虚拟组织是指由不同组织的业务单位组成的合作型组织形式，它完全不同于传统的科层制组织。一方面，这两种类型的虚拟组织在组织成员的独立性、组织文化、治理机制等方面有着很大的区别；但另一方面，它们也存在共同的特征，如它们都具有网络式结构，各个成员都具有核心能力等。

表 2-1　国外学者关于虚拟组织的定义

作　者	定　义
Mowshowitz，1986	将虚拟组织视为处置组织资源的逻辑抽象物，它们能被适时地操作以产生一个特定的结果。这显示出办公自动化在生产的管理、控制和组织方面的潜在影响
Davidow and Malone，1992	虚拟企业是由一些独立的厂商、顾客甚至同行的竞争对手，通过信息技术联成的临时网络组织，以达到共享技术、分摊费用以及满足市场需求的目的。它既没有中央办公室，也没有正式的组织图，更不像传统企业那样具有多层次的组织结构
John A. Byrne，1993	将虚拟企业描述成独立企业伙伴间的临时性网络，包括供应商、客户甚至竞争对手。虚拟企业并无明确的组织架构，无中心办公室和组织结构图，没有层级结构，也没有垂直的一体化；它是由各独立公司通过信息技术连接起来的，共享技术、成本以及对方的市场
Goldman，Preiss，Nagel，1995	虚拟组织是为了迎合明确的时间机遇或预期的时间机遇而产生的……各种企业单位形成的一种集团，其人员和工作过程都来自于这些企业单位，他们彼此紧密联系、相互影响和相互作用，为共同的利益而奋斗
Hodge，Anthony，Gales，1996	虚拟企业是由一核心组织为中心，执行关键的功能，其余功能则由暂时或签约的员工以及由核心组织与其他组织所组成的联盟来完成。另外，指出核心组织对这些关系的维持只限于具有生产能力或有利可图时
Stuart Barnes，Brian Hunt，2000	将电子商务与虚拟组织相结合，并将虚拟组织定义为：由多个组织围绕一个核心组织形成的临时性联盟，成员的核心能力集中到一起，以较低的成本高效率地满足客户需求，而这一点是无法依靠个体组织完成的
Kasper-Fuehrer，Ashkanasy，2001	组织间虚拟组织是一个临时性的网络组织，它是由一些独立的企业(组织、公司、机构或专业化的个体)为了利用某一明显的市场机遇而迅速组合起来的。这些组织成员利用各自的核心竞争力并借助 ICT 的推动，以期在一个价值增值伙伴关系(Value-Adding Partnership，VAP)中，创立一个最佳(Best-Of-Everything)组织形式。同时，虚拟组织的行为在各个方面都如同一个独立的组织单位

与此同时，我国学者赵春明(1999)在其著作《虚拟企业》中，总结了虚拟组织的三个特点，这三个特点是功能特点专长化、存在形式离散化、动作方式合作化。吴贵生、汪涛(2000)认为虚拟组织指的是由多个分别独立的企业或企业的部门为实现某种共同的目标、依据自愿原则结合到一起的打破了传统组织的层次和界限的一种松散的项目联盟。陈剑等人(2002)认为虚拟组织是在外部环境变化、内部组织与管理观念的变化和技术推动的三大背景下产生的。郝宇、罗永泰(2004)对高新技术企业分布式虚拟研发团队组织模式的构建进行了研究，并将虚拟研发团队的生命周期分为酝酿期、组建期、合作期和解散期四个阶段。

综合国内外不同学者的观点，可以将虚拟组织定义为：虚拟组织就是由相互独立或非独立的企业、高校、科研院所为了某一共同的目标，利用各自的核心优势，通过互联网连接起来而组成的临时的、动态的、虚拟性质的联盟。

2.1.2　虚拟 R&D 组织的概念

从理论逻辑来看，虚拟 R&D 组织是由虚拟组织概念发展起来的，也就是说，虚拟组织是虚拟 R&D 组织产生的基础。该概念渗透于研发机构就形成了一种 R&D 新模式或新的创新组织，即虚拟 R&D 组织。关于虚拟 R&D 组织的理解，国内外学者基本不存在太大的分歧，一是单个 R&D 组织的无形化，即某机构通过网络和通信技术把自己分散在不同地点的技术资源联结起来形成的特殊研发组织，如虚拟实验室；二是多个独立企业的 R&D 资源围绕特定目标、利用计算机网络和通信工具、以关系契约为基础连接起来而构成的一个动态 R&D 网络，成员企业从而可以打破时间、地域和组织的限制，实现技术、设备、人才等资源的互利共享。这种 R&D 组织形式的“虚拟性”不仅表现在各个成员企业的研发资源借助信息技术这根无形的纽带联结起来，更重要的是，它们主要通过一系列的合同、协议加强彼此之间的联系以实现组织间集成，只是并没有积聚到一个典型的单一企业的程度。

虚拟 R&D 组织彻底改变了传统研发组织的概念、界限和形式，带来技术创新组织的一场深刻变革，及其相应的管理挑战。虚拟 R&D 组织与传统 R&D 机构的区别见表 2-2。

表 2-2 虚拟 R&D 组织和传统 R&D 机构的区别

项　　目	传统 R&D 机构	虚拟 R&D 组织
信息技术支持	无关紧要	必不可少
稳定程度	相对稳定	动态变化
存在时间	基本永久性，较长久	非永久性，动态变化
地理位置	基本同在一处	分布性
组织结构	功能齐全，有固定的结构和管理层次	分散化，易重构，松散性，功能专门化，结构柔性化
组织治理	行政命令	双边或多边规则，间接性契约
核心能力	无关紧要	必不可少
合作必要性与作业方式	合作要求不强，串行作业，效率低	多个独立组织合作、协调工作，并行作业，效率高
市场反应	一般较慢	快速
资源约束	受约束，在自身有限资源内	资源很丰富，一般不受约束

国内外学者从不同角度对虚拟 R&D 组织的内涵进行了探讨。从国内的情况来看，比较早的、有影响的虚拟 R&D 组织定义是由金周英(1998)提出的，她更多地从基础研究(R)而非发展研究(D)的角度指出：虚拟研究所的特点是围绕某一研究目标和内容，及时把所需各种研究资源和必要的组织功能整合在一个新的“柔性研究所”中，建立一个较紧密的、跨越时空的合作联盟。它可以由不同学科、不同领域、不同部门的研究人员、企业家、政府官员甚至是各类用户组成，也可以是跨地区、跨国性的，其范围和规模可根据需要而进行调整和变化。刘漩华等(2002)对金周英的定义做了一些修正，认为虚拟研究中心是一种不需改变各成员隶属关系和生活空间就能实现研发合作与交流的新型研发组织，它与传统的研发组织有着极大的不同。

汪应洛(1998)从产学研合作的角度指出：虚拟研究开发中心是一种较为完整的网络组织结构，它是在一定的时限内，为了一定的组织目标(研究开发某个新产品)，由若干独立的研究机构、高校和企业等联合组成的一个动态联盟，是组织、人力、技术、信息等资源的有效集成。

方世建等人(2000)认为，虚拟研发组织是虚拟组织概念渗透于科研机构所形成的一种 R&D 新模式，它围绕特定的研究目标和内容，利用计算机网络和通信工具，将有能力有愿望参与产品开发的企业和研究所连接起来，从而打破地域的限制，加强这些机构之间的协作，实现系统软硬件、试验检测设备、加工设备、人才等资源的互利共享。这一定义影响比较大，随后的定义大多延续该定义的思路。

骆品亮等人(2004)从描述其特点的角度对虚拟研发组织加以解释，他们认为，虚拟研发组织从根本意义上改变了研发组织原有的概念、界定和形式。与以往 RJV 和 COD 的研发形式相比，虚拟研发突破了空间、地域、对象乃至时间等多方面因素的限制，在一定程度上解决了 RJV 结构相对固化、静止，COD 联盟较为松散的缺点，便于引入多方的优势资源进行优化整合，有助于加强研发工作的柔性，适应瞬息变化的市场需求，最大化研发工作的效率和质量。此外，虚拟研发组织也非临时性的，它可以根据共同的信任和对共同目标的追求，来实现长远而稳固的联盟。

从国外的相关研究情况来看，对虚拟 R&D 组织的理解大多也是将虚拟组织的概念应用于 R&D 领域之中，并结合 R&D 国际化和合作研发等方面加以阐述。James A. Hazlett & Elias G. Carayannis(1998)从企业和大学间的合作研发角度出发，认为虚拟 R&D 团队也是一种虚拟组织，但它主要是旨在改善从概念到研究，再到设计、生产、市场这一流程的效率。由于其特殊的组织结构，虚拟 R&D 团队可以提升行动效果，缩短研发周期和投放市场的时间，还可以将迥然不同的组织成员包容其中，并实现系统功能的整合与优化。

Fiona Czerniawska & Gavin Porter(1998)认为，运用信息技术可以使得 R&D 活动从实体领域进入虚拟世界，并使虚拟 R&D 部门成为现实。而这种虚拟 R&D 拥有明显的竞争优势：使得研究人员能够以比以前更快更系统的方式交换信息，因而大大缩短了科技创新的时间，并且使无效研究最小化；使每个单独的成员个体都能得到更多的信息；确保所获得的信息更具有时效性；运用计算机系统和虚拟现实——而不是运用笨重的传统实体测试——提供了调查问题的手段和方法；使用户一开始就能参与研发和设计过程，因而确保最终的产品能够满足市场和消费者需求。

Oliver Gassmann and Maximilian Von Zedtwitz(2003)认为，虚拟 R&D 团队是这样一组通过相互依赖的任务来互动的组织成员，他们由相同的、但跨越时空和组织边界的目标和任务来引导，并通过信息通信技术和交通技术来强化相互之间的联系。在虚拟 R&D 组织中，组织成员并非从不面对面沟通，但主要依靠技术手段来沟通；他们虽然必须为共同目标做出贡献，但各自可以追求自己的利益和目的。

综合以上的研究成果和我们自己的思考，本书将虚拟 R&D 组织定义如下：虚拟研发组织是由相互独立或非独立的企业、高校、科研院所等为了某一共同的目标，利用自己的核心技术和资源优势，以某一核心组织为依托通过互联网连接起来的资源共享的、打破了时间和空间限制的动态研发组织，虚拟研发组织是虚拟组织的一种特殊形态。

2.1.3 虚拟 R&D 组织的特征

虽然国内外学者对虚拟研发组织概念的表述以及理解并不完全相同，但是它们对这个概念所表述的基本含义是一样的。关于虚拟研发组织的特征，主要包括以下几个方面。

第一，虚拟研发组织以信息与通信技术为基础。正是因为网络技术的应用和快速发展，才为不同研发机构之间的合作和资源共享提供了可能，并使他们之间快速、流畅的沟通成为可能。因此，虚拟研发组织比传统的合作形式工作效率高、费用省、合作面广，并可以不受地域条件的限制。

第二，虚拟研发组织以组织内各成员的核心优势为依托。组织中的各成员都具有各自的优势，他们在合作时可以优势互补，合理配置资源，并可以使各自的核心资源和核心能力得到整合，从而弥补了某一单一组织所不具备的资源的欠缺，实现了“1＋1＞2”的效应。

第三，虚拟研发组织以市场为导向。由于虚拟研发组织的成员多为异地分布，也就是说各成员可能分布在世界的不同国家或地区，不同的成员可以较快地掌握当地的市场动态、了解客户的需求，最大限度地为客户服务。当市场机遇出现时，组织中的各成员能够迅速地组建虚拟 R&D 组织并在其中分享各自的利益，增强了在市场中的竞争性。

第四，虚拟研发组织是动态的。首先，虚拟研发组织的合作时间是动态的，即合作时间的长短随着市场机会的变化而变化，当市场机会消失时，虚拟研发组织即解散。其次，合作方式不是固定的，可以是契约式的合作，也可以是股权式的合作。最后，进入虚拟研发组织的方式也是可以变化的，包括节点的数目、节点本身以及运作方式。

2.2　虚拟 R&D 组织产生的理论基础

2.2.1　交易成本理论与虚拟 R&D 组织

虽然虚拟 R&D 组织并不是典型意义上的经济组织形态，但它在组成上大多包括中小企业、跨国公司等私人组织，同时它更是一个利益共同体，涉及成本和收益的问题。因此，本书基本上将虚拟 R&D 组织看作为一个准经济实体，具备其基本的特征和规律，可以运用相应的经济学理论和模型来加以分析。

1. 交易成本分析

交易成本理论的奠基者是科斯(R. Coase)，他的工作是基于对传统新古典“企业理论”的批评和反思的。在新古典微观经济学看来，企业只是一个用生产函数来表示的、在给定资源和技术水平前提下的投入产出关系，而忽略了对企业存在的原因以及内在结构和规模的考虑。科斯于 1937 年在《企业的性质》一文中，运用交易成本范畴解释了企业与市场之间的关系、企业存在的意义，即企业的性质。所谓交易成本是指价格机制运行所必然产生的成本，它可以看作是一系列制度成本，包括信息成本、拟定和实施契约的成本、界定和控制产权的成本以及监督管理的成本。科斯认为，企业的显著特征就是作为市场价格机制的替代物，即当市场的交易费用大于企业内部的组织费用时，企业就是比市场协调更有效率的调节机制，交易被企业内部化了。外部交易内部化，其目的是降低企业的运营成本。

威廉姆森等人(1975，1979，1980)在此基础上进行了更为深入的研究和分析。他们认为，参与交易的当事人之间的交易，通过企业还是通过市场来组织和协调，是个决策变量。选择何种经济组织形式取决于不同交易的特征及与每种组织形式相应的交易成本。威廉姆森用资产专用性、交易所涉及的不确定性和交易频率三个维度，来论述交易的特性及其对交易费用的影响，其中又以资产专用性起最重要的作用。资产专用性是指为某一特定的交易而做出的持久性投资，一旦形成便难以改作他用。资产专用性越强，交易所涉及的不确定性越大，交易频率越高，交易双方越希望建立某种管理机构。于是，这种管理机构给交易双方带来的收益就越能抵销管理这种机构的成本。

根据交易成本经济学，虚拟 R&D 组织这种基于 ICT 的组织形式具有成本上的优势。正如企业组织的存在是为了节约市场交易费用一样，网络交易比市场交易节约了更多的交易费用。网络交易降低交易费用的路径包括：一是降低了资产的专用性；二是降低了不确定性；三是提高了交易频率 (解树江，2001)。这些因素综合作用的结果是市场交易费用大规模降低。伴随着网络应用的日渐普及、信息技术的快速发展以及企业经营环境的相应变化应运而生的虚拟 R&D 组织，其主要特征是在于使用 ICT 和网络来加强联系，降低团队成员之间信息不对称的程度，跨越时间、空间以及组织的边界共事，从而最大限度地利用降低市场交易费用的优势。同时，虚拟 R&D 组织的成员都具有各自独特的核心研发能力，成员的专长和技能是互补的，所以可以通过专业化分工和合作来降低市场交易费用。

2. 组织治理

威廉姆森(Williamson)使用治理结构来表示交易的不同执行方式。他认为，不同的交易在特征上存在差异这一事实说明了组织形态的多样性，由于这种差异，交易的治理也会不同。通过以一种一一对应的方式把交易和治理结构相应地匹配在一起实现了交易成本的最小化。

威廉姆森根据资产专用性、交易频率和不确定性等三个维度，将交易活动分为六种类型。在不确定性适中的情形下，利用其他两维变量确定交易类型，匹配出如下的治理结构(见表 2-3)。“独特”指资产的专用性程度很高；“混合”指资产的专用性程度适中。“偶然”指交易重复的次数较少，其中包括一次；“经常”指交易次数较多。

表 2-3　有效的治理

<table>
<tr><td colspan="2" rowspan="2"></td><td colspan="3">投资特点</td></tr>
<tr><td>非专用</td><td>混合</td><td>独特</td></tr>
<tr><td rowspan="2">交易频率</td><td>偶然</td><td>市场治理</td><td colspan="2">三方治理(新古典式合同)</td></tr>
<tr><td>经常</td><td>(古典式合同)</td><td>双方治理</td><td>统一治理
(关系合同)</td></tr>
</table>

威廉姆森认为，“偶然-非专用性”和“经常-非专用性”两类交易活动均适用于“市场治理”。市场主要通过价格来协调所交换的商品/服务的交易。交易方彼此相互独立，身份并不重要(匿名)，每一方根据其自身的利益(机会主义)来行事。交易关系相当短，并且合同的规定相当仔细。“偶然-混合型”和“偶然-独特型”两类交易适合“三方治理”，即由于资产具有较强或适中的专用性，交易一旦发生就必须进行到底，中途停止会给一方带来较大的损失，所以除了交易双方之外，还必须有第三方作为仲裁者来辅助交易的进行。在“经常-混合型”交易中，资产的专用性程度不很高，出于规模经济的考虑，会倾向于外购，而不是在本企业内部生产，然而资产又具有一定的专用性，并且交易经常发生，与特定的企业发生特定的交易要比市场调节更能降低交易成本，所以应采取“双边治理”，当然双边规制以信任为基础，否则契约的适应性问题和较高的履约成本就会发生。“经常—独特型”交易显然适用于“统一治理”，即在一个企业内部进行生产，通过层级结构(即行政命令)取代价格机制而成为资源配置的动力，可以取得规模经济和降低防止机会主义行为的成本。

对于虚拟 R&D 组织来说，可以分为两类：一种是单主体虚拟 R&D 组织，构成虚拟研发网络的是某一组织内部的诸个研发单位，因此它的组织治理可以看成是某一组织内部的统一治理，分析的方法实际上等同于分析企业组织。另一种是多主体虚拟 R&D 组织，构成虚拟研发网络的是来自不同组织(企业、大学、政府等)的研发机构，因此它是典型的中间组织形态，其治理结构大多属于双方或三方治理模式。当然，网络组织的治理是非常复杂的，但交易成本经济学的基本理论已经提供了相当有效的分析框架，不应被忽视甚至被否定。

2.2.2　社会网络理论与虚拟 R&D 组织

无论是组织内的虚拟 R&D 组织还是组织间的虚拟 R&D 组织，从组织的整体形态上看，虚拟 R&D 组织都呈现出复杂的网络结构。因此，当我们从经济学的角度去分析它的存在理由和治理机制时，更为关键的前提和理论基准是将虚拟 R&D 组织看作为网络组织，理论分析的最为重要的基础也就是组织科学中的网络范式(Network Paradigm)。如果说交易成本经济学是理解虚拟 R&D 组织的微观基础，那么网络理论则为其提供了宏观的逻辑框架。

在关于网络组织的研究中，存在对经济学、管理学、社会学、心理学等多个学科研究传统，但对目前网络组织研究影响最大的是来自社会学的研究传统，它已经深刻地影响到组织科学发展的基本趋势和走向。

一般认为，社会网络的研究始于德国社会学家齐美尔(Simmel)，但直到 20 世纪 60 年代才进入比较快速的发展时期。社会网络研究大致从两个方向开展的：第一个研究传统是侧重于技术性的社会计量学传统，怀特(Harrison White)、弗里曼(Linton C. Freeman)等人从图论导演出一套数学分析方法，可以有效地对网络结构进行测量，并提出了一系列网络分析概念，如紧密性、中距性和中心性等。第二个研究传统是侧重于个体间的自我中心网络。他们关心的问题是个体行为如何受到人际网络的影响，个体如何通过人际网络结合为社会团体。但是，进入 20 世纪 90 年代以后，这两个研究传统已经汇聚在一起，并与经济学、管理学、法学等学科的相关理论和实践交织贯通，形成了具有广泛影响的前沿性思潮。因此，社会网络的概念也已经超越了个人间关系的范畴，一个网络的行动者可以是社团行动者如商业公司、民族、国家；网络关系既包括把行动者联结起来的联系(包括组织间关系)，也包括商业公司之间的交易关系。Davern Michael(1997)指出，社会网络是指在社会团体当中，个人之间的社会的或人际的关系总和。它由四个基本要素构成，即结构要素(指行动者联系的形式与强度)、资源要素(指能力、知识、财产、性别、宗教等各种特性的分布)、规则要素(指影响行动者行为的各种规则)和动态要素(指网络形成与变化的各种机会和限制)。

在社会网络研究中，已经产生了许多很有价值的成果，但对于虚拟 R&D 组织的研究而言，诸如弱关系、嵌入性、信任机制、社会资源、社会资本等方面的研究是十分重要的。

(1) 弱关系理论。马克·格拉诺维特 Mark Granovetter(1973)在“弱关系的力量”(The Strength of Weak Ties)一文中首次提出了弱关系力量的假设和经验研究。在 Granovetter 看来，关系是指人与人、组织与组织之间由于交流和接触而实际存在的一种纽带联系。这种关系分为强和弱，强弱关系在人与人、组织与组织、个体和社会系统之间发挥着根本不同的作用，其中强关系维系着群体、组织内部的关系，弱关系在群体、组织之间建立了纽带联系。Granovetter 从四个维度来测量关系的强弱：一是互动的频率，互动的次数多为强关系，反之则为弱关系；二是感情力量，感情较强、较深为强关系，反之则为弱关系；三是亲密程度，关系密切为强关系，反之则为弱关系；四是互惠交换，互惠交换多而广为强关系，反之则为弱关系。Granovetter 认为，强关系是在性别、年龄、教育程度、职业身份、收入水平等社会经济特征相似的个体之间发展起来的，而弱关系则是在社会经济特征不同的个体之间发展起来的。因此通过强关系获得的信息往往重复性很高，而弱关系更能获得新信息，它比强关系更能充当跨越其社会界限去获得信息和其他资源的桥梁。格拉诺维特断言，虽然所有的弱关系不一定都能充当信息桥，但能够充当信息桥的必定是弱关系。这一思想后来在 Burt 的“结构洞”(Structure Hole)理论中得到进一步发展。

根据这一理论，在虚拟 R&D 组织中，组织成员各具特质，差异性大，它们之间存在众多的弱关系，因而更容易获取新的信息和发展机会，冗余信息少，资源效率高。

(2) 嵌入性理论。“嵌入性”(Embeddedness)概念是由卡尔·波兰尼在《伟大的转折》一书中首先提出的。Mark Granovetter 于 1985 年在《美国社会学杂志》上发表了一篇重要论文“经济行动和社会结构：嵌入性问题”。他认为经济行为嵌入于社会结构，而核心的社会结构就是人们生活中的社会网络，嵌入的网络机制是信任。在经济交易中，如果信任感降到最低的程度，双方都必须在获得了必要的监督保证之后才能进行，交易成本也会随之大大提高。Granovetter 认为，信任来源于社会网络，信任嵌入于社会网络之中，而人们的经济行为也嵌入于社会网络的信任结构之中。与其“弱关系”理论相一致，Granovetter 主张的是“弱嵌入性”，即一方面承认经济嵌入于社会关系之中，另一方面也承认经济过程的自主性。所以，弱嵌入性实际上就是部分嵌入。

对于虚拟 R&D 组织来说，嵌入性不仅意味着成员组织行为之间的相互嵌入，还意味着组织成员对虚拟网络的嵌入，以及虚拟网络对整个社会经济系统的嵌入；但这种嵌入是以成员组织和整个虚拟 R&D 组织的相对独立性为前提的，而不会成为所属网络结构的附属物。

(3) 社会资源和社会资本理论。Lin Nan 在发展和修正格拉诺维特的“弱关系力量假设”时提出了社会资源理论。他认为，那些嵌入于个人社会网络中的社会资源如权力、财富和声望，并不为个人所直接占有，而是通过个人的直接或间接的社会关系来获取；个体社会网络的异质性、网络成员的社会地位、个体与网络成员的关系力量决定着个体所拥有的社会资源的数量和质量。另外，Lin Nan 还提出了社会资源理论的三大假设：第一，地位强度假设，即人们的社会地位越高，摄取社会资源的机会越多；第二，弱关系强度假设，即个人的社会网络的异质性越大，通过弱关系摄取社会资源的概率越高；第三，社会资源效应假设，即人们的社会资源越丰富，工具性行动的结果越理想(肖鸿，1999)。实际上，“弱关系”不仅仅是一种“信息桥”，而且是“资源桥”，是获取组织资源的途径。

与此相关联，Lin Nan 还在 Bourdieu、James Coleman、Burt 等人的理论基础上，对社会资本理论做了十分重要的发展研究。Lin Nan 认为，社会资本是从嵌入于社会网络的资源中获得的，它可以被定义为嵌入于一种社会结构中的可以在有目的的行动中摄取或动员的资源。社会资本的概念包括三种成分：嵌入于一种社会结构中的资源；个人摄取这些社会资源的能力；通过有目的的行动中的个人运用或动员这些社会资源。因此可以构想，社会资本包含的三种成分涉及结构和行动：结构的(嵌入性)，机会(可摄取性)和行动导向(运用)方面。同时，Lin Nan 还把社会资本描述为“在具有期望回报的社会关系中进行投资”，社会成员正是为了创造收益才参与互动和建立网络的。他从这一角度将社会资本的功能概括为四个方面。

第一，促进了信息的流动。处于某种战略地位或等级位置中的关系人可以更好地提供有用的信息，从而降低交易成本。

第二，社会关系人可以对代理人(如组织的招募者或管理者)施加影响，这些代理人在有关行动者的决定(如雇佣或提升)中发挥着关键性作用。

第三，社会关系资源及其被确认的与这个人的关系，也被组织及其代理人视作这个人的社会信任的证明，某些信任反映了个人通过社会网络和关系，他/她的社会资本摄取资源的能力。

第四，社会关系被期待着强化身份和认可。

显然，上述的概念和理论可以使得我们对于虚拟 R&D 组织有了更为深刻的理解：虚拟 R&D 组织是一个由若干禀赋各异的成员组织组成的网络型组织，其中的成员组织之间、成员与网络整体之间、虚拟 R&D 组织与外部环境之间相互嵌入、相互影响，并存在丰富的弱关系网络；这种结构特质使得其中的各类组织可以通过关系网络获取丰富的信息和资源，也可以建立相互之间的信任机制，既提供组织成员获利和发展的机会，也有助于网络组织的稳定和成长。

2.2.3　资源基础论

似乎存在某种契合：从 20 世纪 80 年代前后开始，交易成本经济学及相关理论的日益成熟使得人们逐渐接受了这样一种观点，即新古典经济学将企业看成是黑箱的观点是错误的，应该重视对经济组织内部结构的研究。与此同时，在管理学领域，资源基础论(Resource-Based View，RBV)也否定了基于市场结构分析的传统战略理论，人们更多地从企业内部来寻找影响企业业绩的理论解释，组织资源尤其是知识在企业中的作用日益受到重视。

传统的战略管理理论从新古典经济学的理论前提出发，同样将企业视作为一个“黑箱”，是同质技术上的投入产出系统，实际上并没有企业的地位。在完全竞争的假设下，市场中企业的同质性就意味着企业之间没有竞争优势可言。而在不完全竞争市场结构(完全垄断、寡头垄断与垄断竞争)假设下，则认为个别企业获得超额利润主要是由不同的市场结构所导致的。产业内存在进入障碍和退出障碍、政府的保护与限制、产品的差异化所产生的相对垄断等，决定了企业的获利水平，因此这种理论实质上是一种竞争优势外生论。例如美国哈佛大学的梅森(E.S.Masson)和贝恩(J. S. Bain)提出的 S-C-P 范式(即 Structure、Conduct、Performance)，以及波特的产业竞争战略理论都是这种理论的代表。

但是，在 80 年代进行的一些实证研究对这种外生论提出了质疑。鲁梅尔特(R. P. Rumelt)的研究表明：“产业中长期利润率的分散程度比产业间的分散程度要大得多。”事实上产业内的分散程度比产业间的分散程度要大 3～5 倍。因此，企业最重要的超额利润的源泉是企业自身所具有的特殊性，而非产业内的相互关系和外部力量，企业表现为超额利润率的竞争优势来自于自身因素。这就是具有竞争优势内生论特质的资源观，即企业的竞争优势源于内部的资源和能力优势。

资源基础论从企业的内部来寻找企业成长的动因，用资源与能力来解释企业差异的原因。这一学派认为，企业具有不同的有形的和无形的资源，这些资源可转变成独特的能力；资源在企业内是不可流动的且难以复制；这些独特的资源与能力是企业持久竞争优势的源泉。当一个企业具有价值、独特、不易复制、难以替代的资源时，它就能比其他企业更具有竞争优势。资源基础论将企业看成是一系列独特的资源的组合而不是同质的追求利润最大化的黑箱。它认为决定企业赢利能力的．主要是它能够比竞争对手更好地掌握与利用某些核心资源与能力。战略的核心是通过积累与配置无法仿制的资源来获得李嘉图租金。

然而，企业内的资源有很多种，但并非所有资源都可以成为企业竞争优势或高额利润率源泉，因此后来的一些学者对资源基础理论进行了批判性的继承和发展，提出了企业能力理论，即以能力为基础的企业观点(Capability-Based View Of Firm)。这种理论认为，以资源为基础的企业观点把竞争优势的源泉定义在具体的作为物的资源上，完全脱离了企业中人的因素，造成了资源与资源配置者之间的分离。实际上，客观存在的物质资源能够发挥多大的效用完全取决于使用它的人，资源异质性的背后是人的异质性。正如哈默尔和普哈拉所指出的，决定企业竞争优势的能力是企业多方面资源、技术、不同技能的有机组合，而不是单纯的企业资源。因此，在探寻企业竞争优势来源的过程中，企业的资源这一层又被剥离了，认识又向前推进了一步，企业竞争优势的根源由具体的、客观存在的资源变成了资源配置、开发与保护资源的能力。

然而，企业能力理论也遇到了新的问题，因为在企业的实际运营过程中，有些企业确实拥有了核心能力，但同时又会出现了“核心刚性”(Core Rigidities)，并最终丧失了核心能力。因此，更为深层的问题是：隐藏在能力背后的又是什么？新近出现的企业知识理论认为，隐藏在能力背后、决定企业能力的是企业的知识以及与知识密切相关的认知学习。同时，在一定情况下，正是知识所固有的性质导致了企业的“核心刚性”。在知识理论看来，企业是一个知识的集合体，企业的知识存量决定了企业配置资源等创新活动的能力，从而最终在企业产出及市场力量中体现出竞争优势。同时，知识具有难以模仿性，它通过具有路径依赖性的积累过程才能获得，并发挥作用，成为企业决定未来知识积累的重要力量，这使得竞争优势得以持续下去。而由企业知识决定的企业认知学习能力是企业开发新的竞争优势的不竭源泉。正如哈耶克所指出的，企业作为一个知识的集合体，是一个知识分布系统，它通过具有路径依赖性的积累过程获得知识，并使知识发挥作用。新的知识逐渐融入企业的正式组织和非正式组织之中，成为企业决定未来知识积累的重要力量。企业的知识存量和认知结构进一步决定了企业配置、开发和保护资源的能力，从而最终在企业产出及市场力量中体现出企业的竞争优势。因此，知识才是企业竞争优势的根源，对于知识的管理和合理运用关系着企业持续的竞争能力。

从以上分析可以看出，组织的竞争优势分析应该包括资源优势和竞争能力两个方面。因此资源基础论为虚拟 R&D 组织的理解提供了恰当的角度。

第一，虚拟 R&D 组织属于超组织边界的结构形态，它将属于其他组织的大量外部资源纳入自我发展的轨道，让成员组织使用自身并不曾拥有的资源而得益。因此提供了一种无限利用或共享跨边界资源的组织架构。这种资源利用的形式犹如具有向心力的资源池(The Pooling Of Resources)，将具有关联性的各种核心性资源汇聚(Pooling)在一起，形成其他传统组织不可能具备的资源优势，从而增强组织的竞争力。显然，与单一的核心资源相比，这种具有多种独特资源的资源池更难以模仿和复制。

第二，虚拟 R&D 组织不仅具有交易成本优势和资源优势，更重要的是它具有将静态的资源活化为现实的竞争能力上的组织优势。由于虚拟 R&D 组织是任务导向的组织网络，具有很强的目的性和选择性，因此它能迅捷地将诸种独特资源协调、组合并运用起来，这就是现实的竞争能力。

普哈拉与哈默尔曾将核心竞争力定义为“组织中的累积性学识，特别是关于怎样协调各种生产技能和整合各种技术的学识”。这实际上就是强调必须将资源激活为竞争能力。在虚拟 R&D 组织中，通过组合多种核心资源以形成新的核心竞争力，并通过成员分享来实现价值增值。

第三，虚拟 R&D 组织具有独特的、基于资源的学习能力和创新能力。拥有核心竞争力不仅需要激活原有资源，而且需要通过学习和创新机制来加以培育。在虚拟 R&D 组织中，由于 ICT 和信任机制的有力支持，知识的传播、共享拥有了前所未有的良性组织环境。同时，作为一种知识型组织，虚拟 R&D 组织具有更多的知识资源和更强的创新能力。

2.2.4　委托—代理理论与虚拟 R&D 组织

虚拟 R&D 组织的参与各方都是独立的主体，有自己的利益。所以在多数情况下，成员之间的关系是竞争合作性的。因此，委托-代理理论就是研究虚拟 R&D 组织成员之间关系的恰当工具之一。

委托代理问题是由当事人各方的信息不对称引起的。信息不对称是指一方拥有另一方所没有的信息，拥有私人信息的一方称为代理方(Agent)，不拥有私人信息的一方称为委托方(Pincipal)。委托代理问题在社会经济生活中普遍存在，只要当事人各方在拥有的信息上具有不对称性，就存在委托代理问题。于是，委托人就面对两个棘手的问题：代理人事前隐藏信息的逆向选择(Adverse Selection)和事后隐藏行动的道德风险(Moral Hazard)。逆向选择主要表现为代理人在签约之前为了取得代理权而隐瞒对自己不利的私有信息，通常表现为夸大自己的能力。道德风险则是假定代理人有完成相关任务所需要的能力，但在任务的执行过程中无法对其付出的努力契约化，这样，就容易导致代理人产生“偷懒”行为。逆向选择和道德风险的解决需要委托人设计适当的激励机制。所以，委托-代理理论研究的主要问题就是设计一个激励契约，以诱使代理人从自身利益出发选择对委托人最有利的行动，减少或消除道德风险。

从逻辑上看，虚拟 R&D 组织是一种全新的、优化的组织管理模式，它强调的是组织如何利用自己的核心能力去和其他组织建立虚拟合作关系；而其中的每个组织成员都集中精力去巩固和发展自己的核心能力和核心业务，利用自己的优势资源，做好自己能创造特殊价值的、比其他成员更擅长的关键业务。这应该是一种双赢或多赢的组织模式，但在实际的组织行为中同样也存在委托代理问题。首先，R&D 合作关系的建立要求对成员组织进行选择和评价。如果两个或多个 R&D 组织欲建立虚拟合作网络，或某一组织希望加入已有的虚拟组织，那就必须对成员的资格进行甄别。如果某一组织做出不切实际的承诺，而其他组织或主导性组织由于信息不完全，没有发现其中的问题，那就会给虚拟组织带来损害，并最终直接影响到合作网络的整体效益。这就是逆向选择问题。其次，虚拟 R&D 组织是强调合作的，但由于成员组织的利益主体不同，从合作关系中获取的利益必然存在差异，也存在相互之间的利益冲突。因此，即使建立了契约关系，某些成员组织也会隐藏私人信息，以谋取更大的收益，但这会给虚拟 R&D 组织的整体利益和其他成员带来危害。这就是道德风险问题。

针对这种广泛存在的机会主义现象，虚拟 R&D 组织的相关治理机制设计也就显得十分重要，其中包括契约设计、激励机制设计、技术创新风险防范、合作关系管理等。

2.3　虚拟 R&D 组织研究进展

2.3.1　虚拟 R&D 组织研究现状

虚拟研发组织作为一种新的研发组织模式，受到了学术界的广泛关注。学术界从 20 世纪 90 年代末开始了对虚拟研发组织的研究，经过多年的努力，对虚拟组织的研究逐步从介绍概念阶段向系统研究阶段迈进。国内外学者的研究主要集中在以下几个方面。

(1) 虚拟研发组织的内涵。奇萨和曼津尼(Chiesa & Manzini，1997)研究了医药产业中的虚拟研发组织，提出虚拟研发组织是一个借助外部知识和资源来形成和发展创新活动的组织。奥利弗·加斯曼和马克斯米廉·泽德特维茨(Gasmsnna & Zedhvizt，2003)认为虚拟研发组织是通过信息通信技术紧密联结的，为了共同的目标和工作，超越时空和组织边界的人和团队的组合。金周英(1998)最早提出了虚拟研究所的定义，认为虚拟研究所即围绕某一研究目标和内容，及时把所需各种研究资源和必要的组织功能联合在一个新的“柔性研究所”中，建立一个较紧密的，跨越时空和地点的合作联盟。汪应洛(1999)则认为虚拟研究开发中心是一种完善的网络组织结构，它是组织的人力、技术、信息等资源的有效集成。方世建、郭志军(2000)提出了建立虚拟研发组织，整合分散资源，联合进行高新技术研究开发的策略。

(2) 虚拟研发组织的特点。刘漩华、夏洪胜、肖君、惠青山(2002)认为虚拟研究中心具有信息网络化、工作方式并行化、组织规模动态化、组织结构网络化、产权模糊性的特点，并提出了虚拟研究中心运作的五大机制：信任机制、协调机制、激励机制、分配机制和决策机制。吴国彬、孙圣兰、李海燕(2001)指出了地方虚拟研究中心具有动态性、平等性、多样性、松散性等特点，研究了其运作基础和运作阶段。

(3) 虚拟研发组织产生的动因虚拟研发组织是对技术创新本质不断发生变化而做出相应的反应。因为，创新所需要的知识和信息不能完全在一个企业内部获得，企业不得不发展核心和关键技术的同时借助于外部资源。除了通常人们所谈到的可以减少研发投资费用、分散风险、资源共享、能力互补、技术容易扩散外，开展虚拟研发还与市场进入和寻找机遇有关，即由于合作伙伴可以更加有效地共享信息、知识和经验，因此使共同的监测环境变化和市场机遇的能力得到提高。竞争的全球化是导致虚拟研发的又一个原因，并且使研发合作范围扩大到国外。

(4) 虚拟研发组织的管理。奇萨和曼津尼(Chiesa & Manzini，1997)认为管理一个虚拟研发组织就是控制整个研发联盟的过程，这个过程包括六个部分：规定企业自身目标、选择伙伴、达成联盟合作协议、实施联盟运作、评价联盟功效及介绍正确的联盟行为。蔡德军、梁祥君、黄世祥(2005)在分析 VR&DO 伙伴关系的管理复杂性基础上，提出伙伴关系管理的“契约/制度＋行为/规范”的有效方法，建立起一种适用的基于信任/文化的伙伴关系及其过程模型。骆品亮、周勇、郭晖(2004)从虚拟研发组织内部治理结构出发，着力探讨其中的知识转移机制，力求通过对相关文献的综述，理清虚拟研发组织知识转移理论的研究脉络，展示虚拟研发组织中知识转移的最新研究进展，指出其研究重点与难点并给出未来研究方向。张远征、骆品亮(2005)通过构建虚拟研发组织成员间的博弈模型，对其研发激励的非合作决策 Nash 均衡解、合作决策帕雷托最优解和社会福利最优解进行比较，指出由于虚拟研发组织知识共享过程中的学习效应的存在，一定条件下虚拟研发组织能够有效自激励，并给出了其有效自激励的参数区域。骆品亮、周勇(2005)通过两人对策的简单博弈模型分析，揭示虚拟组织内部知识转移过程中可能出现的道德风险问题，并结合知识转移的成功因子，构建虚拟研发组织内部的知识转移体系框架。

2.3.2 虚拟 R&D 组织在生物医药产业的应用研究

国际学术界一直十分关注生物技术产业中的 R&D 活动。Powell 等人(1996，2002，2004)研究了生物技术产业中的组织间合作和创新网络问题，做出了极富影响的原创性工作。Tyebjee 等人(2004)认为，随着技术和市场的变化，越来越多的生物制药企业开始相互结盟，资源互补，以获取更大利润。Newell(2003)认为，由于全球化的发展，生物技术的治理更加重要和复杂，生产、投资、管制和政治权利对于治理模式意义重大。White 等人(2002)研究了中国制药产业中网络和激励问题。Tapon 等人(1996，1999，2001)通过对医药企业的持续研究，认为 R&D 垂直整合仍然是最好的组织选择；企业、大学和研究机构之间的合作对于医药企业的成长是非常重要的，也将会持续强化的，但这种合作型 R&D 的有效治理则是一个巨大的挑战。Calero 等人(2007)通过对企业内外共同出版物网络的分析，探讨了生物医药产业的研究合作。Orsenigo，Pammolli 和 Riccaboni 以生物医药产业的企业间合作关系网络为例，研究搜索和开发技术能力的组织机制。Mcklvey 等人(2003)的研究表明在瑞典生物制药行业内，同一地点(co-location)对正式的知识合作的作用是相对重要的。

与此同时，对于生物医药产业的研究正在引起越来越多的我国研究者关注。总的来说，研究的内容涵盖生物医药产业的现状及发展趋势研究、产业集群式创新模式研究、问题与对策研究、创新活动研究四个方面。张蕊和田澎(2005)通过中外生物制药企业的对比分析发现 ，我国企业在自主创新、资金融集、规范管理等各方面与国际水平均存在一定差距。程跃和银路等人(2010)通过对我国生物技术制药领域 1999—2008 年的专利数据进行统计分析，对这十年来该领域的技术创新现状进行可视化研究。高超(2011)在《中国高新技术企业》的专题中探讨了我国生物医药产业的现状与发展趋势。生物医药产业具有高投入、高风险、高回报、长周期的特点，这种三高一长的特性，决定了该产业集群式发展的空间特征。美国是生物医药产业最重要的集聚区，波士顿的“基因城”、旧金山湾的“生物技术湾”等产业集群都是全球生物医药创新最为活跃、产业化程度最高的区域。因此，我们可以通过对美国生物医药产业集群的研究，得出对我国生物医药产业发展具有借鉴作用的意见。吴晓隽和高汝熹(2008)等在分析了美国生物医药产业集群的形成过程和特征之后，得出这样的结论：生物医药产业发展集群化具有必然性，而集群成功的关键在于知识源及其与产业的互动，集群形成的基础是多种资源的高度汇聚和相互支持。李天柱、银路、程跃(2010)采用国外典型集群的多案例研究方法，并以美国波士顿基因城、旧金山生物技术湾，瑞士日内瓦—洛桑生物科技园(BioAlps)，德国生技河(BioRiver)和英国伦敦生物制药集群为例，研究了生物技术创新集群网络的主要网络成员、网络结构及网络运行机制。邬亮和戴伟辉等人(2007)分析我国生物医药产业技术创新的现状与问题，并提出了自主创新生态链。

生物医药创新活动的特点决定了其有别于一般的创新活动，鉴于此，我国诸多学者对此进行了广泛的研究。汪凯和洪进等人(2009)在回顾了中国生物技术产业历史发展的同时，深入研究了其治理机制，提出了行动者网络治理的设想 。而张岚等人(2000)则以产业经济学为视角，认为生物制药产业会因采用合同生产方式而得到一定程度的发展。刘传铭等人(2003)提出生物医药的特点决定了企业间必须进行合作，发展战略联盟是必然趋势。陆长生等人(2004)指出现有的生物药品研发活动流程存在不足之处，需要进一步的优化和再造。郝凤霞(2005)认为创新网络是美国生物医药产业发展成功的关键因素。尹忠(2008)研究了影响我国生物医药创新战略的诸多因素。

尽管对于生物医药产业这个朝阳产业，学者们给予了足够的关注并做了相应的研究。从专利数量角度出发的量化研究也有一些，但是以专利质量为切入点的实证研究却还是比较缺乏的甚至是没有的。专利数量不足以全面反映生物医药产业的创新质量，而专利质量则能更好地度量自主创新能力。因此，本论文在分析中国生物医药产业的专利数量方面的各种态势的同时，更加关注于该产业专利质量影响因素的探讨。

2.3.3 虚拟 R&D 组织研究进展评述

从以上对虚拟研发组织理论研究状况的回顾可以看出，当前对虚拟研发组织的理论研究还处在起步与发展阶段，不可避免地存在一些问题。另外，由于虚拟研发组织赖以生存的技术环境、市场环境的不断变化发展，决定了对虚拟研发组织的研究还有很大的空间。因此，无论现在还是将来，虚拟研发组织研究中所涉及的问题都是相当多的，这些问题主要表现为以下几个方面。

一是对虚拟研发组织及其运行的基本理论的研究缺乏系统性。虽然，目前对虚拟研发组织的研究取得了一些突破性的成果，但研究主要集中在某些方面，缺乏对虚拟研发组织进行系统、全面的分析。虚拟研发组织理论在整个管理学框架的定位不明晰，使得当前的研究难以形成体系，零散的研究成果不利于指导虚拟研发组织的成功组建与运行。因此，有必要对虚拟研发组织的组建与运行开展系统深入的研究。

二是对虚拟研发组织管理方式和方法的研究不够深入。当前的研究以描述性的研究为主，只对虚拟研发组织这一新生事物进行归纳总结，缺乏理论上的论证；

不仅如此当前的研究主要从信息技术的角度，研究由于信息技术发展所带来的信息交流方式的变化，以及对企业管理带来的影响，把虚拟研发组织理论作为一个技术问题进行研究，对虚拟研发组织运营过程中蕴含的管理层面上的问题涉及较少，致使虚拟研发组织管理方式和方法与整个管理学理论的融合不够。

三是对我国虚拟研发组织发展的对策研究不够。目前，学者更多的是注重应用一些数学方法来解决虚拟研发组织理论研究中的一些特定问题，如合作伙伴的选择、收益的分配等，很少有人涉及研究我国发展虚拟研发组织的对策。使得政府、企业、高校和科研院所在虚拟研发组织实施的过程中，很难找到相应的理论指导，只能摸着石头过河，从而降低了虚拟研发组织理论的可操作性与价值。

第3章

虚拟R&D组织的演化、基本形态及特征分析

3.1 R&D组织的历史演化

从伽利略时代开始，就存在一些与科学研究相关的组织，但早期的科研工作主要以个人研究为主，直至19世纪下半叶，随着学科门类的增多以及现代工业的发展，科学技术劳动才进入直接协作的阶段，并逐步形成了集体的科研体制。到了20世纪，由于所谓“大科学”时代的到来，以及科学和现代大生产联系的日趋紧密，科学的社会建制也变得愈加庞大和复杂起来，网络型R&D组织开始出现，并进而催生了虚拟R&D组织。

3.1.1 R&D组织历史发展的回顾：科学技术建制化

在近代科学产生之初，科学研究的行为模式基本上是以科学家个人为主体的独立研究，如哥白尼提出日心说、牛顿建立经典力学等，科学家之间的交流也是基于个体间的人际关系的，缺乏相应的组织背景。但是，随着科学研究逐步进入基于分科的专业研究阶段，科研难度逐渐增大，科学家开始需要得到其他专业人士的协作和交流，加之科学技术的社会承认和地位提升也需要组织化的力量来推动。这些因素共同导致了早期科研组织的出现和发展，而这正是科学技术建制化的主要内容。

所谓科学技术建制化是指科学技术在发展过程中摆脱自发随意状态，成立专门的组织机构，出版用于科学交流的书刊，创办培养科技人才的学校，制定、完善规范自身发展制度的过程等等。从编年史的角度看，科学技术建制化大致可以分为三个阶段，即 16－18 世纪的初步发展阶段、19－20 世纪中期的全面发展阶段、20 世纪中期以来的变革与创新阶段。

16 世纪到 18 世纪是科学建制化起步阶段，也是科研组织发展的早期阶段。意大利物理学家波尔塔(1535—1615)于 1560 年创立的“自然秘密研究会”，它是近代历史上第一个自然科学的学术组织，其宗旨是对学术问题进行自由讨论和交流，性质相当于现在的学会。1603 年，伽利略和波尔塔等 32 位科学家在罗马成立了“山猫学会”。1657 年，托里拆利和维维安尼发起了“齐曼托学院”，它具有了某些实验室的特征，1657—1667 年，齐曼托学院的成员们一起进行了许多次物理学实验。1667 年于佛罗伦萨发表的《齐曼托学院自然实验文集》记载了这些实验，其中最重要的是关于空气压力的实验。

1662 年，英国成立了英国皇家学会，1665 年成立法国科学院。1700 年，德国数学家莱布尼兹主持建立了柏林学会。瓦特等人又在英国伯明翰成立了著名的“光月学会”，每当月圆之夜，科学家们会聚一堂，进行横向学术交流。在近代科学发展历史上，名目繁多的科技学会对科学家、发明家之间的学术交流、思想的启迪、灵感的激发，都起到了不可估量的作用。据统计，1650—1730 年间，英国皇家学会云集了全世界 36%以上的杰出科学家，他们做出的重大成果占全世界总数的 10%，为推进早期科学的发展贡献卓著。

但是，这些学会并不是真正意义上的研究机构或实体，更多的是科学家活动和交流的场所或平台，在科学技术的童年时期，它们起着推动科学研究、凝聚科学家队伍、形成科学共同体、传播科学思想的作用，但科学家的具体研究工作还是在自己的工作室中进行。例如，英国皇家学会一开始就是为了贯彻培根的学术思想，注重实验、发明和实效性的研究。在学会的章程中写道：“皇家学会的任务和宗旨是增进关于自然事物的知识，和一切有用的技艺、制造业、机械作业、引擎和用实验从事发明(神学、形而上学、道德政治、文法、修辞学或者逻辑，则不去插手)；是试图恢复现在失传的这类可用的技艺和发明；是考察古代或近代任何重要作家在自然界方面、数学方面和机械方面所发明的，或者记录下来的，或者实行的一切体系、理论、原理、假说、纲要、历史和实验；从而编成一个完整而踏实的哲学体系，来解决自然界的或者技艺所引起的一切现象，并将事物原因的理智解释记录下来。”(梅森，1980)。为了达到这个目的，皇家学会设立了不少委员会。有机械委员会研究机械发明，贸易史委员会研究工业技术原理，以及各专业委员会如天文学、解剖学、化学等，实用科学特别与商业贸易有关的科学知识。1665 年学会的机关刊物《皇家学会哲学学报》也开始出版，主要刊登会员提交的论文、研究报告、自然现象报道、学术通信和书刊信息。实际上，皇家学会主要依靠会员会费和富商赞助来开展一些学术交流等活动，牛顿、胡克等人的研究工作基本上是以个体方式进行的。当时只有格林尼治天文台是由皇家资助进行天文学研究的。

到了 19 世纪，科学技术建制化进入了全面而快速的发展阶段。首先，传统的学会组织有了进一步的发展。随着科学的分化，科学组织迅速分化，各种专业科学学会随之而生，如物理学会、化学学会、地质学会、电气工程学会等等。同时，为了协调各种学会组织，推动科学技术的发展，不少国家开始组织全国性的科学社团组织。1831 年 9 月，英国召开了名为“科学之友”的全国性会议，成立了“英国科学促进协会”，1839 年全意大利的“科学家协会”成立，1848 年美国成立了“美国科学促进协会”。1870 年法国成立了“法国科学促进协会”。另外，19 世纪以后，国际的相互交流渐渐成为科学界的普遍愿望。欧美的数学家，在 19 世纪末就组织成立了国际数学学会。目前，存在有两种国际性的学会组织，一是区域性的国际学会、协会组织，二是综合性的国际协会。其次，现代大学的出现和发展。实际上，从 18 世纪末开始的法国高等教育体制改革已经为现代基础研究制度奠定了一定的基础，但却为波旁王朝的复辟所终止。然而，以柏林大学建立为标志的德国大学改革导致了基础研究实验室的快速发展，一些教授的私人实验室逐步演变为大学实验室，如马格努斯私人建立的实验室发展成为柏林大学的物理实验室(1863)。德国的大学改革使德国的科学水平迅速提升，引起世界各国竞相效仿，有力地推动了大学实验室的进程，如格拉斯哥大学开尔文勋爵主持的物理实验室(1870)、剑桥大学的卡文迪许实验室(1871)等。再次，工业 R&D 活动迅速增强。19 世纪以前，技术活动基本上也是个体性的，企业中并无专门的研发机构，科学研究对企业运营也无直接影响。但到了 19 世纪中期前后，技术科学开始直接作用于工业资本，大大促进工业资本增值。企业家也意识到对科学技术的重要作用，并积极支持科学研究，建立实验室、研究所，以促进科学技术在生产中的应用。在这一时期，出现了一批重要的工业实验室，如爱迪生的门罗公园实验室(1876)、通用电气公司的工业研究实验室(1900)、贝尔实验室(1925)等。在 20 世纪的上半叶，私人领域中的研发活动的迅速崛起，在工业的各个领域出现了大量的工业实验室，这对于科技体制的影响十分深刻，并为二战之后的科技繁荣奠定了最为重要的基础。最后，国家实验室的出现。在这一时期，虽然政府很少从政策和战略上去影响科学技术活动，但一些国家的政府已经认识到科学技术的重要作用，并通过国家的财政支持建立国家实验室或其他科技机构。如德国于 1884 年建立了帝国研究院，并拥有一套令其他国家极为羡慕的实验设备；德国还于 1896 年建立了一个有现代化仪器的新实验室“戴维-法拉第研究实验室”，它是“世界上唯一的一个完全致力于纯科学研究的公共实验室”；在 19 世纪末期，英国建立了“国家物理实验室”，目的是“要使科学的力量为国家服务”；美国标准局是按美国国会 1901 年 3 月 3 日的法案创建的。它作为一个国家物理实验室在理论和应用的物理学、化学的领域中进行度量和研究。

第二次世界大战为现代科学技术组织方式的蜕变提供了一个重要契机，战后的科技活动逐步呈现出前所未有的新特征。最为重要的变化是各个领域的科技活动(包括基础资源、研究人员、管理等)迅速融合，逐步形成了混合式的科技活动模式，传统的界限和隔阂逐渐消退。在二战之前的欧洲和北美地区，大学、企业、政府之间有着明显分离甚至隔阂，尤其是大学的科学家对政府、企业存在很深的戒备之心，因此各种力量的合作是十分困难的。但是二战中的大科学工程(原子弹研制、雷达研制等)的实施，首次将官产学三股力量紧密联合起来，并取得极大的成功，各方都从中获得了极大的益处。这种官产学多边合作的模式已经成为近半个世纪以来最为重要的研发模式。正是由于多元科技活动主体的协同行为及其持续演化导致了当代 R&D 组织日趋多样和复杂。在这一发展过程中，诸如阿波罗计划、HGP 计划等大科学工程继续推动科技管理模式的完善，而科学园区的发展、跨国公司 R&D 活动的分散化、企业间技术联盟等新型 R&D 模式更是超越了传统的线性模式。可以说，近 30 年是科学技术建制化发展最为激烈的时期。

3.1.2 R&D 组织演化的基本逻辑：从层级制模式到网络模式

一般来说，科学技术的建制化是在 19 世纪系统展开的，而在这之前的发展则是零星的。因此我们的研究侧重于 19 世纪中期以来的 R&D 组织演化的内在规律，尤其是工业 R&D 组织。Philip A. Roussel 等人(1991)在《第三代研发》一书中将 20 世纪以来的企业 R&D 活动方式分为三个阶段，并提出了着眼于企业整体战略协同的第三代 R&D 概念，深刻地揭示了战后企业 R&D 发展的内在轨迹。在 Roussel 等人工作的基础上，一些学者将研究的焦点集中在 90 年代以后 R&D 活动的新趋势上。William Miller(1995)提出了第四代 R&D 的概念，认为企业 R&D 更加关注外部用户的价值，并将之视为自己组织的资产之一，新一代 R&D 更能应对不连续创新的挑战；Jorge Niosi(1999)也提出了所谓第四代 R&D 概念，他认为 R&D 管理模式的演化是一个从线性模式向柔性(Flexible)创新的发展过程，而包括用户、供应商、竞争对手在内的技术联盟则增强了 R&D 组织性能的灵活性。Debra M. Amidon Rogers(1996)则更进一步提出了第五代 R&D 概念，明确指出未来的主要趋势是虚拟 R&D，这种 R&D 模式是以知识而非信息为基础的，它既是网络组织，也是一种学习型组织。阎康年(2000)以美国工业实验室为例，将工业 R&D 分为 5 个时期：经验性工业实验研究时期，应用现有科学知识于工业中的研究时期，产生新科学知识并将其用于技术创新的时期，工业研究实验室与科技发展区或科学园并举时期，市场拉动和科技推动时期。

透过历史发展的具体进程，大致可以抽象出 R&D 组织演化的内在规律，即经历了从科层制组织结构向网络型组织模式的进化过程，具体分为前后相继的四个阶段，每个阶段都表现为独特的组织管理模式。

1. 孤立型 R&D 组织管理模式

从工业领域来看，专门的 R&D 组织出现在 19 世纪中期的德国化学工业。从 19 世纪中期到 20 世纪 50 年代属于第一代 R&D 组织模式，它的最突出特点就是孤立性，即组织内部的 R&D 部门似乎游离于其他部门，不与其他部门发生直接关联。

在第一代研究开发模式中，一般由科技专家来管理研发机构，通过科学家对研究项目的选择、实施和指导，产生一些重大的科研突破并带来一些重要和利润可观的产品。研究开发是公司预算中的一项，总经理几乎不参与研究开发项目的确定，公司未来的技术基本上全由研究开发部门来决定。这种管理的方式是雇用最好的开发人员，给他们充分的资金，给他们一个创造性的环境，然后就是等待他们拿出有市场价值的好成果。因此，第一代 R&D 没有任何战略框架，企业的未来技术仅是研究开发一个部门的事，并不体现企业的战略目标和计划。也正因为如此，R&D 部门只是成本中心，而非盈利中心。

此时的 R&D 组织管理基本上采用的是传统的层级式管理，但它又与其他业务部门相互隔离，少有沟通和协作。在第一代研究开发模式中，其他业务部门认为科研人员不懂得企业业务，他们从事的研发工作不能及时满足企业的需要，也难于控制科研人员的行为；但 R&D 部门中的研究人员和管理者则认为研发活动的结果是难以预见的，确定研发目标只会窒息创新动机，管理只会压制创造性。因此，研究和创新只是研究开发部门的内部活动，不需要其他部门的建议和协作，更不需要企业外的客户和伙伴参与。

2. 矩阵式 R&D 组织管理模式

第二代 R&D 组织管理模式实际上是一种矩阵式的项目管理模式。应该强调的是，在二战期间，科学家参与到军事项目的科研管理和决策中来，他们运用一些决策模型等科学方法(如 PERT，CPM)来管理大型的研发项目，从而发展出一套比较科学的项目管理模式和方法。这对于后来的管理实践产生了深刻影响，也催生了第二代 R&D 组织管理模式。

显然，第一代 R&D 组织的孤立性极大地限制了研发工作对企业发展的贡献。因此，越来越多的企业管理者认识到，必须更加有效地管理研究开发活动，使之更好地服务于企业业务的需要。于是，R&D 组织管理也发生了一些显著的变化。与第一代 R&D 相比，第二代 R&D 的管理已注意到使研究与开发工作符合经营上的需要，运用项目管理的原则，进行研究开发项目的投入产出分析；区分出不同研究与开发项目的性质，并对各个项目进行个别的费用与效益分析，根据项目的目标进行监控。同时，开始寻求研究开发部门与生产、营销部门的联结和沟通，并开始以跨部门、跨技术领域的矩阵式项目管理方式来进行研发，安排受过训练的或有经验的项目经理负责重要的方案和项目，这些项目经理负责计划和协调资源，确保项目在预算内目标明确、按时进行。另外，从管理和战略的角度看，研究开发管理开始在项目层次上进行一定的战略规划，企业力图把研究开发部门与其他部门的关系确定为供应商与客户的关系。在运行原则上，对重大项目的投资是根据业务部门与总公司风险分享的原则进行的，渐进项目的投资决策则主要由各业务部门做出，评估项目的方法是量化的，如净现值法、投资回报率。

应该说，第二代 R&D 打破了 R&D 部门与其他部门的隔离状态，有了部门间合作的趋势和一定的战略思考。但是这种组织管理模式仍是局限在单个项目层次上，对各个项目的孤立管理，R&D 部门仍分离和独立于各业务部门和整个组织。因此，无法从战略角度对项目群进行战略性平衡，无法在一个战略经营部门内部和各战略经营部门之间进行平衡，也无法制定项目选择与资源分配的优先级顺序，从而无法针对经营目标与经营战略的需要，最有效地利用能力和资源，取得最大的经营效益。

3. 系统型 R&D 组织管理模式

从 20 世纪 70 年代开始，市场环境发生了巨大变化，R&D 能力被视为企业和国家间竞争的关键因素，而快速变化的市场需求和个性化趋势迫使企业的 R&D 活动必须面向外部的客户需求，加快创新的速度。因此企业开始从整体的角度寻求创建一种跨单位、跨部门、跨公司的战略平衡的研发组合，这种研发组合由业务经理和研发经理以合作伙伴的方式联合确定。

就其特点来看，第三代 R&D 是基于系统观的组合研发模式。首先，这种组织管理模式寻求在业务部门之间和公司内有一种战略上平衡的研究开发组合。它是建立在业务经理与研究开发部门经理的伙伴关系之上，他们共同确定、评估研究开发部门应该做什么，什么时候做，为什么做，做多少。研究开发部门不仅要满足现有业务的需要，而且要开发现有业务和新业务中的技术机会。这就打破了研究开发部门的封闭性，使研究开发部门与其他职能部门之间有更好的合作。其次，研发活动具有真正的战略意义，公司、事业部和研究开发经理作为合伙者共同建立与公司和业务战略相一致的研究开发战略，将资本、营销、制造、销售和公司上层的支持集成起来，通过研究开发的成果来提升企业的竞争力。其目标是为客户提供价值和为股东提供回报。显然，此时 R&D 部门已经成为企业的盈利中心，将自己纳入整个组织系统的价值链之中。

更为重要的是，在这一阶段，R&D 部门管理者和企业决策者的思维方式发生了根本的变化，他们都将技术创新看成是决定未来发展的战略行为，因此一方面要从组织系统的整体来组织 R&D 活动，整合资源，分担风险；另一方面，必须充分依据市场变化和消费者需求来制定与组织战略相适应的 R&D 战略规划。

4. 网络型 R&D 组织管理模式

实际上，第三代 R&D 的系统模式也是一种内部的一体化研发网络组织，虚拟 R&D 组织的单主体模式就是这种内部网络在 ICT 推动下的进一步发展。但是，作为第四阶段的网络型 R&D 组织管理模式则强调的是：内部化了的 R&D 组织彻底突破了所属组织的界限，与外部的供应商、技术伙伴、销售商、消费者、投资者和其他利益相关者共同组成了创新网络。

从 20 世纪 90 年代开始，随着全球化进程的加速，市场环境更加复杂，竞争更加激烈，跨国公司在全球的扩张面临着如何适应当地消费需求和如何管理分散化的问题；同时，以信息技术、生物技术、新材料科学为代表的新一轮科技变革也加大了企业和国家的科技竞争压力。在如此复杂的竞争环境和科技环境中，单个 R&D 组织或企业难以独立地作业，几乎所有研发组织都开始采取合作研发的新思路，网络型 R&D 组织管理模式也就应运而生了。

与上述三种模式相比，在网络型 R&D 组织管理模式中，网络在 R&D 管理中起着中心作用。公司不再像传统企业那样尽量将 R&D 内部化，追求纵向一体化，而是致力于培育核心能力，趋于归核化(Refocusing)；同时强调与其他公司或科研机构的合作，形成各种样式的互补性合作研发或联盟。R&D 管理更具有战略性，通过对 R&D 项目的性质进行分析和定位明确与组织总体战略的关系。网络型 R&D 组织实际上是一个知识网络，它通过复杂的关系网络传播和获取知识资源；而知识资产则成为网络组织的关键指标，它既是进行知识生产的核心资源，也是衡量组织绩效的重要参数，因此知识管理是网络型 R&D 组织管理的主要任务之一。另外，网络型 R&D 组织还是一个共生性(Symbiotic)学习网络，网络成员可以通过知识网络的丰富通路来共享经验和知识。更为明显的是，信息通信技术的广泛应用使得网络型 R&D 组织模式在形式和内容上都得到了充分的完善，并推动了新的虚拟组织形态得以产生，表现出巨大的技术优势和未来发展潜力。R&D 演化模式比较见表 3-1。

表 3-1　R&D 演化模式比较

	第一阶段孤立型 R&D 组织管理模式	第二阶段矩阵式 R&D 组织管理模式	第三阶段系统型 R&D 组织管理模式	第四阶段网络型 R&D 组织管理模式
管理和战略内容	没有长期的战略框架；R&D 是经常费用支出	过渡状态；部分的战略框架	整体战略框架	具有整体战略规划，兼具把握临时性市场机遇的能力
哲学思想	R&D 决定未来的技术；商业决定当前的技术目标	管理与 R&D 的关系如同法官与辩护律师的关系；商业与 R&D 的关系如同客户与供应商的关系	合作伙伴	以信任机制为核心的合作网络；创新制胜
组织方式	重点：成本为核心，纪律；避免矩阵式	集中式与分散式；项目的矩阵式管理	打破 R&D 的独立性	R&D 的开放性和网络化；以 ICT 为支撑
技术/R&D 战略	与商业战略无明确的联系；技术第一，商业含义靠后	项目的战略框架；没有集成的商业或公司化	技术/R&D 和商业战略的集成化合作	基于创新网络的 R&D、商业及利益相关者间合作
运行规则	缺乏商业/R&D 接合的洞察力；宿命论观点	R&D 类型的区别；在项目水平上商业 R/D 结合的洞察力	贯穿产品系列的商业 R/D 结合的洞察力	贯穿技术趋势、商业机遇和产品系列 R&D 的洞察力
资金	按年度预算的银行项目；提供能够承受的资助	以需求和分担风险为基础的资助；按 R&D 类型的不同参数	根据技术成熟度和竞争影响力而不同	根据市场机遇和技术发展趋势而不同
资源分配	根据 R&D 而定；没有向上的透明度	根据集中的 R&D 管理分配给基础的 R&D 工作；通过供应商和顾客分配给其他的 R&D 工作	以平衡优先发展和风险/回报为基础	以核心竞争力和技术学习为基础
目标定位	令人乏味的基础和基本的 R&D；商业与技术目标的连续性	通过不断增加的和关键 R&D 项目保证；连续的商业和 R&D 目标	所有的 R&D 都有确定的商业和技术目标	兼有即时的市场目标和核心技术目标

续表

	第一阶段孤立型 R&D 组织管理模式	第二阶段矩阵式 R&D 组织管理模式	第三阶段系统型 R&D 组织管理模式	第四阶段网络型 R&D 组织管理模式
确定优先	没有战略优先；重点随运行环境的不同在变化	通过集中的 R&D 管理为基础的 R&D 服务；通过供应商和顾客为了其他的 R&D 工作	根据经费/效益和对战略目标的贡献	根据临时性的市场机遇和对战略目标的贡献
评价进步	仪式性的和敷衍马虎的；间断性的	正式的同行评议；与增加的和关键 R&D 项目的良好联系	定期地进行或是在外部情况和内部的发展允许时	阶段性目标评估；市场实现；技术能力的提高

注：根据 Braun(1999，P154)的图表扩充而成

就其本质而言，虚拟 R&D 网络组织的出现并不意味着新一代 R&D 组织模式的产生。如前所述，Debra M. Amidon Rogers(1996)认为虚拟 R&D 是第五代 R&D，这种 R&D 模式是以知识而非信息为基础的，它既是网络组织，也是一种学习型组织。应该说，Rogers 对于虚拟 R&D 的描述还是比较准确的，但她将其确定为第五代 R&D 则是不够妥当的。笔者认为，虚拟 R&D 是合作型或联盟型 R&D 的进一步深化和发展，是在新的外部环境和信息通信技术推动下而演化出的新型网络型 R&D 组织管理模式，因此它仍属于第四代 R&D。

3.2 虚拟 R&D 组织的基本形态

3.2.1 虚拟 R&D 组织的分类

由于国内外学者对虚拟 R&D 组织的研究还不够深入，因此对其分类研究也没有形成比较成熟一致的观点。在实际的科技活动中，虚拟特别工作小组、虚拟研究团队、虚拟研究所、虚拟科技园区等都是虚拟 R&D 组织具体的表现方式。一种比较简易的处理方式是将虚拟组织或联盟的分类移植到虚拟 R&D 组织上，这种移植是有价值的，但仍显得过于简单。因此，应该在相关研究的基础上，结合 R&D 的实践，做出一些更为具体的探讨。

在实际的运行过程中，存在多种形式的虚拟 R&D 组织，各个企业根据自身

的条件和市场机遇采取不同的组织形式。笔者以为根据主体的不同，虚拟 R&D 组织可以分为两大类，第一类是单个企业研发组织的虚拟化，即某一企业或科研组织通过计算机网络和通信技术，将分散在不同地点的研发资源联结起来而形成的虚拟性研发组织。根据组织成员的集中度高低，这种虚拟 R&D 组织形式还可以进一步分为三种：分散并行模式、虚拟核心模式以及集中团队模式。

第二类是多个研发组织或企业以计算机网络和通信技术为联结手段、以市场目标和关系契约为基础而形成的 R&D 网络组织。这种多主体模式不仅以信息技术来超越地理空间和组织结构的限制，而且通过诸如合同契约、协议、政策等软约束来实现研发资源的共享和集成。关于多主体的虚拟 R&D 组织的分类是非常复杂的，从不同的角度出发，就会有不同的分类。例如根据组织成员的集中度高低，多主体的虚拟 R&D 组织大致可以区分为三种基本类型，即平等伙伴网络、功能协调型伙伴网络、星型协调型伙伴网络。根据参与成员的身份，可以分为私人虚拟 R&D 组织、公共虚拟 R&D 组织、私人一公共虚拟 R&D 组织。按照组织成员之间的竞争程度和关联程度两个维度作为划分标准，可以分为价值关联非竞争性组织、价值关联竞争性组织、技术关联非竞争性组织、技术关联竞争性组织。当然，还可以根据时间标准、R&D 性质等来划分。

虽然虚拟 R&D 组织是研发组织的一个主要发展趋势，但目前还没有一个统一的组织模式和决策模式可供选择和利用，不同的 R&D 组织和企业面对不同的场景会做出个性化的选择。但在组建虚拟 R&D 组织过程中，至少有五个因素必须加以考虑：一是虚拟组织的系统特征，即组织中的各个成员团队及子项目之间是高度耦合的还是相对自主独立的；二是各个组织成员的资源状况及其关联程度，即各组织成员研发资源的性质和数量，相互之间是互补性的还是重复性的；三是整个虚拟组织内部的沟通机制和协调机制；四是知识系统的主导类型，即研发活动所涉及的知识主要是显性知识还是隐性知识；五是研发项目的创新程度，即是渐进式的还是突变式的。对于单主体虚拟 R&D 组织来说，如果研发项目是渐进式创新，各个子项目相对独立，主要知识是显性的，具有重复资源，那么可以采取低集中度的组织形式，相反则应采取高集中度的组织形式。对于多主体模式来说，情况则有所不同，它主要是针对重大的、复杂的、高投入的研发任务，其关注点不在于集中度，而在于资源的互补互利，以及成员企业间的竞争程度，它的组织形式更趋于无形化和网络化。

3.2.2　单主体虚拟 R&D 组织分析及其运行机制研究

所谓单主体并非是指组织内只有一个成员，而是指虚拟 R&D 组织是存在于某一企业内部，或者说主要是属于某一企业的研发机构，其内部结构仍是多元的，也可能包括外部的研究机构和雇佣人员。

近二十年来，随着经济全球化和信息技术的迅速发展，跨地区、跨国的研究开发大量增加，企业尤其是跨国公司的研发资源的空间离散度也在不断加大，这种 R&D 组织的分散化在一定程度上影响了企业的整体研发能力，有效地利用分散的研发资源已成为这些企业迫切需要解决的问题。为了应付这类挑战，越来越多的企业开始组建虚拟 R&D 组织，将分散的研发团队联结起来实施跨国或跨地区的研发项目。例如日立公司在 1997 年成立了日立欧洲通信实验室来从事通信系统的研究和网络系统软件的开发，作为一个虚拟实验室，它的四个成员分别分布在英国的剑桥、爱尔兰的都柏林、法国的索菲亚一安提普勒斯和美国的达拉斯，其管理总部则在英国的梅登赫德，研究工作则由分布在以上 5 个地方的科学家和工程师来共同承担。

根据目前的 R&D 实践和学界研究(Gassmann，2003；骆品亮，2002)，以组织成员的集中度高低为划分标准，跨国公司所组建的虚拟 R&D 组织大致可以分为三种类型：分散并行模式、虚拟核心模式以及集中团队模式。其中分散并行模式的集中度最低的，各个组织成员或模块独立开展研发工作；虚拟核心模式则是采取核心团队集中于一地、组织成员仍相对独立的方法，其集中度相对较高；集中团队模式强调在维持组织的虚拟灵活特性的同时，针对特殊的研发任务而高度集中，密切配合。下面对这三种组织形式进行具体的分析。

1. 分散并行模式分析

在这一组织模式中，各个组织成员分散在各个地区或国家，相互之间的直接交流较少，相对独立地进行各自的研发活动；但各个成员有着各自明确的分工和功能界定，其技术产品模块可以独立于整个公司产品系统的生产和销售，研究开发活动有既定的标准和规范来支持，各个模块之间的界面也存在一致明确的标准；各个成员往往是相对独立的利润中心，并具有良好的自我协调能力；控制各个成员的主要手段是管理总部制定的项目计划和预算。例如 ABB 公司的 R&D 组织模式就是高度分散的，它在全球拥有 6 个实验室，分别位于奥斯陆、瓦斯特罗斯、芬兰、海德堡、苏黎克和米兰，各个实验室相互独立，它们的负责人直接向公司科研主管汇报工作。

当然，这种分散模式可能会使得成员间缺乏充分的交流和理解，不同团队的工作也可能缺乏协调，从而在特殊的情况下会影响公司整体目标的实现，因此在有些情况下，可以对这种模式进行一定的调整，例如可以设立一个固定的职位来协调各个成员分散的研发活动，改善成员间的沟通和知识转移；或者通过共同参与制定公司 R&D 战略规划来协调各个科研团队的研发活动。

2. 虚拟核心模式

并非所有的研发项目都适合于分散并行模式，尤其是在比较复杂的研究开发项目中，各个研发团队间的协调和合作是十分重要的，但在跨国公司中，将所有的研发单位都集中起来又十分困难，因此，一个较为折中的方法就是组建虚拟核心团队。

所谓的核心团队主要是由各个组织成员的主管经理组成，是整个研发项目的指导小组。它具有以下功能特点：①它是虚拟 R&D 组织的中心节点和指导小组，不仅将分散的研发团队联结起来，而且保证项目团队与公司决策层的信息沟通；②它负责整个项目实施的进程控制、界面管理和行政管理，并协调各个研发团队之间的任务职责和利益冲突；③负责解决涉及多个研发团队的重大问题，解决方式可以是由核心团队直接解决，或者临时聘请技术专家帮助解决相关问题；④核心团队具有较强的创新优势，通过不同研发团队的交流与合作，更容易产生全新的理念，包括工艺创新、产品创新、组织创新等多方面的内容。虚拟核心团队的研发模式见图 3.1。

例如，宝马公司在轿车研究开发过程中就组建了核心团队来指导和协调不同研发团队的工作。一般来说，宝马公司的新车开发项目大约有 40 个模块(包括底盘、发动机、电子设备、车身、系统设计等)，每个模块都具有很高的灵活性，其规模和成员处于不断变化之中；整个新车研发项目由一个具有监理性的核心项目团队来负责，成员来自于各个模块的领导层，其规模和成员也是变化的。这种组织形式既保证各个模块的独立性和创造性，也保障了整个研发项目的整体性和协同性。

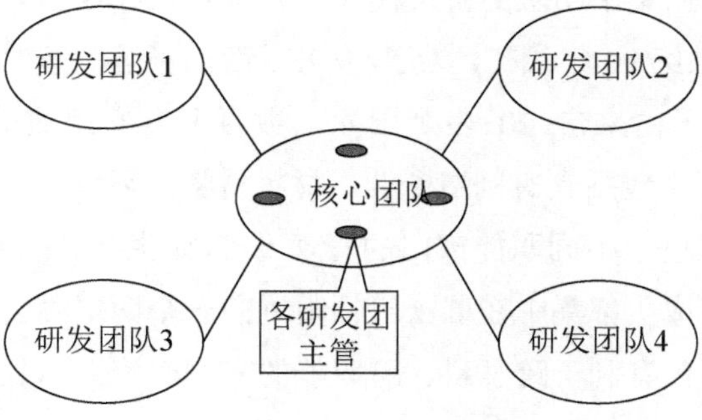

图 3.1　虚拟核心团队研发模式

值得强调的是，核心团队本身也是一个虚拟团队，其成员来自于分散的各个研发团队，临时聘请的专家更是分散在不同的地方，因此它具有很大的灵活性和柔性特征。另外，核心团队的组织边界也是相对变化的，其中的成员具有一定的流动性，其规模则根据研发项目的情况而扩大或缩小。

3. 集中团队模式

无论是分散并行模式还是虚拟核心团队模式，这类虚拟 R&D 组织都具有较低的集中度，其研发效率、时间周期和协调程度都有一定的局限性。当企业面临十分重大的、迫切的研发任务时，上述两种组织往往就无法应对挑战。因此必须采取更为高效、集中协调的集中化模式，集中团队模式也就应运而生。

与前两种模式相比，集中团队模式首先强调的是组织成员必须集中在一个地方，并进行集中式的一体化研究开发，包括从概念形成开始直至产品投放市场。其次，集中化团队不是单一固定的研发机构，没有直线式的组织机构，其成员是来自于公司各个部门的技术专家和管理专家。最后，集中化团队具有技术上和经营业务上的充分授权，可以自由地采用全新的、独创性的技术路线和营销模式，不必受公司惯例和固定程序的约束。

集中化团队具有一些独特的优势。团队成员集中于一地，有利于知识的沟通和交流，尤其是隐性知识的共享和扩散，而知识的共享和交流也有利于技术上的创造和激进式创新的产生；团队成员之间的频繁联系沟通可以创造出共同的组织文化，增强组织的凝聚力和团队精神；高水平专家的高度集聚可以大大提高研究开发的效率，缩短时间周期，把握市场机遇。例如 ABB 公司 GT24/26 燃气涡轮机研发项目就是采用集中团队的研发模式。实际上，ABB 公司的研发模式是高度分散的，但在 20 世纪 90 年代初，为了与 GE、西门子等竞争对手争夺高档涡轮机市场，ABB 成立了由来自 20 多个国家、数百名专家组成的研发项目团队(即 GT24/26 项目)，其中包括具有制造专业、材料科学、环境科学等背景的科学家和工程师，也包括来自于不同职能部门的管理专家(如生产、组装、销售服务等)。该项目团队的所有成员都集中在瑞士巴顿附近的一个两层办公楼里，其空间布局是开放式的，这不仅有利于跨学科、跨职能的密切交流，而且有助于关键性的隐性技术知识的扩散、共享和保留。GT24/26 项目团队还具有高度的自主优先权，项目经理直接对公司高层报告工作，并拥有调配关键性的稀缺资源的权力，项目指导委员会每月会面一次，在项目的关键阶段，甚至连公司董事会也参与进来。另外，GT24/26 项目还采用了基础研究和产品开发同步进行的方法，并强调研究开发、营销和产品用户三者之间的密切协调。因此，GT24/26 项目使得 ABB 在很短的时间里从技术追随者一举成为高档涡轮机领域的技术领袖，而且与以往的研发项目相比，投放市场的时间缩短了 60%，模块数量减少了一半(Boutellier et al，2002)。

这种模式的缺点是具有很大的成本负担和市场风险，因为组建集中化研发团队往往要调集公司内部的技术精英和管理精英，投放大量的资金，这必然会影响常规性研发组织的研发工作，占用大量的研发资源。因此集中化模式不宜频繁使用，主要是用于战略性的重大研发项目。

3.2.3 多主体虚拟 R&D 网络组织及其运行机制研究

多主体虚拟 R&D 网络组织是多个研发组织或企业以计算机网络和通信技术为联结手段、以市场目标和关系契约为基础而形成的 R&D 网络组织。这种组织形式是一种动态的临时性联盟，其中的成员是相互独立的经济实体，它们具有互补性的资源和核心能力。当某个市场机遇出现时，通常由最早意识到这一市场机遇或掌握行业关键技术的企业牵头，联合其他企业和相关科研机构组成一个一体化的临时性组织，迅速调动组织成员各自的研发资源，对市场做出敏捷反应，共同完成新产品的开发和新市场的开拓。在运行过程中，联盟成员通过一系列的合同、协议来约束各自的行为，并共同承担风险和分享收益。一旦目标实现，这一虚拟性的 R&D 联盟将随之解体。

具体来说，这种多主体虚拟 R&D 网络组织首先是一种无确定边界的动态性网络组织，它一般没有地理上的边界，拥有不同核心能力的企业以某种方式形成一个网络，并利用电子邮件、共享数据库、远程登录、视频会议等信息技术手段来进行信息和知识的交流和共享；它的组织结构可以根据需要进行动态调整，外部企业可以通过招投标或协商加入联盟，也可以自由退出。其次，网络成员除了靠计算机网络和信息技术来维系相互联系外，更重要的维系手段是依靠合同、协议等法律文件，因为只有通过这些文件才能使得各个成员明确自己所承担得风险和可能获得的收益，才能使得无边界的网络组织在行为上是有边界的。正像在计算机网络中上网用户需要遵守网络协议一样，R&D 网络组织也需要有一套“上网”企业必须遵守的共同协议，以便在网络成员企业之间建立起相互信任的关系。再次，这种虚拟组织是旨在资源优化、市场成功的制度选择。面对快速变化的市场需求，任何单个企业在其研发资源和能力上都有局限性，只有多个企业采取联盟方式整合各自的资源优势和核心能力，才能迅速形成强大的研发优势和竞争能力，达到预期的目标。最后，多主体虚拟 R&D 网络组织的产生和维持的重要基础是组织成员之间的相互信任和互利合作。在这样一个松散的自由联合体中，应努力减少不同企业文化间的摩擦与冲突，推动不同价值观的共存和融合，从而形成一体化的利益共生体。

在实际的经济活动中，为了在日益激烈的市场竞争中保持和发展自己的竞争优势，许多企业和研究机构纷纷建立各种各样的技术联盟。如果按照组织成员之间的竞争程度和关联程度两个维度作为划分标准，那么可以将多主体虚拟 R&D 网络组织分为四种基本类型(见图 3.2)。

(1) 价值关联非竞争性组织。这类虚拟组织大多是不同行业内企业间的合作形式，成员企业之间没有直接的竞争关系，但往往是处于价值链的上下游企业(例如制造商和供应商之间)，它们之间存在价值关联。

(2) 技术关联非竞争性组织。这是指同行业内非竞争性企业间的合作 R&D 形式，组织成员间的研究开发合作很密切，但从事的研发领域不相重合，技术互补性强，没有直接的竞争领域。例如 GM 和 Isuzu 合作开发小汽车，双方研发部门的合作频繁，但两个公司各自销售产品，且不是对方的主要竞争对手，组织间冲突程度较低。

(3) 技术关联竞争性组织。在这类组织中，成员间不仅在技术上高度相关，同处于一个竞争行业，而且在最终产品市场上成为直接的竞争对手。例如 GM 和丰田合作制造汽车、摩托罗拉和东芝合作开发微处理器等都属于此类合作形式。

(4) 价值关联竞争性组织。此类组织的成员企业往往属于不同行业，但在研究开发同一类技术或产品。

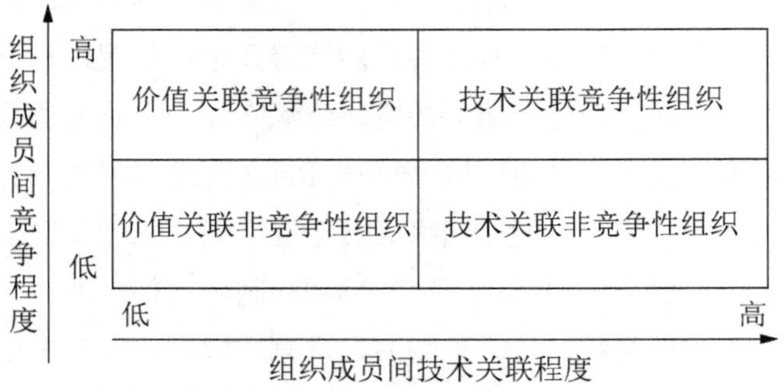

图 3.2 多主体虚拟 R&D 网络组织分类图

另外，根据组织成员的集中度高低，多主体的虚拟 R&D 组织大致可以区分为三种基本类型，即平等伙伴网络、功能协调型伙伴网络、星状协调型伙伴网络。

(1) 平等伙伴网络。一般来说，参与的成员组织投入总量基本相等的资源、技术、知识，各成员在平等的基础上合作，并以此形成一种责、权、利平等的合作研发关系。由于虚拟 R&D 组织要有随时把握机会的能力，所以这种伙伴关系可能会随着市场机会的变化而改变，或者每一个成员都改变其投入的核心能力。

(2) 功能协调型伙伴网络。以平等网络为基础，对资源、技术、知识等增加了一定程度上的统一管理，以进行深度的功能协调。一般建有一个类似于协调指挥委员会形式的协调机构，负责对各成员进行指挥和协调。

(3) 星状协调型伙伴网络。相比较而言，这种模式的集中度最高，它由一个核心组织(盟主)发起，多个合作成员如同卫星一样围绕其周围，并形成了一种以核心组织为中心和领导、根据其互补性需要吸引其他组织共同组成的合作联盟。

一般说来，核心组织成员虚拟网络规则的定义者，它规定整个虚拟网络的运行过程、信息交换机制和进入限制。就其描述性来看，这种分类能够比较直观地反映现实中的多主体虚拟 R&D 组织，但这三种基本类型仍然是逻辑上的简化，现实的虚拟网络可能会同时包括其中两种甚至三种组织形态。

以上分析的是多主体虚拟 R&D 网络组织的基本类型，但在现实中的一些虚拟 R&D 组织则更为复杂、规模更大，包容的研发机构也更为多样化，往往是这些基本类型的混合体，组织成员之间的关系比较复杂，有些成员间存在直接的技术竞争和产品竞争，而有些成员间并不存在直接竞争，有些成员间具有高度的技术相关性，而有些成员间则没有技术上的直接联系。例如美国在 20 世纪 80 年代组建的半导体制造技术产业联盟(Semiconductor Manufacturing Technology Research Consortium，SEMATECH)最初就包括了 14 个知名企业，还有国防部、能源部、国家实验室、国家科学委员会、国家标准及技术院和得州大学等参与其中，后来还有 5 家非美国公司加入(也有一些公司退出)。联盟内部包括 7 个工作中心，由联盟的 CEO、COO、技术咨询执行委员会、咨询委员会等来管理和协调。为了各个成员的利益和防止内部新知识外溢，SEMATECH 采取了所谓的差别政策，即设备保留条款(Equipment Hold-back Provision)和知识产权条款。设备保留条款是指 SEMATECH 禁止其会员制造商在一年内出售设备给非会员公司；而知识产权条款是指 SEMATECH 将创新知识优先授权给会员两年(Carayannis et al，2002)。实际上，这类更为复杂的多主体虚拟 R&D 网络组织仍然有很多重要的问题需要进一步研究和解决，如网络组织内部的技术转移机制、人力资源管理、网络组织的绩效评价、组织成员的选择机制、网络组织的治理结构等等。

3.3　虚拟 R&D 组织的特征分析

3.3.1　虚拟 R&D 组织的区位特征分析

从对虚拟 R&D 组织的基本含义、特征及其分类的分析中可以看出，虚拟 R&D 组织中的组织成员之间虽然存在密切的关联，但与传统内部一体化 R&D 组织相比较，它们在地理空间分布上是分散的，较少通过面对面(Face to Face)来沟通，而更多地依赖于 ICT 来实现信息的交流和反馈。这种分散性对于理解虚拟 R&D 组织的实际运行以及后面将要分析的治理机制是非常重要的，它也是对实现有效的组织治理和控制的极大挑战，因此有必要加以探讨和研究。

R&D 的区位选择问题是伴随着 R&D 的全球化、区域化和分散化这些新的趋势而出现的。在国际学术界，从 20 世纪 70 年代末，已经有学者开始注意到这一现象，并从不同的理论背景进行了一些深入的研究，尤其是对跨国公司海外 R&D 投资区位的研究。Lall(1979)、Pearce(1989)、Dalton 等人(1999)根据美国统计局的数据分析了美国不同行业的跨国公司在海外投资的区位偏好倾向；Hakanson(1992)曾对瑞士跨国公司海外 R&D 投资的区位选择进行过研究。

通过研究我们发现，虚拟 R&D 组织的空间特征或区位选择取决于组织成员的区位选择的倾向性，这里最主要的是跨国公司，因为跨国公司是 R&D 虚拟化的主要推动者；其次是大学和重要的研究机构。实际上，分析虚拟 R&D 组织的空间特征就是分析其组织成员的区位选择及其相互的空间关系，尤其是分析 R&D 的全球化和分散化过程中跨国公司 R&D 机构设立的区位选择。

1. R&D 分散化和区域集群化趋势

所谓分散性的含义具有相对性，或者说分散性具有不同的程度和水平。具体来说，虚拟 R&D 组织可以在地区(一国之内)、国家、区域(国家之间)、全球这四个层级上存在。同时，在分析这一问题时，我们会发现一个现象：从某些局部空间看，还存在不同 R&D 组织的集中化的趋势，例如硅谷、科学城、科技园区等，即所谓的创新集群现象。从本质上说，这种集群现象仍然是 R&D 活动分散化的特殊表现，只是在空间特征上有所不同，表现为分散、集聚并存。

当我们回顾 R&D 分散化这一过程时，可以发现最先积极实施 R&D 的全球化和分散化战略的跨国公司是那些国内市场狭小、研究开发资源有限的高技术公司，如瑞士的 ABB 公司、诺瓦迪斯公司和霍夫曼—拉罗歇公司、荷兰的飞利浦公司和瑞典的爱立信公司等。这些公司日益增加在海外研究实验室的研究开发活动。而国内市场大、国内研究开发基础雄厚的公司，如美国的通用电气、通用汽车、日本的丰田和富士通、德国的戴姆勒，研究开发活动国际化的压力则没有这么大。只是到了近十多年，产业内外的竞争增加才迫使这些公司向全球规模筹供技术知识。

早在 1986 年，荷兰和瑞士公司在国外的实验室就超过了在国内的实验室。截至 90 年代初，荷兰、瑞士和比利时的公司有超过 50%的研发活动是在国外进行的。1985—1993 年间，美国公司在海外的 R&D 投资的增加速度是国内 R&D 投资增加速度的 3 倍。在美国，海外 R&D 开支占 R&D 总投资的 10%，而 1985 年仅为 6%。在同一时期，美国持多数股权的海外子公司的 R&D 比重从 9%上升到 15%以上。1991 年，日本跨国公司在海外的研究开发只占总研究开发工作的 5%，但日本公司自 90 年代以来在欧洲和美国建立实验室，从而大大增加了日本公司的全球研究开发活动。欧洲公司有 1/3 的研究开发活动是在国外进行的。目前，大多数 R&D 机构集中在美、日、西欧三角地区，但在东南亚新兴工业化经济体里也已建立了许多新的研究开发基地。

与这种跨国公司内部 R&D 机构分散化的趋势相对应的是一种特殊的集中化趋势——区域创新集群。实际上，当跨国公司在选择 R&D 机构的布局时，与其说是在选择分散性，不如说是在寻求更高意义上的集中化，即全球性的科技资源集聚。从 20 世纪 50 年代美国硅谷的诞生开始，以高技术园区或科学园为代表的创新集群现象就不断涌现，可以说在世界的各个地区都存在不同类型的区域创新集群网络，而在这些知识密集、R&D 机构云集的有限空间中，往往汇聚着来自全球的研发资源，并形成各具特质的动态研发联盟或合作。

因此，从空间特征看，一方面是跨国公司内部纵向一体化 R&D 机构的分散化，另一方面是跨国公司和本地公司寻求外部横向合作的集中化。从这一点看，虚拟 R&D 组织的成员间的空间距离未必很大，也就是说未必是在地理上高度分散。(见图 3.3)

2. 虚拟 R&D 组织的区位选择因素

从逻辑上看，虚拟 R&D 组织的成员组织似乎不存在区位选择上的特殊偏好，而组建虚拟网络时似乎也不必考虑地理因素。但是在现实中，虚拟技术并不能帮助我们完全超越物理空间的约束，不仅现实中的虚拟 R&D 组织表现出一定的区位特征(如同跨国公司)，而且人们在组建虚拟网络时也会考虑到成员组织的区位特征。尤其是对于成员组织来说，它们更为关注区位的选择，这对它们完成研发任务是十分重要的。

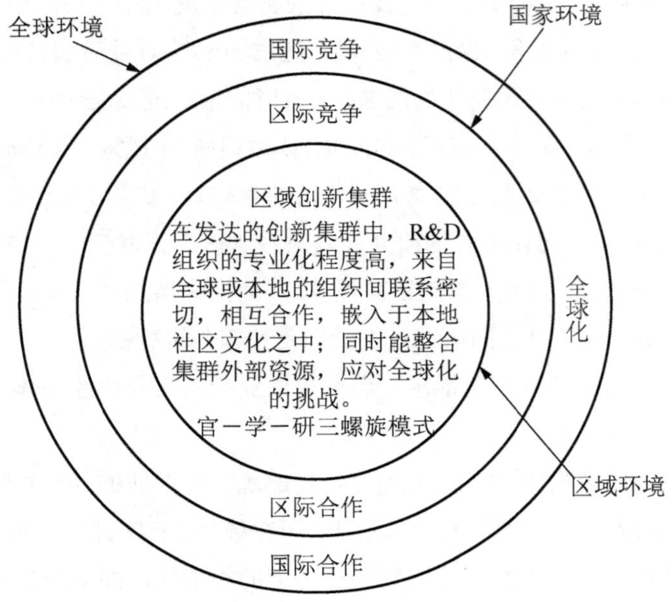

图 3.3　创新的分散化和集中化

R&D 组织属于知识密集型组织，它对于知识资源和人力资源的获取十分敏感；另外 R&D 活动往往成功率低，风险大，对于资本的要求较高。因此，虚拟 R&D 组织及其成员组织在进行区位选择时往往表现出以下特征。

第一，靠近于科研机构(如大学、科研院所等)。显然，大学和科研院所是知识资源最为密集的地区，是知识创新和科学革命的策源地，绝大多数的原始创新都是在这些机构中产生的。对于一些资源寻求型的公司来说，在大学和研究机构附近设立 R&D 机构可以充分利用这些创新组织的知识溢出效应，以推动自己的研发工作。同时，在许多虚拟 R&D 网络中，大学和公共研究机构都是其重要的成员组织。例如跨国公司在美国的 R&D 机构大多集中于硅谷、北卡罗来纳州的研究三角区以及波士顿 128 公路地区，这些地区集中了众多的著名大学和研究机构，如硅谷地区拥有斯坦福大学、加州伯克利分校等 4 所大学、9 所专科学校及 33 所技工学校，云集了众多的本国和外国的研究机构。

第二，集中于高技术园区。自硅谷取得了巨大成功之后，在世界各个地区都出现了一些类似的高技术园区或科学园(城)，如硅谷、128 公路地区、新竹工业园、班加罗尔软件园、剑桥科学园等。高技术园区具有一些独特的优势：①中央和当地政府大多会提供一定的优惠政策，支持园内企业进行科技创新，鼓励科研成果的产业化，从而降低综合成本。②由于园区具有地理上的集聚性，园内企业和其他科研机构、服务机构交易频繁，容易形成具有统一的社区文化和社会网络，因此，也更容易建立起相互信任的机制，有利于组织间的合作创新。③园内一般具有比较齐全的服务体系，信息获取、融资信贷、人员聘任都比较便捷；另外，高技术园区一般地理位置优越，交通便捷，基础设施和配套生活设施优良，适合研发人员工作和居住。④园区一般设置在大学、科研机构附近，具有知识密集、人才密集、技术密集的特点，充分发挥创新的集聚效应。

第三，集中于经济发达的中心城市。从目前的发展状况看，无论是跨国公司，还是大学、银行、风险投资、新产品消费市场和其他服务机构大多分布于大城市之中，大城市可以说是信息流、资金流、人才流汇聚之处，各类杰出 R&D 机构或中心也云集此处。例如美国的外资 R&D 机构主要集中于纽约、洛杉矶、底特律、芝加哥等国际性大城市，跨国公司在我国的 R&D 机构也集中于北京、上海、深圳、广州等大城市。因此，在大城市更容易寻找合作伙伴以组建虚拟网络。另外，大城市的消费者更容易接受新产品，这有利于 R&D 成果的商业化。

从以上分析可以看出，这种区位选择特征意味着一些在背后起作用的重要因素，即知识资源、人力资源、接近市场和信息网络的支持。一般来说，理想的区位选择第一是要能容易地获取知识资源，以开展 R&D 活动；第二是接近数量充足、高素质的劳动力(科学家、工程师、技工)供应地，以满足研究、开发和试制生产等对劳动力的需求；第三是接近市场，比较快捷地获取市场信息(客户需求、竞争对手、市场状态等)，以识别市场机遇，并由此制定 R&D 战略，建立虚拟 R&D 联盟；第四是具备良好的 ICT 支持，这是建立虚拟研发网络的技术前提，它目前基本上也只会在中心城市、大学、高技术园区等地区才会具备。

3. 虚拟 R&D 组织区位选择模式分析

某一或若干 R&D 组织在寻求合作伙伴组建虚拟 R&D 组织时，其动机是各不相同的，如寻求新技术、研发资源、市场需求等，因此也就形成了不同的区位选择模式。

第一，技术寻求型。组建虚拟 R&D 组织的直接目的就是克服单个研发组织在科研能力方面的局限性，寻求到更为先进的科学技术。掌握最为先进和合适的科学和技术对于虚拟研发组织是十分关键的。对于企业来说，竞争对手的产品质量越高、科技水平越发达、R&D 能力越强，对企业的吸引力就越大。因此企业尤其是跨国公司倾向于将 R&D 机构布局在所从事行业专业技术水平较高的地区或国家，以跟踪先进技术的发展趋势，监视竞争对手的技术发展状态；同时，布局于科技水平较高的地区，也有利于寻找到合适的合作伙伴，并借此从 R&D 外溢中获利。因此，技术寻求型虚拟 R&D 组织及其成员往往布局于技术领先的区域。

目前，在全球存在一些所谓的 R&D 卓越中心(centre of excellence)，如 IT 行业的美国硅谷、电子行业的日本东京、化学工业的德国、服装设计行业的巴黎等地。Cantwell & Hodson(1991)在其实证研究中，充分证实了海外 R&D 在世界各国的分布和创新活动总的分布格局呈现的正相关关系。邓宁(Dunning，1988)也认为，在某些行业，当美国跨国公司遇到母国是创新源地的竞争对手时，会倾向于到对手的国家去投资 R&D。

第二，资源寻求型。R&D 组织有限运行的前提就是拥有丰富的研发资源。与 R&D 相关的重要资源大致有三类。

(1) 资本。R&D 是一种风险较高的创造性活动，前期需要一些风险投资来加以启动，而后在快速扩展期则需要大量的资金注入。因此组建虚拟 R&D 组织时的区位选择因素之一就是融资的难易，或者将某些投资机构纳入虚拟网络。

(2) 人力资源。虚拟 R&D 组织属于知识密集型网络，人力资源是其战略性的决定因素，决定着 R&D 项目的成败。但是，本地 R&D 人力资源的供应往往受到各种因素的制约和限制，因此必须寻求具有人力资源优势的合作伙伴，以弥补人力资源方面的不足。这里需要说明两个问题：一是寻求人力资源时既要考虑高水平的 R&D 人员，也要考虑成本因素。因此在全球性的虚拟研发网络中，可能包括发达国家的 R&D 成员，也可能包括拥有丰富廉价人力资源的发展中国家的 R&D 成员。二是虚拟 R&D 组织不仅寻求 R&D 人员，还寻求优质的各类管理人才，因此从组织运行尤其是商业化运作看，虚拟 R&D 组织的区位选择也倾向于商业发达的地区。

(3) R&D 基础设施和基础性研究成果。虚拟 R&D 组织依赖于完善的信息基础设施，没有这一必要条件，虚拟网络将陷入困境甚至瘫痪之中，因此这是区位选择的重要选项。另外，虚拟 R&D 组织大多产生于高新技术产业领域，对于基础研究的进展十分敏感，在开展一些 R&D 项目时也需要利用某些基础研究的科研设施。总之，资源寻求型组织的区位选择取决于是否能容易地获取上述资源。

第三，市场寻求型。在目前的各类虚拟 R&D 组织中，纯粹从事基础研究的较少，大多包括一些知名的跨国公司，因此考虑市场销售前景是十分重要的。即使对于一些侧重于基础研究的虚拟研发组织来说，也大多会同步地考虑成果的商业化问题。

所谓市场寻求可以从两个方面来理解。一是考虑新产品的市场空间，虚拟 R&D 组织大多从事高新技术产业领域的产品研发，没有已有的客户群体，需要培育新的市场需求。因此区位选择需要考虑该地区对新产品的偏好程度。二是考虑产品的市场容量。有些 R&D 项目属于工艺创新，技术产品已经为市场所接受，因此重要的是扩大消费群体，提高市场销售量。在实际的组织运行中，这两方面往往都被考虑，并在虚拟网络各个成员进行分工，取得互补。

3.3.2　虚拟 R&D 组织网络特征的分析

就一般意义而言，组织形态的变迁与其生存环境密切相关。20 世纪 70 年代以前，以福特式为代表的企业组织形态在组织实践中占据统治地位，主导着各个领域里的组织设计和发展。但随着全球化时代的到来，市场竞争日趋激烈，产品周期大大缩短，科学技术日新月异，因此组织形态也在迅速变化，其中的重要发展之一就是网络型组织大量产生，并在不断蔓延。虚拟 R&D 组织正是这种组织网络化发展在 R&D 领域内的突出表现。

1. 网络组织与 R&D 活动的网络化

网络型组织并非全新的组织形态，它一直是现实组织活动的方式之一，例如古老的基督教组织就表现出突出的网络特征，而且运行得极为有效。到了 20 世纪以后，这种网络型组织以及组织中的网络问题也引起了一些研究者的注意，例如在 30 年代，罗思里斯伯格(Roothlis-begel)和达柯森(Dickson)就指出了非正式的关系网络在组织中的重要性。随着经济全球化、一体化和信息技术的发展，网络组织也迅速发展起来，这不仅表现为各类传统组织自身的网络化趋势，而且表现为组织间关系和合作日益密切。虚拟组织的兴起、战略联盟对于技术开发、市场开拓价值的贡献，以及供应链一体化的研究和实践都推动了组织间网络化的进程，同时通过组织间的网络化，可以组成更具竞争优势的集成化组织，例如美国三大汽车巨头通用、福特和克莱斯勒曾联合构建了世界最大的汽车采购网络，形成了更强大的采购优势。因此，网络组织已经逐步得到了社会的认同，关于网络组织的研究也随之深入开展。

对于网络组织的基本含义，国内外学者有着不同的理解。杰瑞罗(Jarillo，Jose C. 1988)将复杂的经济活动按组织形式和竞争关系加以区分，从而区分开市场组织、官僚层级制组织、家族式组织和战略网络，他认为战略网络是长期的、有目的的组织安排，以使企业获得长期竞争优势。Denis Maillat 等人(1995)从经济、历史、认知、规范等多维角度对网络组织进行了概括，认为网络组织是一种超越了传统的市场与企业两分法的复杂的社会经济组织形态，而且这一复杂的组织形态是一个动态的、按照一定路径依赖不断演进的历史过程。普瑞斯等(Kenneth Preiss，Steven L. Goldman，Roger N. Nagel，1997)认为网络组织是由原来孤立交易的公司共同贡献资源而形成的动态联盟组织，它使企业进入一个动态的互联世界，成为灵捷竞争者。达夫特(Richard L.Daft，1998)将典型组织分为人、群体部门、组织、跨组织集合或社区四个分析层次，认为由单个组织相互作用所形成的跨组织集合(inter-Organization Set)是组织本身集成的最高分析层级，它以自由市场模式组合替代传统的纵向层级组织，隐含地给出了网络组织的含义。李新春(1998)就中国从计划经济向市场经济的转轨过程，系统考察了企业网络的生成与市场发育过程，他发现网络组织是组织之间的合作联系，而这种联系的实质是企业之间的分工贸易，是组织行为而非个人行为。贾根良(1998)则指出企业网络是经济网络的重要组成部分，而经济网络是借用计算机网络概念之隐喻，把经济活动看作是由各种经济行为者之间长期投资形成的资本要素所组成的联系之网。李维安(2003)认为网络组织是一个由活性结点的网络连接构成的有机的组织系统，信息流驱动网络组织运作，网络组织协议保证网络组织正常运转，网络组织通过重组来适应外部环境，通过网络组织成员合作创新实现网络组织目标。

上述观点是从不同的角度去描述和解释网络组织现象。实际上，网络组织就是一种不同组织之间的动态性协作系统，这种系统通过跨边界的资源整合和共同的组织目标，在组织成员之间建立起某种利益关系和价值关联，并能引发较单个组织更大的期望效用。从其表现形式来看，网络组织不仅意味着可以包容一部分外部组织成分，而且也可能部分地为外部组织所包容，也就是说，网络组织具有开放性，与外部环境具有相互渗透和交叉的关系；同时网络组织还意味着是一个动态的演化过程，它具有历时性的特征。有关三种经济组织的比较见表 3-2。

表 3-2　三种经济组织的比较

关键因素	市　场	层　级	网　络
规则基础	契约/产权	雇佣关系	互补优势
沟通方式	价格	惯例	关系
冲突解决模式	讨价还价/诉诸法律	管理命令/监管	互赖互惠规范
灵活性	高	低	中
成员间承诺	低	中/高	高/中
环境氛围	精确和/或怀疑	正式，官僚化	开放，互利
行为者偏好或选择	独立	依赖	互赖

显然，虚拟 R&D 组织具有基本类似的情形，它就是一种网络组织。就其网络性而言，虚拟 R&D 组织也是一种不同 R&D 组织之间的跨界联合，这种联合在资源整合和经济利益的推动下，形成了在技术上交互作用、相互依赖的专业协作网络。这一网络化的趋势可以从最近二三十年的历史进程中得到明显的展示。

自 20 世纪 70 年代以来，科技革命的浪潮风起云涌，科学技术的供给与需求日益复杂多变，创新周期大为缩短。与之相应，企业 R&D 的成本不断提高，风险越来越大，市场对研发活动的影响越来越大。在这种形势下，传统的“贝尔实验室模式”不再适合瞬息万变的竞争环境和日益个性化的需求环境，即使是大企业也很难在确保高效率、低成本的前提下，对于自身产品所需的技术进行完整的研究与开发，这就产生了两种相辅相成的趋势。一方面，更多的企业不再追求完整地掌握某一产品开放过程中各个环节所需的科技知识，而是根据自身的实际情况和比较优势将自身的科研力量集中于 R&D 过程中的某些环节(尽可能地选择高技术和高附加值环节)，将产品价值链其他环节的科研活动“外包”给其他企业，从而培育自己的核心 R&D 能力；另一方面，企业间、企业与大学间、企业与科研机构间的技术联系和技术相互依赖日益密切，R&D 活动越来越依赖于不同组织之间超越边界的“集体学习”。正是在这样一个发展变化的过程中，组织间 R&D

网络得到了极大的发展，例如 IBM、Apple 和 Motorola 公司联合研制，来和 Intel 竞争。OECD(1992)在其文件中曾指出，今天的科技创新活动是以贯穿整个最终产品价值链各个环节的大量不同的经济主体间的互动和反馈为特征的，即主要依赖于通过企业间技术网络组织的超越企业边界的“集体学习”(Dieter Ernst，1998)。

目前，R&D 的网络化趋势在各个层面上都有极为明显的体现。在 R&D 全球化的进程中，R&D 活动呈现出高度的分工和协作，尤其是跨国公司不断地将某些环节的技术活动分离出来，并纳入国际 R&D 网络之中，外包给其他地区的企业或研发机构。值得注意的是，发达国家已经开始突破了传统的技术扩散的模式，

向发展中国家扩散的技术已不再只是传统意义上的劳动密集型的生产技术，而是扩展到高技术产品生产过程中的劳动密集型和低附加值环节的技术；甚至突破双方在技术关系上传统的“技术生产—运用”模式，实现双方在技术网络内的 R&D 互动与反馈，从而使发展中国家得以有更多的机会更深入和更细致地学习发达国家的先进技术。

例如韩国的主要电子产品生产商都与国外跨国公司结成了战略技术联盟，如三星电子和 NEC、现代和 Fujitsu，金星和 Hitachi 等。其中，韩国三星与日本夏普(Sharp)之间的技术联系更是一个典型案例。夏普虽然是世界上动态随机内存(DRAMs)的重要生产厂商之一，但其最主要的产品是液晶显示器(LCD)，发展 DRAMs 技术主要是为了以此来支持 LCD 的生产。在科技供求状况变化的形势下，处于效率和成本的考虑，夏普将 DRAMs 技术转让给三星，即将这一技术环节外化到二者组成的技术网络中，从而使三星掌握了 DRAMs 技术，后来三星成为世界第一大 DRAMs 生产厂商，1992 年占世界市场份额的 13.5%。在这一过程中，在韩国政府的推动下，由一个新的政府实验室与三家主要的 DRAMs 制造商(三星、大宇和金星)共同研制了 16MB 动态随机内存(DRAMs)。后来，韩国政府又按这种模式启动了 256MB 的 DRAMs 的研发联合。三星电子正是利用财阀间的技术网络和国际企业间技术网络(和夏普等)的互动，于 1998 年在世界上首先研制出了 256MB 的 DRAMs。这种情况在台湾地区也有类似的表现，因此，R&D 活动的网络化趋势不仅存在于发达国家，也发生在世界的其他地区，这已经成为现代科技活动的最为重要的特征之一。

2. 虚拟 R&D 组织网络的基本特征

对于网络组织的特征，国内外学者也有过一些有价值的研究。M. V. Alstyne (1997) 和罗仲伟(2000)从垂直一体化、信用与冲突解决、组织边界、任务基础、控制权威或影响模式、组织中的联系等方面，通过对层级组织、网络组织、市场组织的比较来辨析网络组织的特征。王丰等人(2000)认为，网络组织的特征表现在：富有活力的结构、超越格栅的管理连接和自由灵活的动态调适机制。林润辉、李维安(2000)则指出网络组织的特征包括：由活性结点以及立体连接方式构成的整体系统、围绕特定目标来运行并实现信息共享与无障沟通、专注于有形资源的整合与核心能力的培养，它是一个超结点组织但不一定是法人实体，它具有自相似、自组织、自学习等特征。

如前所述，在 R&D 活动领域也出现了越来越多的网络型组织，虚拟 R&D 组织就是其中的重要表现形式，它具有极为明显的网络组织特征。那么，如何来理解作为网络组织的虚拟 R&D 组织的特点呢？或者说如何来理解虚拟 R&D 组织网络的特殊内涵呢？大致说来，我们可以从以下方面来认识。

第一，从其组织的基本内涵来说，虚拟 R&D 网络组织是介于层级制组织与社会组织之间的一种制度安排。这种组织不同于传统的科层制结构，它超越了传统组织的有形界限，是凌驾于企业或其他层级制组织之上，具有跨组织边界的基本构架。与一般组织相比，虚拟 R&D 组织是在利用组织内部的既有资源优势的基础上，强调利用组织外部的“共享资源”，从而淡化了组织与其外部环境的界限，淡化了客户、合作者和竞争对手之间的区别。因此，虚拟 R&D 网络组织对研发活动的理解采取了一种更为广阔的视野，是对传统“内部化”理论的超越，突破了对于一体化的传统理解，将组织置于一种更为灵活、多样、开放的动态系统之中。

第二，虚拟 R&D 网络组织中的组织行为主要是由组织成员之间的相互关系所决定的。通常在形成网络之前，各个组织成员基本上是完全独立地从事研发活动和其他经济活动的，因此其组织行为主要由两个方面因素决定：一是受法律约束和市场机制调节，二是自身的组织要素和组织结构，但较少受其他组织和外部环境的制约。但是，当某一组织一旦成为网络组织的成员而与其他成员结成紧密程度不同的联系以后，组织行为必然受到网络组织总体目标要求、成员之间合作方式等条件的限制。因此，在虚拟 R&D 组织网络中，行为主体不再是单一的组织，而是由若干组织组成的复合系统，而构成这一复合系统的组织成员之间的相互关系则成为决定网络组织行为的最主要要素。当然，对于虚拟 R&D 组织网络来说，组织成员之间的关系相对松散，并不存在相互之间的隶属关系，但它们之间的各类契约关系和心理关联等仍然规定了各成员组织的权利与义务。

第三，从组织效能上看，与单个的 R&D 组织相比，虚拟 R&D 网络组织能够构造出相互激励和补充的协作性网络，并创造出更大的期望效用和增值。这种网络组织的价值不在于其规模上的扩张所带来的规模效益，而是在于其整体性网络的关联性和系统性。虚拟 R&D 组织不是谋求以较低的成本反复运用自身的技术要素，而是通过相关组织的联合，发挥异质技术、信息、管理经验的互补和相乘的效果，从而创造出更大的价值。因此，在构造虚拟 R&D 组织网络时，关键问题不在于确定各个成员组织活动的边界，也不在于组织内部合理科层组织形式的选择和内部生产与外部购买最佳组合的匹配，而在于网络组织内外能诱发各种交互作用的网络关系及其构造。虚拟 R&D 组织网络的着眼点在于成员组织之间的互动关系，包括互补性的协作关系和竞争性的协调关系，它实现了从内部结构的合理性向外部协调的互动和转变。

虚拟 R&D 这种相互合作和补充的网络组织往往会创造出更大的价值，这可以用合作博弈来加以表达。设 N 是局中人集合，$S \subset N$ 是 N 中的一个联盟，$V(S)$ 是定义在联盟集上的函数。若有 $V(N)=\sum V(i)$，则称该合作博弈属于非实质博弈；若有 $V(N) \quad V(i)(i \in N)$ 或 $V(S)>\sum V(S)(S \in N)$，则称该合作博弈属于实质博弈，即存在有净增收益的合作，对于联合体内部应存在具有帕累托改进性质的分配规则。虚拟 R&D 网络组织可以看作为联盟型博弈或特征函数型博弈，它是一种实质博弈。这种博弈对每一种可能联盟给出相应的联盟总和收益，也就是给出了一种集合函数，称为特征函数。该特征函数 V 具有超加性，即对任意两个独立联盟 S 与 T(没有公共成员)，两联盟联合形成的新联盟的特征函数值特大于两独立联盟各自值的和，即其特征函数 V 满足：

$$V(S \cup T) \geqslant V(S)+V(T),\ S,\ T \leqslant 2N,\ S \cap T=\varnothing$$

第四，虚拟 R&D 网络组织是一个复杂的动态自适应系统，表现出环境复杂性、结构复杂性、动态性、自组织、自学习、自适应、自相似性等特征。虚拟 R&D

网络组织是由性质各异的成员组织所构成，并通过网络结点建立起具有反馈环路的关系网络，以保证各类资源和信息沟通的通畅。从如此复杂的整体网络层面看，虚拟 R&D 网络组织具有长期不可预测性，故而不能进行预测、控制和优化，网络组织要随着环境变化生存演进，此时网络组织生存就意味着组织成员的发展，因而组织成员可以进行中期规划，追求发展目标，在网络组织的更细部，信息足够丰富，则可以进行局部优化。若强行对整个系统进行优化，会由于信息不完备等原因事与愿违，仅得到局部最优结果，所以虚拟 R&D 网络组织及其内部子组织在沿着生存——发展——优化的轨迹演进。同时，对虚拟 R&D 网络组织而言，适应环境是一种生存选择，改造环境、改善与环境的关系则是网络组织的发展，而在短期、局部范围内面向最优方案的决策选择则是网络组织追求最优的努力。

虚拟 R&D 网络组织是一个开放的复杂系统，它与外界环境进行物质、能量和信息交换，是一个耗散结构。于是，它可以由内部非线性机制驱动从初始状态发展到有序结构。在虚拟 R&D 网络组织中，通过网络组织成员共同遵守的约定或协议，来保证网络整体的有序。这是一个框架保证，不会因为一个成员的变动而破坏网络组织的结构，遵守约定是网络组织成员进入网络组织的前提，也是网络组织有效运行的保障，对网络组织结点和网络组织整体都有益处，否则会造成网络组织的混乱和低效。另外，虚拟 R&D 网络组织不一定具有法人地位。参与网络组织的成员企业一般都保留原来的法人资格，而网络组织本身却不一定是法人资格的经济实体。在地位不对等的网络组织中，核心企业往往起着主导作用，对网络组织运作有更多的控制权；在地位对等的网络组织中，合作各方平等参与，共同管理，这些网络组织都不具备法人地位，只有在有股权参与并形成新的经营实体(如合资企收)的时候，才能形成新的法人。此时的相关资产由单一所有转变为混合所有，企业之间的关系发生了实质的变化，使得整个网络组织构成了共存共亡的“命运共同体”。

3. *虚拟 R&D 网络组织的构成要素*

关于网络组织的构成要素，各学者的观点有所不同。Hakansson 和 Snehota (1995)认为企业间的关系是多层次的，它们把活动连接起来，并与行为者相结合，形成了资源纽带。因而，活动、行为者与资源构成了网络组织的三大基本变量。罗仲伟(2000)认为网络组织由结构、过程和目的三大要素所构成的。严建援(2000)

则认为结点与结点间的联系构成网络组织的硬件，运作机制与网络组织整体的管理与创新机制等构成网络组织的软件。孙国强(2001)认为网络组织的构成要素包括网络目标、网络结点、经济连接、运行机制、网络协议这五大要素。

对于虚拟 R&D 网络组织来说，其网络的构成要素应该包括行动者或成员组织、资源、契约关系、网络规则、网络目标。

第一，行动者或成员组织。构成虚拟 R&D 网络组织的基本要素是网络中的子组织或成员组织，它们性质不同，优势各异，共同形成了丰富的网络结构。一般来说，这些成员组织的地位是平等的和互惠的，但在实践中，由于网络形成的历史过程和结构差异，使得网络中大多存在类似于盟主的组织，它们对网络有效运行、稳定合作和组织发展起着更为重要的作用。另外，虚拟 R&D 网络组织是一个开放的动态系统，因而其成员组织也处于动态的变动之中，总是有一些组织会随时进入或退出网络。

第二，网络资源。虚拟 R&D 网络组织是知识生产和创造的平台，需要大量的专用性资产，包括物质资本和人力资本，包括显性知识和隐性知识。比较而言，R&D 网络更为强调知识资源和专业性人力资本的重要性，而要提高资源的效用，一方面需要有良好的治理结构，另一方面则需要有通畅的信息沟通机制。信息资源及其传播机制是虚拟 R&D 网络最为重要的组织资源。

第三，网络契约关系。从经济学的角度来看，虚拟 R&D 网络组织可以视为“契约网”，因为网络中的成员必须通过大量的契约关系，才能形成有机联系的网络构架。这种契约关系包括合同、协议等各种形式的合约，它们规制着成员组织彼此和整体的行为。

在虚拟 R&D 网络中，结点是其基本的构成要素，可以是独立的 R&D 组织、大学或企业。结点可以分为同质与异质两种，同质结点功能相同或相近，具有替代性特征，同质结点间的合作往往是竞争性合作；异质结点功能差别明显，具有差异性特征，异质结点间的合作多为互补性合作(李维安，2003)。因此，契约关系实际上是结点单位间的契约关系，而这种结点及其契约关系能够提供核心资源与关键技术，并以充满生机与不断变化的集体行为来适应外界环境的不确定性和复杂性。

第四，网络规则。这是指影响组织成员行为的各种规则，包括网络运行规则、利益分配原则、结点进入与退出条件，也包括团队文化和网络精神等无形约束。虽然虚拟 R&D 网络组织具有高度的柔性与弹性，又是一个开放的系统，但是合作成员并不能随意进入与退出，而是在遵守共同行为规范的前提下，才有进入与退出的自主权与自决权。因而，网络规则塑造各个组织成员或结点的组织行为，并成为单个结点的约束力量。在实践过程中，虚拟 R&D 网络建立的重要标志则是正式的网络协议的签订，即具有一定约束力的网络规则的形成。

第五，网络目标。共同的目标是任何组织赖以存在的基石和开展活动的动力。虚拟 R&D 网络组织也不例外，网络目标是网络组织运作的向导，在共同的集体目标引导下，安排实现战略所必需的资源，协调合作各方的经济行为。没有共同的目标，合作者既不可能识别联合的效能和意愿，也不可能知道行为是否会带来合作的收益。网络目标来源于成员组织的目标，又高于单个成员的目标，并且需要成员组织间的有效合作才能得以实现。更为重要的是，正是共同的网络组织目标的最后形成，使之成为一个具有独立的、合法地位的组织。

3.4　虚拟 R&D 网络组织的边界分析

组织边界一直是经济学和管理学研究的重要问题之一，尤其是 20 世纪 90 年代以来，更是成为组织研究的热点问题，对于边界问题的兴趣引发了人们对社会科学的又一次研究热潮(Epstein，Cynthia Fuchs，1997)。究其原因，一是沟通技术发展的迅速推动；二是由于经济全球化及其随之而来的竞争需要，企业必须超越自己的地区或国家边界来建立竞争优势；三是大规模生产向个性化生产的转变要求无缝制造系统超越组织边界。可以看出，这些因素无一不反映在虚拟 R&D 组织的发展进程中。与一般性的正式组织相比，虚拟 R&D 组织作为一种网络型组织形态，显然具有更多的灵活性、扁平性、跨界性等特点，因此研究者们往往认为类似虚拟 R&D 组织的网络型组织具有无边界性(李维安，2003)，或者说边界对于理解虚拟 R&D 组织不是十分重要的问题。然而，事情并非如此简单，网络组织的出现虽然带来了组织边界的模糊和多边，组织的时空稳定性也在减弱，但这种变化并不等同于边界的消失，而是一种边界复杂化的征兆，或者意味着边界在时空上的变化越来越频繁快速，或者意味着边界的含义超越了经典边界的概念。

虚拟 R&D 组织也是如此，它在组织边界上有其自身的特征，无论是其内部成员之间还是与外部环境之间，都存在着一定的边界或界限。因此对这一问题的研究是十分重要的，尤其是对于分析和设计虚拟 R&D 组织的治理机制。

3.4.1 组织边界的基本含义

在组织理论中，人们对于组织边界概念的理解并不完全一致。Jeffery Pfeffer 和 Gerald Salancik(1978)认为组织是与它们所处的环境相互进行互动活动的系统，并强调组织和环境之间的区分，因此他们把边界描绘成一个组织终止的地方和该组织所处的环境开始的地方。Tor Hernes 也认同组织在本质上是一个与环境相互交换的系统，而在这个交换关系中，边界就变为一个对内维持秩序、对外发挥保护作用的设计。Edward Laumann 等人(1983)提出了界定组织边界的三个特征：行动者(结点)的特征、结点之间关系的特征以及它们之间的活动特征。行为者特征强调的是界定成员资格的标准，即组织成员与非组织成员。关系特征通过界定特定社会关系中的行为者来确定系统的边界，互动频率是其中的一个重要指标，系统边界置于互动网络的“某些薄弱的位置”。活动特征意味着当个体穿越系统边界时其活动会发生变化，边界与活动控制是相统一的。

对于经济学来说，确定边界的位置和性质也是十分重要的。科斯(1937)曾在研究企业性质时指出，存在这样一个点，在该点上，以组织层级为基础的交易效率要高于市场驱动的交易效率，而实际上这一点就是组织成本与市场成本的均衡点，亦即组织与环境的边界：组织代表层级机构，环境代表市场。后来的一些新制度经济学家们继承了这一理论传统，并进行了更为复杂的研究。例如威廉姆森认为，纵向一体化的关键是资产的专用性，专用性程度越高，市场的潜在交易成本就越大，纵向一体化的可能性就越强。

实际上，组织边界既是一种理论概念，也是一种形象的比喻，它是对某一组织限制性的描述，或是对组织与环境或其他组织的关系的说明。对企业组织而言，组织边界就是市场与企业交易的分水岭，是组织的控制能力和资源配置能力发挥的极限。一般来说，组织边界的确定是与组织的内部化、完整化和集中化相关联的。内部化是指组织的运作是基于其内部资源的整合，如果缺乏这种资源内化的能力，组织就无法运行，因此必须将组织所需的重要资源内部化。由于企业组织运作建立在“内部资源”基础上，所以组织必须具备完整的功能和资源配置能力，而且这些功能和资源不能分散(集中化的原因还在于工业时代的较高信息成本)。于是，完整化限制了组织分散运作资源的能力，集中化限制了组织资源整合的范围。正是这些局限性成为约束组织无限发展的边界。

对于传统的科层制企业组织结构大致包括四种边界：垂直边界，水平边界，外部边界和地域边界。垂直边界是指企业组织内部的组织层次或职位等级之间的差异，体现在企业组织的等级制度上，它界定了不同地位、权威和权利的上下限。明确定义了各个职位，居位越高，权力越大，拥有某一职位就意味着拥有某些特权。水平边界意味着将不同的职能部门及规则区分开来。在传统的企业组织中，部门的划分通常以职能为基础，每个部门都有自己的利益，掌握专门的知识和信息，为了维护本部门的利益，突显部门在组织中地位，它们彼此之间倾向于封锁信息，并借助特有的规则来维护本部门的运行。外部边界是企业组织系统与系统外的顾客、供应商、合作者、竞争者及其他利益相关者之间的界限，这种边界在传统企业中是非常清晰的，大多数企业组织与外部环境之间形成一种内外有别的关系。因此封锁消息、讨价还价、施加压力等成为企业间业务往来的必备手段和环节。地域边界主要是指由于地域的限制，企业部门与部门之间、企业与顾客、竞争对手、合作伙伴之间形成的隔离。显然，这些广泛存在的组织边界使得传统组织的结构趋向于封闭和固化。

但随着信息技术的发展和市场环境的变化，网络型组织尤其是网络型企业组织开始大量出现，因此组织的边界也发生了相应的改变。在网络型组织中，能力中心和基于业务流程或任务的团队代替了传统的企业组织内部的职能部门，等级制度逐步弱化，企业组织中的垂直边界和水平边界也随之淡化；借助内部市场机制，能力中心和团队之间广泛地进行人员、知识、信息和技能的交流，消除了传统职能部门对企业业务流程的分割和信息的封锁，提高了工作效率，减少了时间的延迟；各能力中心和团队虽都有其各自的经济利益，彼此之间界限分明，但由于生存和竞争的需要，他们必须借助于企业内部的信息网络，广泛地进行信息的交流与合作，内部组织边界也逐步在模糊化，整个组织日益系统化和集成化。

这里应该强调的是，在企业组织日益集成化的同时，组织的外部边界和地域边界也发生了变化，开放性和动态性是网络组织外部边界的显著特征，在信息化、全球化和市场竞争白热化的今天，单纯依靠某一企业本身，很难迅速地对瞬息万变的市场机会做出及时地反应，面对稍纵即逝的市场机会，吸收其他企业加入，组成企业间的动态联盟或虚拟团队是必然的选择，因此网络企业组织没有一成不变的清晰的组织外部边界，整个企业组织在运作过程随时可能根据需要对组织进行调整，面对新的市场机会，可能随时会从组织内部各能力中心及组织系统外部经济实体中吸收人员组成新的团队，也随着市场机会的完结，解散某些团队，伴随着终结与某些外部企业组织的联盟。企业组织的发展不再受地域的限制，借助于全球化的信息网络，企业组织可以把不同地域的现有资源迅速地组合成一种超越时空约束、利用电子手段联系的经营团队，短时期内迅速地形成新的业务能力。

3.4.2　虚拟 R&D 组织边界的界定

作为网络组织的一种表现形式，虚拟 R&D 组织的边界也是维持其相对独立性的界限或限制。但虚拟 R&D 组织边界的情形更为复杂，不适合用前面的四种边界的方法来分析。我们可以从物理边界、社会边界和心理边界三个方面来分析虚拟 R&D 组织的边界。

物理边界是由可以被触摸、看到或者感觉到的有形实体所形成的。地理上的或空间上的隔离是最为明显的物理边界，虽然虚拟 R&D 组织成员往往不是处于同一地点，而是分布于不同地区或国家，但仍然可以观察到组织成员之间、组织与环境之间的空间界限。实际上，成员组织所拥有的各自的信息网络(包括局域网)，以及对获取信息的各种控制也可以视为空间界限。物理边界还包括制约着组织成员之间、组织内部的成员以及其外部环境之间可能发生的交换类型的那些规则和规定。这些边界规范着哪些成员和外部的成员与集团之间发生联系以及怎样联系。在组织内部，这些边界通过描绘各种个人和组织之间的交互行为的责任、期望及模式来描述组织的结构。显然，物理边界是实现组织稳定性和可预见性的基本条件，它们在时空上对组织资源构成限制，形成一种约束效应，并能将组织行为集中于某一特定领域，形成并利用组织的核心竞争能力。

与物理边界相比，社会边界的实体性较弱，但依然是可以被感知的。社会边界基本上是将某一虚拟 R&D 组织与其外部组织和环境区别开来，而这种区别最重要的是带来一种差异性，即边界内的成员具有同一性，而边界外的组织则具有差异性。边界内的同一性首先表现为确立身份象征，这种边界的存在总是会提醒组织成员的集体身份；其次由边界确定的集体身份还会建立和维持组织所特有的行为准则，组织成员总是以他们认为是社会所期待的方式行事；最后，对于组织来说，社会边界还是一种支持性力量，它维持着自身的存在，并抗拒改变和组织蜕变，同时当组织成员受到外部威胁时，它也能起到某种保护作用。当然，这种社会边界和组织内成员的认同性是通过社会交互作用来形成的，或者说边界内的同一性是借助于与外部组织的差异性而获得的。对于虚拟 R&D 组织来说，严格的社会边界有着重大的作用，它可以保证组织高的信誉度，使得这种网络组织在物理约束弱化的情况下，仍然可以保证系统的有效运行。

心理边界是属于精神层面的，它反映的是群体交流及其行为表现过程中的某种限制。这一点在 R&D 活动中表现得最为充分。例如当技术主管与研发人员间的心理隔阂，不同组织成员中科技人员之间的心理隔阂，不同专业领域的科技人员之间的心理隔阂增大时，心理边界就会变动十分明显。应该说，这种心理边界对组织成员起着某种保护作用，使得他们可以保持独立性，并使得整个组织系统保持一定的张力。

值得强调的是，这三种组织边界在各类组织中都是存在的，但对于虚拟 R&D 组织来说，其意义是极为不同的。在虚拟 R&D 组织网络中，物理边界一般是相当松散的，没有高度的严格性，因此从这一点看，虚拟 R&D 组织似乎也是很松散的，缺乏稳定性和可靠性。但是实际上虚拟 R&D 组织是具有很强的生命力的，因为它的社会边界和心理边界是更为严格的，社会边界提供了信任和稳定，心理边界提供了发展和创新的良好基础。所以，社会和心理上的凝聚力克服物理距离过远的缺陷。虚拟 R&D 组织独特的组织边界是相当重要的，它是我们讨论其治理机制的基础和出发点。

3.4.3　影响虚拟 R&D 组织边界形成和演变的基本因素

与传统单一组织相比，影响虚拟 R&D 组织边界形成的因素更为复杂，我们从外部环境和内部条件两方面进行分析。

第一，组织成员的核心科研能力和优势资源。威廉姆森认为，企业的有效边界决定于企业的核心技术。在虚拟 R&D 组织中，这种核心技术能力更是决定边界的关键。在实践中，虚拟 R&D 组织往往表现为一种动态战略联盟，由某个掌握市场机遇、据有产品专利或关键资源与能力的企业或R&D组织充当“盟主”，依靠信息技术对其他企业或 R&D 实施整合，以实现某种技术突破，并创造出新产品或新工艺。选择任何一种形式的虚拟，都必须建立在自身竞争优势的基础上，而组织拥有的核心能力是在研发实践中逐渐形成的，不可能一蹴而就。因而，组织的核心能力是稀缺的。另外，组织的核心科研能力具有一定的局限性，不可能无限制地为组织创造价值，并受到市场需求和竞争对手的约束。有的企业虽然持有优势资源，但随着环境和条件的变化，这些优势也在削弱或消失。因此，以核心能力和优势资源为契机而构建的虚拟 R&D 组织，不可能无限制地扩张组织边界。

第二，网络的控制协调能力和内部激励机制。在虚拟 R&D 组织中，组织成员可能来自不同的地区或国家，往往分属不同的企业、大学和公共部门，各自都有较强的独立性，也有各自的组织目标，在运行过程中可能会产生一定的习惯性的防卫心理与行为(即组织的心理边界)，容易发生矛盾或冲突。因而，必须建立统一协调的控制机制和激励机制，才能实现这一 R&D 联合体的系统目标。大致来说，这种激励与协调能力，至少受到三个方面因素的影响与制约：首先是良性的组织间沟通机制的影响。从理论上讲，虚拟 R&D 组织具有扁平化的结构特征、非正式组织网络以及信息技术的支撑，组织内和组织间的沟通是不受限制的，但实际上，其沟通状况仍然受到职权的授予程度、组织成员的素质、管理方式、控制的客观性及其沟通方法的影响。其次是激励和协调方式的影响。显然，实施不同的激励和协调方式和方法，其效果不尽相同，但由于组织成员具有不同的制度背景和组织文化，很难找到可适应一切成员的有效模式，需要依赖于组织管理者的创造。最后是虚拟 R&D 组织管理者自身能力的影响。领导者的能力决定激励和协调的效力，是组织成长的关键，而异质型人力资本的变化性，决定了特定领导者的边际管理效能呈递减趋势，其领导下的组织成长不可能是恒久的。在实体企业中，对这一问题的解决，主要通过管理者的更替和流动来实现，而虚拟 R&D 组织，由于其联盟性质的动态和合作的短期性，使对领导者的更替极为困难，因而，“在位”领导者的能力便成为虚拟 R&D 组织的成长约束。

第三，组织信息系统的设计和沟通方式。虚拟 R&D 组织往往具有离散性，有形的、集中的物理位置往往难以保证，因此组织内的各个成员之间的沟通更多地依赖于组织的信息网络。具体来说，网络的信息系统对虚拟 R&D 组织成长的约束，主要表现为两个方面：一是信息开发和传递能力约束。有效信息是一种稀缺资源、由于环境的不确定性与复杂性以及社会分工不断深化等原因，导致信息在经济主体之间分布的不对称，使得社会中的有用信息对于特定经济主体来说是稀缺的，再加上败德行为和机会主义的干扰，造成信息泛滥，良莠不齐，增加了甄别选择的难度。同时，在虚拟 R&D 组织内部，对信息的传递能否“货畅其流”，也受到信息网络硬件和软件的制约。二是信息系统成本约束。信息系统成本是指实现信息的收集、整理、加工、处理、传递等功能的综合体所耗用的成本，主要分为开发成本和运行维护成本。随着虚拟 R&D 组织的不断运行，这些成本要素，特别是运行维护成本不断递增，更由于信息共享者的增加或时间的推移，信息的边际效益递减，这种信息成本与收益的背驰现象成为虚拟组织成长的又一瓶颈。

第四，网络组织整体的收益预期。虚拟 R&D 组织在进行功能和资源的优化配置过程中，需要付出一定的代价，即整合成本，包括交易成本和管理成本。交易成本包括事前准备合同和事后监督、强制执行合同的费用。管理成本主要由监督成本、协调成本等费用要素构成。根据科斯和阿尔钦的研究，管理成本是递增的，而交易成本在一定区间是递减的，但当组织超过一定规模，交易成本曲线则由下掉头向上，进入递增区间。这些成本因素影响组织边界。而且，仅仅从整合成本考虑，是不全面的。在竞争的市场环境中，企业更关心市场份额，关心成本收益的比率，而不仅仅是成本最小化和行为短期化。企业的存在和发展以效益为依托，因而，当预期边际收益与边际成本相等时，即为企业组织的边界限制。

对于企业的 R&D 机构来说，当它们组建虚拟 R&D 组织时，必定会考虑到外部的市场环境的影响，包括市场规模、市场风险等因素。例如市场风险的制约。企业面临的市场风险主要表现为两个方面，即市场周期风险和市场竞争风险；市场周期风险是由市场波动引起的。市场波动又分为整体波动和局部波动，这两种波动相互联系又相互独立。作为企业的关键性战略部门，R&D 机构也面临着类似的风险，但给虚拟 R&D 组织带来市场风险的主要是局部波动。虚拟 R&D 组织具有强烈的任务导向性，而这种任务的单一性使得虚拟 R&D 组织受到市场冲击的力度远甚于实体组织。因此，这种周期性市场风险成为虚拟 R&D 组织扩张的或然性障碍，导致利润波动，致使其边界发生伸缩变化。在市场经济条件下，市场竞争风险始终存在。竞争对手之间实力的强弱和竞争于段、策略、技巧的差异而导致结局的不确定。竞争越激烈，这种不确定越强，企业扩张的风险就越大。当预期收益与竞争风险损失相等时，便成为虚拟 R&D 组织的理性边界。

总之，无论从企业内部还是市场环境分析，虚拟 R&D 组织的成长要受到种种因素的限制，这些因素便决定了虚拟 R&D 组织的边界。由于市场环境和企业内部条件是一种变量，因此虚拟组织的边界也是移动的。

3.4.4 合作型虚拟 R&D 网络组织效率边界分析

相对而言，组建合作网络对于单个组织的内部化而言是一种组织的外部行为。因此，合作网络的边界实际上是指组建合作组织与组织内部化的分界点。对于企业而言，企业内部化的过程是通过购并或创建，将其他企业完成的价值活动纳入本企业价值系统的过程，其结果是企业取代了部分市场的功能。而虚拟 R&D 合作网络的过程是通过订立契约，建立一个虚拟化的 R&D 网络组织，一般不涉及产权问题。

合作网络边界的确定需要考虑的因素很多，包括经济的和非经济的因素。因此，单从财务成本出发是难以判断内部化与合作网络的边界的，必须引入机会成本加以考察。

一般来说，企业或组织在建立合作 R&D 网络时，需要付出一定代价、承受一定的风险，因而要承担一定的机会成本。这里将其定义为合作网络机会成本(NC)。同时将内部过程中的机会成本定义为内部化机会成本(IC)。为分析简便起见，这里将虚拟网络边界模型中的变量抽象为以下三个：一是虚拟网络机会成本(NC)；二是企业的内容化机会成本(IC)；三是技术的复杂程度(用 T 表示)。在高科技行业，技术复杂程度相对较低时(T 较小)的情况下，$NC>IC$；随着技术复杂程度的提高(T 值的变大)，IC 增大，其递增速度快于 NC 的递增速度。令 $\Delta G=NC-IC$，则 ΔG 可在图 3.4 中用一条曲线近似地表示出来。

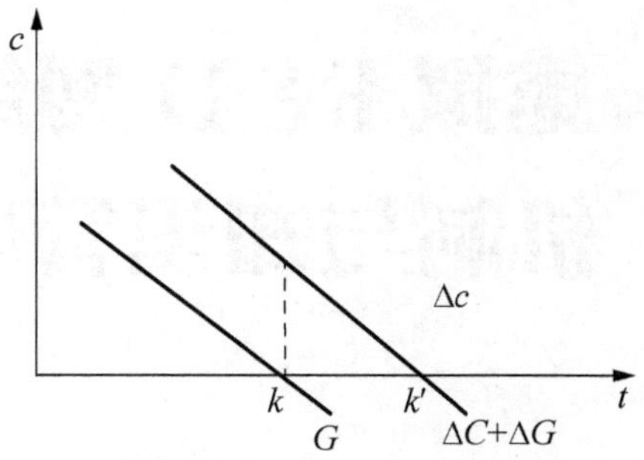

图 3.4　合作型 R&D 网络的效率边界

为获得某种技术，企业可以通过内部化自主研发，也可以通过建立虚拟 R&D 合作研制或直接分享其他企业的现有技术。令 $\Delta C = NC' - IC'$(其中 NC'为企业在虚拟网络中的合作成本，IC'为内部化企业的自主研发成本)，ΔC 是 T 的减函数，T 越大，企业依靠内部化自主研发的代价就越大，并远远超过虚拟网络中合作代价的递增速度。企业若利用虚拟 R&D 网络，则有相应的合作成本与网络机会成本(将其二者之和称为虚拟网络总成本，记为 TNC)；若选择内部化，则有相应的自主研发成本和内部化机会成本(将这两者之和称为内部化总成本，记为 TIC)。随着技术复杂程度的提高，内部化的总成本($IC+IC'$)越来越大，其增大速度快于网络总成本($NC+NC'$)的增长。对组建虚拟 R&D 网络的企业来说，其关心的是 $\Delta C+\Delta G$ 越小越好，而对内部化的企业来说，其关心的是 $\Delta C+\Delta G$ 越大越好。在图 4.1 中 $\Delta C+\Delta G$ 与 T 线的交点 T′构成虚拟 R&D 网络组织的边界点。当交易涉及的技术复杂程度大于 T'时，企业将利用社会分工与合作体系，与其他企业建立虚拟 R&D 网络组织；当技术复杂程度小于 T'时，企业则接替外部市场自主研发，即实行内部化。当这两种方式满足以下条件时即达到均衡，即对于任何一项价值活动，边际网络总成本等于边际内部化总成本，即 $\Delta TNC=\Delta TIC$，这一条件确定了虚拟 R&D 网络组织的边界。若 $\Delta TNC<\Delta TIC$，则虚拟 R&D 网络组织的边界将扩大，若 $\Delta TNC>\Delta TIC$ 时，则企业的内部化边界将扩大。

第二篇　虚拟 R&D 网络的治理机制与知识管理研究

第 4 章

虚拟 R&D 网络治理机制的基本分析

网络组织、信息技术的快速发展，拓展了组织的生存空间与发展环境，相应地，组织的治理形式也发生着变化，一种以网络组织或形态为基础的治理形式开始兴起并发展。网络组织治理的对象不是一个组织或企业，而是由多个组织或企业构成的联合体。因而，网络组织的治理有着其独特的理论基础和治理方式。从前面的分析可以看出，作为一种网络型组织的虚拟 R&D 组织与传统的科层制组织有着很大的不同，它是由多个独立的成员组织组成的，行为主体更为多元化，且互不律属、相互独立。因此，对其治理方式也应做出相应的分析。

4.1　有关治理理论研究的简要回顾

4.1.1　治理理论的基础研究

治理理论的基础性研究主要集中于两个领域，一是关于公司治理结构的研究；

另一个是关于全球治理的研究。

自从威廉姆森提出治理问题以来，公司治理已经成为近二十年来的研究热点之一，国内外许多学者对公司治理所涉及的问题都进行了比较深入的研究，出现了大量的文献和研究成果。但对于公司治理的概念并没有一致的认识，而是从不同的角度或方面回答了什么是公司治理这一问题。

奥利弗·哈特(Oliver Hart)在《公司治理理论与启示》一文中提出了公司治理理论的分析框架。他认为，只要存在下面两个条件，公司治理问题就必然在一个组织中产生。第一个条件是代理问题，确切地说是组织成员(可能是所有者、职工或消费者)之间存在利益冲突，第二个条件是交易费用之大使得治理问题不可能通过合约解决。

一些学者则将公司治理解释为一种制度安排。英国牛津大学管理学院院长柯林·梅耶(Myer)在他的《市场经济和过渡经济的企业治理机制》一文中，把公司治理定义为："公司赖以代表和服务于他的投资者的一种组织安排。它包括从公司董事会到执行经理人员激励计划的一切东西。……公司治理的需求随市场经济中现代股份有限公司所有权和控制权相分离而产生。"清华大学的钱颖一教授也支持制度安排的观点，他在论文《中国的公司治理结构改革和融资改革》中提出，"公司治理结构是一套制度安排，用来支配若干在企业中有重大利害关系的团体，包括投资者、经理、工人之间的关系，并从这种制度中实现各自的经济利益。公司治理结构应包括：如何配置和行使控制权；如何监督和评价董事会、经理人员和职工；如何设计和实施激励机制"。

公司治理是一个多角度多层次的概念，很难用简单的术语来表达。但从公司治理这一问题的产生与发展来看，可以从狭义和广义两方面去理解。狭义的公司治理，是指所有者(主要是股东)对经营者的一种监督与制约机制，即通过一种制度安排，来合理地配置所有者与经营者之间的权利与责任关系。公司治理的目标是保证股东利益的最大化，防止经营者对所有者利益的背离。其主要特点是通过股东大会、董事会、监事会及管理层所构成的公司治理结构的内部治理。广义的公司治理则不局限于股东对经营者的制约，而是涉及广泛的利益相关者，包括股东、债权人、供应商、雇员、政府和社区等与公司有利益关系的集团。公司治理是通过一套包括正式或非正式的、内部的或外部的制度或机制来协调公司与所有利益相关者之间的利益关系，以保证公司决策的科学化，从而最终维护公司各方面的利益。

一般来说，公司治理具有以下两个方面的基本含义。

第一，公司治理是一种合约关系。公司被看作是一组合约的联合体，这些合约治理着公司发生的交易，使得交易成本低于由市场组织这些交易时发生的交易成本。由于经济行为人的行为具有有限理性和机会主义的特征，所以这些合约不可能是完全合约。为了节约合约成本，不完全合约常常采取关系合约的形式，也就是说，合约各方不对行为的详细内容达成协议，而是对目标、总的原则、遇到情况时的决策规则、分享决策权以及解决可能出现的争议的机制等达成协议，从而节约了不断谈判、不断缔约的成本。公司治理的安排，以公司法和公司章程为依据，在本质上就是这种关系合约，它以简约的方式，规范公司各利益相关者的关系，约束他们之间的交易，来实现公司交易成本的比较优势。

第二，公司治理的功能是配置权、责、利。关系合同要能有效，关键是要对在出现合约未预期的情况时谁有权决策做出安排。一般来说，谁拥有资产，或者说谁有资产所有权，谁就有剩余控制权，即对法律或合约未作规定的资产使用方式做出决策的权利。公司治理的首要功能，就是配置这种控制权。控制权是公司治理的基础，公司治理是控制权的实现。

实际上，在近 20 年中，不仅经济学家们在深入研究治理机制问题，在政治学和其他社会科学领域中，治理问题也正在成为一个跨学科研究的重大课题，因此治理范畴的内涵和外延也在逐渐地扩展和深化。例如罗茨(R.Rhodes)认为：治理至少有 6 种不同的定义。

(1) 作为国家管理活动的治理。这是一种一般性用法，重新界定了公共干预的范围和形式，以及利用市场或准市场的方法来提供“公共服务”。它指的是国家削减公共开支，以最小的成本取得最大的效益。

(2) 作为公司管理的治理，它指的是指导、控制和监督企业运行的组织体制。“治理的作用不是只关注公司的经营业务，而是给企业全面的指导，同时监督和控制管理层的业务活动，满足公司外部利益集团对公司的管制和合理要求……也就是说公司既需要治理也需要管理”。

(3) 作为新公共管理的治理，它指的是将市场的激励机制和私人部门的管理手段引入政府的公共服务，实行“更小的政府，更多的治理”或“更少的划桨，更多的掌舵”。这种治理应该关心市场、竞争、消费者以及结果。

(4) 作为善治的治理，它指的是强调效率、法治、责任的公共服务体系。善治涉及：一种有效率的公共服务、一种独立的司法体制以及履行合同的法律框架；对公共资金进行负责的管理；一个独立的、向代议制的立法机构负责的公共审计机关；所有层次的政府都要遵守法律、尊重人权；多元化的制度结构以及出版自由。

(5) 作为社会-控制体系的治理，它指的是政府与民间、公共部门和私人部门之间的合作与互动。社会-控制体系强调处于中心的行动者进行管理时所受的限制，声称不再有单一的主权权威，治理成了互动式的社会-政治管理方式的结果。

(6) 作为自组织网络的治理，它指的是建立在信任与互利基础上的社会协调网络。网络的治理方式强调了声誉信任、互惠以及相互依存，网络是市场和等级制的替代，而不是二者的混合，而且网络拓宽了公共、私人和自愿部门的边界，信任和合作是网络的核心机制。自组织意味着一种自主而且自我管理的网络，自主意味着自由和自我负责，自主的体系有更大程度的自我治理的自由。

目前，公司治理研究和公共部门、第三部门的治理研究之间还存在相当程度的分离性，各自使用的概念和分析工具也有一定的差异，但由于新制度经济学和社会网络理论等学派的新近发展，已经促使不同领域关于治理问题的研究开始发生交叉和融合，有关治理的理论基础和分析框架也随之在逐渐改变。这种理论上的发展对于复杂组织现象的研究是十分重要的，因为对于像虚拟 R&D 组织网络这样的混合型组织，其中既可能包括私人组织，也可能包括公共部门和第三部门组织，组织网络中的关系和形态极其复杂，组织设计和治理的难度也相当大，因此在更为广阔的理论视野中对此进行研究，既可以帮助我们理解组织发展的新趋势，也益于实际的管理实践。

4.1.2　网络组织治理机制研究

网络治理的相关研究是随着网络组织的出现和研究而开始的。对网络组织的探索最初主要集中于社会学领域，但由于企业活动的网络化趋势越来越明显以及组织科学的发展，从 20 世纪 80 年代中期开始，在微观经济学和管理科学领域也出现了对企业网络的研究。与此同时，网络治理机制的相关研究也开始起步。

实际上，早在 20 世纪 70 年代威廉姆森提出交易成本理论的时候，他就已经突破了“企业和市场作为可替代的两种交易方式”的两分法，提出在企业和市场之间存在双边的、多边的和杂交的中间组织的交易形式，即混合型的治理方式和组织形态。20 世纪 80 年代以来，随着企业结构日益复杂化和网络化，出现了一大批虚拟企业和战略联盟等形式的网络组织。在这种情形下，人们对网络组织的治理机制问题也越发重视，出现了许多有关网络组织及其治理机制方面的研究文献。

W.W. Powell(1990)直接提出了网络作为一种重要的组织间交易模式的观点。他认为通过网络关系互动的组织有高度的相互依赖性，是以协作及沟通来促成各自的目标，互补和协作是网络的基石。Rikard Larsson(1993)把中间性组织形象地称作为“看不见的手与看得见的手的握手”(Handshake)，主张用市场、组织间协调和科层的三级结构替代传统的市场与科层两级结构的观点，并将威廉姆森影响治理结构的三要素(不确定性、交易频率和资产专用性)观点与资源依赖的观点结合起来，对三级制度结构作了更为细致的分析。Dennis Maillat 等人(1993)从多维角度对网络概念进行了具体分析，首先是从经济维度看，网络组织是超越市场与企业两分法的一种杂交组织形态，它可以用交易成本经济学的方法来分析；其次从历史维度看，网络组织是各种行为者之间基于信任、相互认同、互惠和优先权行使等所组成的长期关系系统，它是随时间推移组织交易的一种手段，并处于不断的演进之中，因此路径依赖的历史分析方法可以对这种演进过程提供基本的洞察力；从认知维度看，一种网络组织是大于单个行为者(企业)知识总和的集体知识的储存器，它是允许集体学习过程得以在更广阔的范围内展开，如超越了企业边界的技术开发的学习过程；从规范维度看，所有网络都是由旨在确定每个成员的义务与责任的一套规则所定义的，这些规则划定了集体活动的领域，并确保与网络的外部环境相比，网络组织受到始终如一的规制。

在近 10 年里，越来越多的学者将研究重点逐步转到网络组织的治理机制上，而其中的研究焦点则是信任机制。许多学者(McKnight，Jarvenpass，Kasper-Fuehere，1998)都认为网络组织治理机制的核心就是信任，而信任机制是建立在网络组织间的人际关系之上，通过人际关系的强纽带形成的共同价值观与道德观，通过社会关系形成的制约，以及关系互动中所塑造的集体身份认同，促使大家去履行承诺，不轻易从事机会主义行为，以免破坏自己在社会网络中的信誉，降低相互之间的信任感。另外一些学者则从非人际关系的角度去研究信任机制，L.Zucker(1986)认为通过制度性信任模式，信任在非人际的经济环境中也能产生，他分析了制度性信任的两个维度：第三者证明和有第三者保存附带条件委付盖印的契约，这些保证了一个交易期望的收益。Paul A.Pavlou(2002)将制度性信任分解为 5 个要素，即公开的监测机制、公开的法律约束、公开的鉴定机制、公开的反馈机制和公开的合作规范，这些要素都会对网络组织中信任的建立和维护起到积极的影响作用。应该说，这些研究不仅受到来自经济学、法学领域的影响，而且受到来自社会学中诸如社会网络理论、种群生态学等理论的影响。

网络治理在中国也引起了学界的关注。陈东升(1999)从台湾高科技产业个案中发现，企业组织间通过正式化的互动程序能建立起制度性信任。这种制度性信任可以不必建立在亲属关系、团体认同或共同社会群体成员的基础上；并且制度性信任与高科技企业组织要求高度动态与多样化组织关系的建立是一致的。芮鸿程(2002)研究了联盟型网络组织的动因与运作机制，指出网络组织的联结与运作机制除契约之外，还要靠声誉与信用来保证运行。声誉是形成契约的基础，但仅靠声誉是脆弱的，只有在相互信任的基础上，依靠契约及共同遵守的行为规范才能使网络组织正常运行。彭正银(2002)认为，网络治理机制由互动机制与整合机制所构成，前者是内生的而后者是外生的，二者具有动态性，在不断变化的环境中寻求阶段性均衡。孙国强(2003)认为，网络组织治理机制(简称网络机制)是保证网络组织有序运作、对合作伙伴的行为起到制约与调节作用的非正式的宏观规范与微观准则的总和。林闽钢(2002)提出了分析网络治理结构的框架：在信任治理机制的基础上，第一，引进竞争机制，以代理人监督代理人，弥补信息的不足，形成多个代理人竞争的网络结构；第二，引进合作机制，增加互动双方的共同利益，提高欺骗的成本和合作的收益，形成当事人相互套牢的网络结构；第三，引进透明机制，提高信息的交流和监督，形成虚拟当事人在场的网络结构。他还据此提出“代理人俱乐部”“当事人套牢”“虚拟化企业”三种网络治理模式。

4.2 虚拟 R&D 组织治理机制解析的基本思路和基本原则

4.2.1 虚拟 R&D 网络治理的理论基点分析

在这里，首先要说明的是，这里讨论的虚拟 R&D 组织主要是指多主体模式，因为单主体的虚拟 R&D 组织的治理基本上还是按照传统的单边治理模式来实施的(当然，它不仅限于传统治理，也具有一些网络治理的特性)。同时，我们在此仍然将分析的侧重点放在企业的研发机构上，兼顾讨论 R&D 网络中公立的和大学的研究机构。

从企业组织的治理理论来看，长期以来占主流地位的理论是所谓的“股权至上主义”，即企业的财产是由出资者投入的资本形成的，这些资本以物的形态沉淀下来，构成企业信用担保的基础，并从中衍生出各种无形资产，所以，根据风险收益匹配原则，出资者承担了企业的剩余风险，那么理所当然应享有企业的所有权，它表现在法律上，就是股东大会作为公司的最高权力机关存在，在经济学上就表现为股东权益最大化构成企业的终极目标。于是，有效率的治理结构只能是“资本雇佣劳动”或“股东主权”式的单边治理结构，而在这种结构中剩余索取权和控制权全部归雇主(或股东、出资者)所有。

但在现代企业经营环境中，随着股权的分散、企业之间相互参股的增加、战略合作伙伴关系的发展，以及知识资本对于企业经营的日益增加，企业是资本家的企业以及股东是唯一的剩余风险承担者这一理论假设受到越来越多的质疑。简言之，在实际的经济生活中，公司行为的物质基础是法人财产，而不是股东的资产，其权利基础是法人财产权，而不是股权。因此，公司的目标只能是确保法人财产的保值与增值。法人财产的收益应由投资于法人财产的利益相关者(不仅仅是股东，还包括债权人、经营者、工人等等)共同所有。有效率的公司治理结构是利益相关者共同拥有剩余索取权与控制权，并且对每一个利益相关者来说相应的两种权利都是对应的。这种双边或多边式的合作模式被称为“共同治理”(杨瑞龙等，2000)。

笔者认为，这种利益相关者理论是理解虚拟 R&D 组织治理机制的有效理论工具，因为虚拟 R&D 组织具有典型的“共同治理”特征。

第一，虚拟 R&D 组织是为了特定的市场机遇和研发目的而形成的多个 R&D 组织的伙伴网络，涉及组织成员之间的多边利益关系，因此其治理结构也必然是双边的或多边的。

第二，从功能上看，虚拟 R&D 组织的各个成员都具有不同的核心研发能力，互补性强且相互依赖，因此对于参与虚拟 R&D 组织的各个成员来讲，每一方相对于其他各方都是极为重要的利益相关者。

第三，与传统的研发模式相比，目前的虚拟 R&D 活动的突出特点就是客户或市场导向性，R&D 活动的目的和结果必须充分考虑客户的意见，因此对于虚拟 R&D 组织，客户也是其最为重要的利益相关者之一。

第四，对于 R&D 活动来说，外部环境也是十分重要的相关因素，其中包括政府的相关政策和法规、行业的技术标准、技术对公众利益的影响，以及风险资本的支持。显然，在虚拟 R&D 组织网络中存在多元的利益相关者，它们都在不同层面和程度上参与或影响着虚拟 R&D 组织的治理过程，这是我们分析问题的基本出发点。

严格来说，共同治理模式的本质是关系治理，而不是网络治理。对于网络组织，不仅仅是利益相关者的权力平衡和利益分配，更在于以信任机制为核心的嵌入性社会关系网络的演化。嵌入性是理解虚拟 R&D 组织网络结构的关键，也是网络治理的结构基础。嵌入性理论认为，经济行为不只是一般性地受到社会环境的影响，而是紧密地嵌入社会关系网络之中，受到所嵌入的社会网络位置的影响，网络关系的结构同样会影响到个体成员的行为。也正因为社会关系结构和经济行为的相互影响关系，所以学者们认为几乎所有的市场过程都可以从分析社会网络关系的角度来理解。对于虚拟 R&D 组织，嵌入性的分析视角使之彻底地从交易成本的经济学范式转变为组织科学的网络范式(Network Paradigm)，也使得虚拟 R&D 组织的治理模式有了新的价值取向，即信任机制是虚拟 R&D 组织治理的核心。比较而言，市场治理的核心是价格机制，企业治理的机制是权力机制，网络治理的核心是信任机制(Powell，1990)。当然，在虚拟 R&D 组织的网络结构中，依然存在价格机制和权力机制，尤其是网络的权力结构对于 R&D 合作行为的控制和维护还是相当重要的，但这种源自权威的组织权力已经大大弱化，只有伙伴成员间的高度信任才能保证虚拟 R&D 组织的成功。

4.2.2 虚拟 R&D 网络组织治理的基本原则

第一，共同治理原则。虚拟 R&D 组织治理结构不同于市场机制和单个企业的治理结构，它具有典型的共同治理特征。对于参与虚拟合作的成员组织而言，每一方相对于合作各方都是重要的利益相关者，在这个通过各种契约组成的命运共同体中，资源、信息共享是关键，参与各方的工作效率都会影响整体效率。因此，这就要求成员组织实现一定程度上的共同决策和共同治理，并在广义的利益相关者之间建立起一套有效的制衡机制与监督机制。共同治理的目的是协调利益相关者之间的利益和权力关系，形成科学的自我约束机制和相互制衡机制，促使他们长期合作，以保证合作效率。共同治理的核心是通过参与虚拟合作的 R&D 组织或企业的组织章程等正式制度安排，来确保治理边界内物质资本所有者和人力资本所有者具有平等参与企业剩余索取权与控制权分配的机会。同时，又依靠相互监督的机制来制衡治理边界内合作主体的行为。

第二，强调沟通、信任、声誉在治理中的作用。与法人企业不同，虚拟 R&D 组织一般不具备独立的法人资格，各成员组织之间大多是一种非产权的伙伴关系，并未形成层级式的组织结构。因此在实际的研发合作关系中，各种冲突的协调不可能通过上级命令来实现，而只能由有关成员组织的高层管理人员，依靠不断沟通和相互协商来解决。通过信息沟通，各合作伙伴可以明确自己的职权范围，促进相互知识的增长，形成学习优势。当然，冲突还可以通过事先制定详尽的协议的方式来解决。但是大多数虚拟合作关系不是靠股权等法律机制来组织的，而且未来具有不确定性，因此一份完全的、能够使各组成实体严格遵守的协议是不大可能存在的。这样，要减少伙伴之间的冲突，就必须建立一个和谐融洽的平等关系，各方应加强沟通，并增强相互信任。信任对于虚拟合作关系是非常重要的，信任能够加强合作的稳定性，可以提高对伙伴行为的宽容程度而避免冲突，同时还提高了伙伴之间的互动水平，便于发现及处理合作过程中出现的不协调。另外，虚拟合作中各组成实体协调合作的实现仅靠信任是不够的，还应依靠声誉市场的监督作用。声誉市场，是指如果一家企业有了采取投机主义行为的“声誉”，其他企业就不想再与它合作，从而使其陷入极为不利的境遇。所以在存在声誉市场的情况下，即使是企业在当前投机行为可能带来极大回报的诱惑下，也会考虑声誉对后续合作的影响而采取谨慎态度。因此，沟通、信任和声誉市场在虚拟合作关系的治理中发挥着重要的作用。

第三，知识资本和人力资本优先原则。与其他类型的经济组织相比，虚拟 R&D 组织是知识型组织，它更依赖于知识资本和人力资本要素，它的治理重心已从物质资本转向知识资本和人力资本。一方面，组织的机制设计应该考虑到知识的传播、共享和创造，促进创新水平和知识产出水平的提高；另一方面，组织治理结构主要围绕如何激励以调动人力资本的积极性和如何适当约束人力资本的短期行为。激励机制可以保证人力资本应有的地位及利益，而约束机制则可以防止人力资本侵犯物质资本的利益，从而维护物质资本的地位及利益，通过建立激励与约束兼容的机制来实现两种资本双赢。

第四，治理结构安排的动态原则。虚拟 R&D 组织是由来自不同企业、大学或非营利部门的 R&D 机构所组成的比较松散的伙伴网络，各个成员组织是通过一定的契约安排结合在一起的，这些契约安排包括外包(Outsourcing)、R&D 合作协议(R&D Contract)、许可证协议(Licensing)、R&D 联合体(R&D Consortia)、共同研究开发(Joint R&D)等。根据研发任务的性质不同，虚拟 R&D 组织的治理结构安排也会发生变化(见图 4.1)，对于那些技术含量低的产品或者是那些已经被普遍拥有的技术，企业完全可以直接从市场上获得，而不必为此安排特定的契约，即可以将这部分产品或技术全部外部化；对于那些技术含量较高或需要自主创新的技术，需要根据资产专用性的高低、不确定性的程度以及交易次数的多少来安排相应的契约。从一般的外包到组建产权 R&D 联盟，组织网络成员的联系程度逐渐增强。

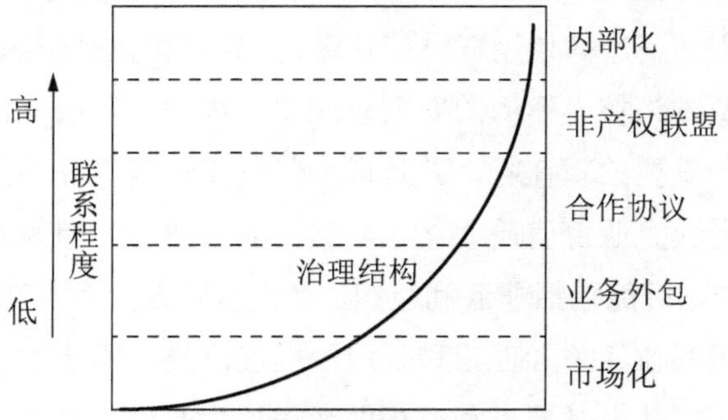

图 4.1　虚拟 R&D 合作关系的治理结构

第五，内部治理与外部治理并重。由于参与组成虚拟网络组织是来自不同企业、大学、政府组织的 R&D 机构，它们本身具备高度灵活性和流动性，通常只是原有组织中的最核心和最关键的研发机构。因此整个虚拟网络的有效运行来说，外部协调和外部治理的重要性往往要大于内部协调。

另外，构成网络组织形态的一个重要基点是非正式组织能充分发挥效力。这不仅包括成员组织中的非正式组织，而且包括以社区为基础、个体与群体的关系或纽带而形成的非正式组织。这些关系或纽带以嵌入的方式，通过双边或多边交易的质量与深度来对个体或组织进行非正式的控制，尤为重要的是社会资本通过这些关系或纽带嵌入于网络组织，并在其中进行流动、链接与定位。因而，社会关系与其交易不仅是非正式组织形成的基础，而且促进正式组织与非正式组织间相互联结，扩充组织的活动规模与空间，扩展虚拟 R&D 组织的边界，触发治理环境的变化。

4.2.3 虚拟 R&D 组织治理机制解析的基本思路

基于利益相关者理论，虚拟 R&D 组织可以看作为由诸多利益相关者所组成的网络组织，其中包括管理者、科研人员、出资人或机构、客户、社区等。值得强调的是，作为一种网络组织，它关注的是网络的整体效用，因此成员组织而非成员个体是虚拟 R&D 组织的基本分析要素，分析的重点在于成员组织之间的协调、控制、监督和整合。与此同时，本项目也将扩展治理的传统含义，Rajan&Zingales (1997)就认为企业治理的问题并不是简单的最优财产所有权配置问题，而是如何对关键的物质或人力资产的使用权进行管理，并且这也正是组织安排的精髓所在，而在那些以人力资本为核心资源的新型企业中，维护企业的整体性和稳定性是企业治理的一个十分重要的新任务，并且最大化股东价值也许不再是一个恰当的目标，因为这不会导致企业价值最大化。显然，虚拟 R&D 组织不同于一般意义上的企业或公司，它还可能包括非营利组织，而且它以人力资本和知识为核心资源，因此仅仅直接运用利益相关者理论和公司治理理论难以揭示虚拟 R&D 组织治理的内在本质特征。因此有必要以利益相关者理论为基础，结合交易成本经济学、社会网络理论以及关于 R&D 组织的相关研究，综合性地运用多种分析工具，从网络组织的视角进行一些探索性的研究，以期深化对虚拟 R&D 组织的理解。

从组织结构上看，大致可以从三个层次来分析虚拟 R&D 组织不同层次的治理方式。首先是每个成员组织自身原有的治理机制。对于其中的各个企业成员组织来说，各自都有自己的权力结构以及对剩余所有权和控制权的治理安排，它依然通过参与虚拟 R&D 合作的研发组织行为而发生着一定的影响，但这不是本项目分析的重点。其次是虚拟 R&D 组织网络自身的治理机制，表现为有别于公司和市场治理的网络治理结构，它关心的是组织网络整体的有效运行，着重于协调成员组织间的利益分配和动机激励，以实现虚拟 R&D 组织的共同目标。最后是外部治理机制，包括资本市场、经理人市场、技术市场、社会舆论监督、国家法律法规、相关的科学共同体等，它们一方面影响着虚拟 R&D 组织的有效运行，另一方面还监督着组织管理者的行为。这三个层面既反映了虚拟 R&D 组织治理的层次性，也反映了虚拟 R&D 组织组成和结构的层次性。

对于理解虚拟 R&D 组织的治理机制，后两个层次是更为重要的，它们相当于虚拟 R&D 组织治理结构的内部治理和外部治理。但是，由于虚拟 R&D 组织属于松散性的伙伴网络形态，其内外部的边界区分具有一定的相对性、动态性甚至模糊性，因此用传统的内部治理和外部治理来描述虚拟 R&D 组织的治理机制在逻辑上容易出现混乱，也无法反映网络结构的嵌入特征。基于以上考虑，本项目首先将虚拟 R&D 组织看作为混合治理结构，它不仅在组织方式上属于介于企业和市场之间的混合(hybrid)组织，而且在治理方式上也是传统的正式治理与新的网络治理的混合。因此我们将从治理机制的性质不同来进一步分析这种虚拟 R&D 组织治理结构的混合性，即将其区分为正式治理机制和网络治理机制。

(1) 正式治理机制(formal mechanism)。主要是依据个体成员组织的正式组织结构和正式契约关系，尤其是指公司治理的内部机制。Terje 等人(2001)认为，正式机制反映的是传统的治理观点，即规范了的行为模式可减少组织内的冲突事件，通过正式的制度安排可以避免成员间的摩擦和冲突，降低交易成本。一般来说，正式机制是建立在一组基础性的规范之上，它们可以指导、控制和调节组织成员恰当的和可接受的行为。这些规范由某一权力机构确定，或由不同的参与者(机构)共同确定，并根据法律契约、指导性文件和组织程序加以正式化。治理的正式机制主要集中反映在虚拟 R&D 组织内的正式契约关系网络层面，其中包括组织的权力结构、专用性和标准化、激励约束机制、人力资本状况、技术创新风险控制等。

(2) 网络治理机制(Network Mechanism)。基于系统性的网络组织结构观点，网络治理强调的是成员组织间的社会性互动，而这种互动关系不是一种负面的摩擦，而是自然的、正常的形式关系，可以带来组织成员间的相互信任、非正式沟通，以及新的资源和行为联结。在网络组织中，由于权力结构的变化、正式权威的淡化以及非正式契约作用的增强，组织间的交易嵌入到由紧密的、多重纽带所联结的网络之中；这些联结不仅模糊了科层组织的边界，而且使社会机制发挥作用，并在网络中产生能够整合机械因素与情感因素来鼓励合作行为的“道德经济”(Moral Economy)。直观地看，治理的网络机制包括两个方面的内容，一是基于网络整体的系统机制；二是存在于网络与环境关系间的约束机制，主要是指外部制约和监督要素，以及一些与外部环境有着紧密联系的组织内部要素(它们也可能同时属于组织的内部要素和外部要素)。其中包括信任和声誉机制、网络成员的选择机制、风险投资、技术标准、政府的政策和法规等。正式治理机制与网络治理机制的比较见表 4-1。

表 4-1　正式治理机制与网络治理机制比较

特 征 类 型	正式治理机制	网络治理机制
控制机制	惩罚驱动，与权威相关的权力	合作；信任
管理理念	服从；综合规划；结构	信任；灵活性；缺乏计划；程序性的
契约状况	高	低
冲突解决	结构性的	策略性的和程序性的
冲突状况	不必要的；避免冲突是重要的	正常的；冲突解决程序是重要的
冲突效应	交易效益的减少	通过资源和行为联结来提高组织效力
冲突的缘由	缺乏精确的正式组织方式	缺乏非正式的互动和灵活性
沟通	职能性的、规范的和正式的；按照预先设定的程序	非正式的，跨职能的，开放的，复杂的，社会性的

总之，虚拟 R&D 组织的治理结构呈现出两种治理方式的互补特征，治理的正式机制沿袭了科层制组织(企业)的、基于剩余所有权和控制权的制度安排，表现为正式契约、公司法、组织正式的业务程序和规章、研发资源的专业化和管理

标准、财务预算、专利等。比较而言，在网络治理中，正式组织结构的作用被弱化，组织成员间有着高度的相互信任，形成了灵活松散但又紧密信任的非正式社会互动关系网络，因此信任机制、目标导向、系统整合、创新激励、非正式沟通、知识管理等成为网络治理的主要内容。

应该指出的是，网络治理机制并不排斥和否定正式机制，它只是强调在组织间网络层次上的系统特征，而非个体组织特征。但是，虚拟 R&D 组织网络是由若干具有科层制特征的个体组织组成的，当我们在分析整个虚拟 R&D 组织网络的治理问题时，正式治理机制必然是研究的重要对象。

4.3　基于契约的治理机制分析

从现代经济学的角度看，虚拟 R&D 组织就是一种“契约网”，它涉及多个成员组织、利益相关者和外部环境，这些因素之间存在复杂的、性质各异的关联性，即各种类型的契约，并通过这些契约维持着这一网络组织的存在和运行。因此，组织的治理和控制在很大程度上归结为契约问题，或者说是契约的实施和治理。

4.3.1　关于组织契约性质的理论解释

在新古典经济学中，企业只是投入与产出的生产函数，企业的内在组织结构长期被研究者们当作“黑箱”，并不加以具体分析和研究。企业的契约性质首先是由 Coase 揭示出来的，企业不再仅仅是一个生产函数，而是一系列契约的有机组合。此后，威廉姆森、哈特等人对此进行了革命性的发展，并由此创立了以交易成本分析为基础的现代契约经济学，成为目前最为主要的组织经济学理论之一。

从广义上讲，契约(或合约、合同，contract)就是任何两个经济实体之间的双边关系或多边关系，例如企业之间的关系、企业与政府之间的关系、组织内部各个部门之间的关系。这些关系都可以从契约的角度来研究，它们可以是正式的、具有法律效力的，也可以是非正式的、建立在人际关系和社会心理上的。但从狭义的经济学意义上讲，契约是一项关于交易的协议，即两个愿意交换产权的主体所达成的合意，其中一方可以是希望出让完全的财产所有权(出售)，也可以是希望出让在一段有限的时间内拥有和使用财产的权利(如放贷或出租)，而另一方可以是需要该财产或财产的使用权，并按常规支付一定数量的货币。

对于经济组织的契约性质，经济学家们做出过一些非常有价值的分析。平乔维奇(1999)认为："契约是人们用以寻找、辨别和商讨交易机会的工具。在所有权激励人们去寻找对其资产最具生产力的使用方法的同时，缔约自由降低了辨别成本"；克莱因(1999)主张：契约通常被解释为"通过允许合作双方从事可信赖的联合生产的努力，以减少在一个长期的商业关系中出现的行为风险或'敲竹杠'风险的设计装置"；张五常(1987)则指出，契约就是当事人在自愿的情况下的某些承诺，它是交易过程中的产权流转的形式；交易的契约形式安排因交易的不同而有很大的不同，不同契约形式的安排界定了人们的权利、责任和义务，约束了当事人各方的行为，使资源的配置和使用更接近于合理和有效。

这种对契约范畴的理解是与交易成本分析方法密不可分的。众所周知，科斯、威廉姆森等人认为，企业试图通过交易成本内部化，以降低市场较高的交易成本，管理控制权取代了价格机制，企业的边界取决于通过市场交换产生的交易成本与在层级结构内产生的交易成本的比较。因此，组织契约的性质取决于交易成本，即交易成本分析的最基本思想就是追求交易成本最小化，交易成本不同必然会使得契约的形式、内容和执行过程有所不同。威廉姆森认为，交易成本的大小取决于三个因素：交易的不确定性、交易的频率和交易资产的专用性，其中最为重要的是资产专用性。

在威廉姆森构建交易成本经济学的同时，不完全契约理论也逐步成为经济学领域里的重要进展。这一理论是受交易成本学派的启发而提出来的，但它自成一体，并对交易成本学派的理论框架提出了许多批评。其中，哈特(Oliver Hart)是这一理论的主要创始人之一，他在《企业、合同与财务结构》一书中对不完全契约理论做以下系统的说明。

首先，强调契约是不完备的。从交易成本的角度来看，缔约方很难用一个契约将任何一个经济交易完整地描述出来，任何一个契约都无法包容交易过程中的所有可能性，而不能包容所有可能性的契约就是不完全契约。那么，具体来说，为什么契约会是不完备的呢？这里大致有以下五方面的原因。

(1) 有限理性。与新古典主义不同，在新制度主义看来，在实际经济生活中，尽管人的行为选择是理性的，但人们无法准确地知道未来将会发生什么事情，也无法在事前将所有可能的信息和发生的情况写入契约之中，更无法在契约中为各种偶然事件确定相应的对策以及计算出契约事后的效用结果。

(2) 交易成本的存在。在交易成本为正的情况下，部分契约可能因为交易成本过高而无法达成。在这种情况下，选择长期契约可以避免一系列短期契约带来的附加费用，但契约期限越长，在契约中列举可能发生的全部意外事故和要求在不同境况中提供服务的代价就越高，交易双方就越不愿意详尽地规定其需要。哈特(1998)曾明确强调："为什么合同具备不完全性却还那么重要呢？原因在于，重新协商的过程会产生各种成本。"

(3) 交易信息的非对称性。虽然对不可观察的行为与无法验证的信息可以设计较好的契约来减少信息的非对称性，但是要完全消除信息的非对称性是不可能的。实际上，具有机会主义倾向的契约当事人还会利用这种信息的非对称性尽量地逃避风险，把契约行为的成本归结到他方身上。因此在非对称信息的情况下，契约总是不完全的。

(4) 契约语言表达的不完备性。威廉姆森认为，即使我们能知道所有未来的情况，但也很难用语言准确地将其表达出来。显然，签订契约的任何语言都是不完备的、不精确的，它只能对交易事件进行大致的描述，而不能对其进行完全准确的描述，这种语言使用的模糊性必然会导致契约本身的不完全性。

(5) 契约条款的可测定性和执行问题。这主要是指已经表达出来的契约内容能否可以准确测量并被法庭所接受，因为契约的背后是法律制度，契约执行中产生的问题最终要在法庭上解决。

其次，在这种不完全契约中，权力结构是十分重要的。这里的"权力"是指剩余资产的所有权和控制权。实际上这是哈特不完全契约理论的逻辑结果。如果契约是完全的，机制设计理论就总能设计出最优的契约，使得在任何产权配置下都能执行这个最优的契约。因此产权是怎样分配的就成为无关紧要的问题了。然而契约是不完全的，很多的可能性不能在契约中反映出来，所以谁拥有资产的剩余所有权和控制权，谁就有权决定契约规定以外出现的问题以及怎样去解决契约中出现的问题。哈特认为，权力是解决契约中出现的问题的最终立足点，谁具有所有权，谁最后解决问题。

4.3.2 虚拟 R&D 组织的契约特征分析

从其组织构成上看，虚拟 R&D 组织是具有虚拟结构的组织，是 R&D 组织之间和 R&D 组织内部为展开合作可采取的众多形式中的一种，是由各种组织单位形成的一种关系型网络，人员和工作过程都来自这些成员组织，他们彼此紧密联系、相互影响和相互作用，为了共同的利益而奋斗。这种网络组织中的合作关系突破了传统的长期固定的合作关系，如合资企业、跨国公司、技术联盟等，主要通过网络并应用信息技术与通信技术进行分散的互利合作，一旦合作的目的达到，这种合作关系便宣告解除。因此，这是一种临时性的、跨越物理空间限制的合作形式。因此，这种网络型虚拟 R&D 组织既不同于传统的企业，又不同于泛泛之意上的网络或市场，它具有一些独特的契约特征。

第一，从契约主体来看，虚拟 R&D 组织中的各方都是法律上独立的经济主体，各自都拥有独特的核心技术能力，因此缔约各方是高度专业化的，而且难以互相替代。高度专业化意味着缔约各方之间有着很强的信息非对称性，各自拥有私人信息(private information)，理性经济人的机会主义特性暗示着有充分的动机利用私人信息为自己谋得好处。难以互相替代则意味着缔约各方都面临着被对方敲竹杠(hold-up)的风险。与此同时，由于高度专业化所形成的专用资产如果被迫转作他用则残值极低，因此一旦缔约就面临着被套牢(lock-in)的危险。同时，在虚拟 R&D 组织的契约中，基本上不存在正式的等级制安排，因此也缺乏利用正式组织安排和组织权威来协调偶发事件的扰动。

第二，从契约的时间特征来看，虚拟 R&D 组织中的特定契约的期限主要是短期的、临时的。不同于典型的“企业”的长期关系契约，虚拟 R&D 组织是对特定市场机会所做出的一种快速反应，而特定的市场机会之间往往缺乏内在的逻辑关系，因此从理论上看，这些成员组织间的 R&D 合作关系并不会自动地(制度化)持续下去，也难以形成稳定的正式契约关系。

第三，契约具有动态性。相对而言，虚拟 R&D 组织中的契约具有更为明显的不完备性和灵活性，表现为契约关系的演化特征。动态契约在内容上提供了许多灵活性选择权的条款，其中大部分条款视缔约方工作进展情况和市场变化而定，因而具有较大的灵活性；动态契约包含了“序列合同”的含义，即不采取或不鼓励一次性合同的做法，而是采用“序列契约”的形式，即只有在完成上一合同条款的基础上，才可以执行下一合同；动态契约还具有随机而动的权变性，当市场环境和技术环境发生变化时，契约内容也将随之进行调整。例如在美国汽车新型燃料研发中，从 PNGV 到 Freedom CAR Partnership，再到 Freedom CAR and Fuel Partnership 就反映了虚拟 R&D 契约关系的演化特征。

第四，就契约形态看，虚拟 R&D 组织的契约包括三个层次的内容。一是成员组织自身的契约。二是针对网络组织整体的契约。三是虚拟 R&D 组织与外部组织形成的契约关系。实际上，这种契约关系的层次性也决定了治理机制的层次性，这是理解虚拟 R&D 组织治理机制的重要之处。

虚拟 R&D 契约关系的复杂特征带来了一些突出的问题，并对传统的治理方式提出了挑战。首先是存在高度的非对称信息。从信息经济学的角度看，委托-代理的问题普遍存在于经济活动之中，这也是不完全契约产生的重要原因，但在虚拟 R&D 组织网络中，由于契约主体的独立性、契约关系的临时性以及研发活动本身的高度专业化，使得这种信息的非对称性强于其他类型的组织。虽然虚拟的网络组织结构对共同信息的传播是经济而又有效的，但却不可能有私人信息在网络中传播；它可以迅速地传播价格信息，却不能向交易者显示产品质量信息和交易对象机会主义倾向的信息。因而虚拟 R&D 网络组织中的交易行为并不能减少因为交易对方隐藏信息或行为而导致的风险。其次是存在逆向选择和道德风险的高度可能性。这是与信息的非对称性紧密相连的。具有机会主义倾向的厂商或机构可以采取“非价格竞争”手段，不是通过提高劳动生产率来降低成本，而是利用购买者无法将他们的产品和其他厂商的好产品区分开来，通过降低质量来降低成本而获取价格优势。在这种情况下，市场是无效的，同样在虚拟 R&D 组织中，各个成员拥有各自的核心技术能力和独立的法律地位，它们可以在缔约时隐瞒不利信息，在履约时不信守诺言，做出损害伙伴成员或消费者的行为，以追求自身利益最大化。这些使得组织面临严重的机会主义威胁。再者，虚拟网络的结构形态和不完全契约易于产生寻租行为。某些组织成员利用信息的不对称和对信息源、技术源的垄断来实现对网络的资源和信息流的控制，并垄断网络组织和市场；或者利用网络的节点优势“搭便车”，以谋私利。另外，在网络交易契约的履行过程中，对契约当事人违约赔偿方式的限制是十分不明显的，因为作为建立契约关系外部框架的法律不存在或十分薄弱，不完全契约所留下来的缺口不可能利用法律产生的激励约束机制来弥补。

实际上，根据虚拟 R&D 组织的契约关系的分析可以看出，由于交易环境和契约关系的巨大变化，网络型组织的治理方式应该在传统治理方式的基础有更为不同的设计。在规范的交易成本理论那里，合理治理结构的核心是通过正式契约关系，建立可自我履行的契约机制，以降低交易成本，这可以被视为经济—法律模型。但是对于网络组织，合理的治理机制应该是经济—法律—心理的综合模型，其核心是以心理契约为特征的信任机制。

4.3.3 虚拟 R&D 组织权力结构与共同治理

1. 产权结构和组织权力配置

契约关系就是交易关系，而交易的本质就是产权的交易和转让；同时，权力的配置状态反映的就是组织中产权状态。因此，契约关系、产权状态和权力结构是紧密相连的，甚至可以说是同等意义上的范畴。

在虚拟 R&D 网络组织中，产权结构具有多元化的特征，主要包括物质资本产权、人力资本产权和知识资本产权三种形态。物质资本的人格化代表是资本投资者，其投资主体也是多元化的，例如网络中 R&D 成员所属的母公司，它们既是研发主体，也是投资主体；在官产学的研发合作中，政府可能会投放一定比例的资金用于研发工作，或设立基金用于项目竞标；另一类投资主体是资本市场上的各种金融中介机构，如证券公司、投资银行、保险公司和各种基金组织等，由这些组织组成的各种形式的风险投资基金。人力资本的人格化代表是拥有管理能力和创新精神的管理者或创业者、技术领袖以及核心研发人员。知识资本的人格化代表显然也是研发人员，他们掌握着专业化的知识和技能。

组织中的权力配置基本上反映了产权结构的状态。投资者、管理者、创业者、核心技术人员共同进入组织的产权结构，这种产权结构既强调物质资本产权的实现，也强调人力资本产权和知识资本产权的实现，并对其权利、责任和利益进行明确界定。

2. 组织剩余和权力结构

权力是一种控制和影响他人的能力，具有支使、支配的力量。经济学中的权力是指为了追求特定目标或结果面对个体或群体(组织)所拥有资源的激活和配置力量。在经济学中，所有权既指对某种财产的所有权，也指对企业的所有权，财产所有权指对给定财产进行处置的完全权力，企业所有权则指企业的剩余索取权和剩余控制权。因此，所谓组织的权力结构主要是指对组织剩余包括经济剩余的所有权和控制权的制度安排。

作为生产和创造知识的专业性组织，虚拟 R&D 网络的组织剩余不能仅就其狭义的经济剩余来理解，而应从多维角度来分析。首先，虚拟网络的经济性剩余是组织中与特定 R&D 活动相关的经济性后果。经济性剩余并不一定都是直接的利润，也包括未来的潜在收益，这些潜在收益对成员组织的影响可能是不确定的。在网络组织成员的关系性交易中，其效应在时间上是连续分布的，组织成员为了适应伙伴需要而进行的关系性投资也不可能通过一次交易就完全回收，但可能会体现在企业的未来收入结构中。

其次是社会性剩余，它是组织成员之间的交易行为所造成的社会性效果，其中包括社会声誉、信任度、新的组织文化成分、社会关系等。通过建立虚拟伙伴关系以及关系性交易行为，组织成员可能获得良好的社会声誉，提高组织和个体成员的社会地位；可以与新的伙伴和客户建立相互信任的社会关系，扩展关系网络的边界，为获得新的经济资源和市场机会提供可能；通过新的关系网络，可以接触异质的文化因素和价值观，可以推动组织的创新和再造，这对于知识型研发组织来说尤为重要。对于虚拟 R&D 组织的各个成员的战略利益来说，社会性剩余与经济性剩余是同等重要的，甚至在很多情形下，社会性剩余更加重要(Anderson，Hakansson & Johanson，1994)，例如在日本的企业网络中，网络企业成员之间保持关系仅仅就是为了保持双方之间的诚实关系，即使是面对更好的选择，也不为所动，这种以忠诚为导向的行为选择模式是日本“高关系”社会文化特征的重要体现。社会性剩余的重要性还意味着，在虚拟的合作型网络组织中，技术目标和经济目标的实现不能只依靠技术手段和经济手段，社会性网络关系也是组织的关键性资源。因此，社会性剩余也是组织剩余结构中的必然组成部分。

再者是知识性剩余。在虚拟 R&D 组织中，各个成员可能来自企业、大学、政府部门，它们所属的组织大多会很关注经济剩余的索取和控制，建立虚拟 R&D 组织的最终目的往往也是经济性的。但作为 R&D 组织本身，其主要特征就是特定的知识生产、创造和应用，直接的目的是知识性的，因此知识性剩余的支配必然是虚拟 R&D 组织权力结构的关键环节之一。

从上面的分析可以看出，虚拟 R&D 组织的交易剩余不仅仅来源于经济交易本身，而且还源于成员组织的社会性互动过程和知识生产过程之中，并由此产生了经济性剩余、社会性剩余和知识性剩余。

3. 基于网络知识生产的共同治理

由于产权结构的多元化和组织剩余支配权的差异，如何协调利益相关者的利益分配，维护组织活动的有序高效就成为组织治理的关键所在。但是，虚拟 R&D 组织从事研发活动的能力资产具有一定专用性，特别表现为成员组织之间存在一定的依赖关系(因为是互补性活动)；同时，出于竞争优势的考虑，虚拟 R&D 组织是研发活动在组织层次上能力分工的结果，其成员组织应是在各自科研领域最具核心能力的组织，它们之间的关系原则上是平等的，不存在相互之间的附属。这样，统一治理方式是不合适的，缺乏组织权力结构的基础。另外，虚拟 R&D 组织中的合作对象不可能在市场上任意结合，因为各自呈现的稀缺性会使市场治理的契约成本大为上升：第一，经常性的契约谈判、监督活动使成本上升；第二，互补性活动产生的依赖性使转换成本(和别的企业合作的成本)较高。因此，市场治理也是不经济的。基于这样的分析，虚拟 R&D 组织只能采用利益相关者共同治理的模式。

在这一共同治理模式中，其权力结构的理解可以分为两个角度。一是从组织的网络建构原则看，虽然有发起者和参与者、大企业和中小企业等区别，但各个成员组织的地位是平等的，互不附属，每个成员都有进入和退出组织的权力，也有相应的支配资源和获取利益的权力，传统的威权治理效力甚微。二是从产权结构来看，各个成员组织和个体行动者都是某种特定资本类型的人格化体现，因此在具体的研发过程中将会起到不同的作用，也会表现为不同程度的剩余支配权。其中，人力资本和知识资本将会处于权力结构和治理结构的核心位置。

在虚拟 R&D 组织中，组织的核心价值掌握在人力资本所有者手里，人力资本已经成为组织生存和发展的决定性生产要素；同时，研发活动是高度专业化的，分工也越来越细，科研人员对专有知识、专有信息独占性越来越强，与物质资本所有者的“信息不对称”现象也越来越严重，并且也越来越不可逾越。在这种情况下，人力资本所有者尤其是核心研发人员对组织的控制能力大大增强，从而强化了人力资本在组织治理结构中的作用。因此，虚拟 R&D 组织治理结构的重要内容就是围绕如何激励以调动人力资本的积极性和如何适当约束人力资本的短期行为，其中激励机制可以保证人力资本应有的地位及利益，而约束机制则可以防止人力资本侵犯物质资本的利益，从而维护物质资本的地位及利益。另外，与其他组织不同的是，知识资本的所有者具有更大的支配权，知识资本的治理也是组织治理的重要内容。由于科学技术的复杂性和不确定性决定了科技知识的定价非常困难，甚至无法定价，而且研发过程是一种创造性的智力活动，对研发人员的工作过程和结果进行监督并不能导致效率最大化，因此在 R&D 组织中，往往将核心技术以股权等形式进入组织的产权结构安排中。这一现象在高新技术企业中极为普遍。实际上，这也是人力资本的核心作用的进一步体现，因为知识资本的所有者主要是核心科研人员。

4.4　基于信任的治理机制分析

一般认为，任何交易都建立在信任的基础之上。没有基本的信任就不可能发生交易，即使发生了交换，也会把大量宝贵的资源用于防范风险；没有信任就会产生严重的机会主义，产生很高的交易成本。因此，作为一种治理机制，信任是组织运行的润滑剂(Gulati，1998)，它会降低交易的摩擦成本，拓展交易范围，并进而提高组织绩效。

正如肯尼斯·阿罗指出：“没有任何东西比信任更具有重大的实用价值。信任是社会系统的重要润滑剂。”但他又指出“信任非常有成效，它为人们省去了许多麻烦，因为这样一来大家都无须去猜测他人的可信度。但不幸的是，它不是一件可以轻易买到的商品”。因此，信任机制的治理成效不能不加限制的夸大，也就是说，信任治理功效的充分发挥依赖于一定的约束条件。简言之，信任治理的基础是嵌入性的组织结构、信息沟通和认知能力。对于虚拟 R&D 组织，其中的成员组织之间在网络中的相互嵌入性，提供相互接近(Proximity)和形成信任的组织基础；信息沟通能力可以使得成员间迅捷有效地传递各类信息，并更好地评估对方的可信任度，而 ICT 正是最为重要的技术支持(Carson et al，2003)；在嵌入性结构和良好的沟通机制的推动下，个体成员及组织成员之间会逐步形成相互信任的认知能力，并建立以信任为核心的心理契约网络，进而形成制度性的信任机制。与其他类型的组织相比，虚拟 R&D 组织治理的核心就是信任机制，它是虚拟 R&D 组织成功与否的关键。

4.4.1 嵌入性与契约治理的再讨论

嵌入性(Embeddedness)最早由英国学者卡尔·波兰尼(Karl Polannyi)在《伟大的转折》一文中提出的。在 20 世纪 50 年代，针对主流经济学迷恋于构建“竞争-均衡”的精巧理论模型的形式主义倾向，Polannyi 等人发起了一场关于实体(Substantive)经济学和形式(Formal)经济学的争论。在实体主义看来，形式经济学建立在理性行动的逻辑上，并假定所有的经济形式都具有共同的内核，忽略了对经济至关重要的因素的历史相对性。但是，经济的实体主义概念是建立于经验基础上的，实体经济就是人与环境的互动的制度化过程(Instituted Process)。这里的“过程”是指位置的变动与比例的变动(Appropriate Movement)，位置的变动包括生产、运输等，比例变动包括商品的易手和处置(Disposition)。经济过程的制度化就是一体化和稳定特征形成的过程，它生产出完成一定功能的结构。过程的一体化(unity)和稳定却是建立在这种变动之间的依赖与变动循环的基础上的，而社会条件是支持各种变动之间的相互依赖性和循环的力量。所以，人类的经济是嵌入在制度之中的，包括经济的与非经济的制度。

20 世纪 80 年代中期，美国新经济社会学的代表人物格拉诺维特(Mark Granoveter，1985)在 American Journal of Sociology 上发表了“经济行动与社会结构：嵌入性问题”，重新提出“嵌入性”问题，并对交易成本经济学进行了批评。Granovetter 认为经济行为嵌入于社会结构，而核心的社会结构就是人们生活中的社会网络，嵌入的网络机制是信任。他指出，在经济领域最基本的行为就是交换，而交换行为得以发生的基础是双方必须建立一定程度的相互信任。在以物易物的原始交换中，双方必须首先相互了解，相信对方有交换的诚意，信任对方对交换条件的认可，然后才能进行实质性的交换。即使在以货币为媒介的现代社会交换中，双方也需要有一定程度的信任感。如果信任感降到最低的程度，在每一次交易中，双方都必须在获得了必要的监督保证之后才能进行，那么，交易成本就会大大提高。格拉诺维特认为，信任来源于社会网络，信任嵌入于社会网络之中，而人们的经济行为也嵌入于社会网络的信任结构之中。

在 Granoveter(1985)的命题中，他对嵌入性的具体关注已经有了一定的转换，不仅把它放到所谓的制度架构中，而且结合了关系网络进行讨论。在 Granovetter 看来，关系是指人与人、组织与组织之间由于交流和接触而实际存在的一种纽带联系；这种关系分为强和弱，强弱关系在人与人、组织与组织、个体和社会系统之间发挥着根本不同的作用，其中强关系维系着群体、组织内部的关系，弱关系在群体、组织之间建立了纽带联系。Granovetter 从四个维度来测量关系的强弱：一是互动的频率，互动的次数多为强关系，反之则为弱关系；二是感情力量，感情较强、较深为强关系，反之则为弱关系；三是亲密程度，关系密切为强关系，反之则为弱关系；四是互惠交换；互惠交换多而广为强关系，反之则为弱关系。Granovetter 认为，强关系是在性别、年龄、教育程度、职业身份、收入水平等社会经济特征相似的个体之间发展起来的，而弱关系则是在社会经济特征不同的个体之间发展起来的。因此通过强关系获得的信息往往重复性很高，而弱关系更能获得新信息，它比强关系更能充当跨越其社会界限去获得信息和其他资源的桥梁。格拉诺维特断言，虽然所有的弱关系不一定都能充当信息桥，但能够充当信息桥的必定是弱关系。

根据嵌入性理论，虚拟 R&D 组织可以被视为具有弱关系特征的嵌入性结构。首先，作为一个整体性组织，虚拟 R&D 组织嵌入于社会经济网络之中，与外部的其他企业、大学、政府机构、金融机构等形成复杂的交易关系，包括资源互动、信息和知识沟通、相互信任等。其次，虚拟 R&D 组织本身就是具有结构性嵌入特征的总体性网络组织，成员组织间不仅具有关系性嵌入，而且相互之间的各类关系交织在一起，相互包含和交叉，并形成更为制度化的网络总体性结构。这种嵌入性结构对成员组织具有更大的影响。值得指出的是，人们常常从虚拟 R&D 组织的临时性去推断其中的组织成员间关系的临时性和机会主义特征，这种观点是错误的。从形式上看，虚拟 R&D 组织似乎是彼此没有关联的组织由于某种市场机会或研发任务而临时集结在一起，但实际上，虚拟 R&D 组织并非是随意的组合，而是在已有关系网络中选择彼此相互了解和信任的成员组织；或者说，只有在某一特定关系性嵌入结构网络中的组织之间，才有可能组成虚拟 R&D 合作伙伴。从嵌入性看，与其说虚拟 R&D 组织是一个新的组织构建，还不如说是社会网络从关系性嵌入向结构性嵌入的转变，只是网络结构的转化。

同样，根据嵌入性理论来分析，虚拟 R&D 组织网络中的契约就是一种关系契约(合同)。关系合同的概念是由法学家伊恩·麦克内尔提出的，而他的思想则受到法律社会学家马柯利(Macauly，1963)的影响。麦克内尔区分了分立的交易和关系交易(Discrete And Relational Transaction)，并将合同分为古典的、新古典的和关系的(Macneil，1971，1974)。他强调，在对于各种类型合同的研究方面，正确方法的核心是认识到所有交易在社会关系上的嵌入性(Macneil，1998)。在新制度经济学的视野中，根据菲吕博顿和瑞切特的概括，合同被分为两类，即古典合同和关系合同。而从嵌入性的角度看，在古典合同条件下，交易双方签署的合同(通常是成文的)依凭合同法，合同法构成了完全的缔约背景；在关系合同的条件下，交易双方签署的合同只部分依靠于法律体系，部分则嵌入于人格化的关系体系之中。因此，网络组织的社会关系嵌入将会深刻地影响关系契约或合同的形成、执行和延续，并进而影响组织交易的效率。例如一定的社会关系的存量是建立虚拟 R&D 合作关系的前提，嵌入性网络最大的优点就是信息渠道比较畅通，总能在最正确的时间里找到最合适的合作伙伴；同时，当不同组织间建立了合作契约之后，相互之间就有了弱关系联结，于是各个合作方就具有更大的建立关系契约的可能；另外，组织之间建立契约后，信息的沟通使成员间具有了依赖性，专用性投资提高了别的组织进入这种契约关系的障碍。

在虚拟 R&D 网络型组织的中，正式的法律制度和契约仍然具有重要的作用，但非正式的契约或隐含性契约则是大量互利交易得以进行的主要形式。经验研究表明，即使在像美国这样法律制度健全的国家，很大部分的交易活功也是通过非正式的或隐含合约安排进行的，商业纠纷的解决常常并不依赖法律的制裁。与正式合约相比，非正式合约通常是不完备的，甚至其中有些没有文字表述，具有双方当事人心理认同的权利和义务，因而不具有法律强制性。虽然非正式契约不借助于国家和法律的权威，但依靠组织和社会网络中的信誉机制，仍然可以支持交易的进行，成员组织会自觉遵守契约的规定，也就是说，非正式契约是通过信誉机制自我执行的。因此，对于虚拟 R&D 网络组织，契约治理问题实际上是建立在信任治理机制之上的。

4.4.2 信任机制的研究及信任范畴的解析

有关信任的研究已经成为组织科学中的重大问题，一些从事心理学、社会学、管理学、经济学的学者从各自的学科角度，对信任范畴及其内在机制进行了深入的分析。从 20 世纪 80 年代开始，信任问题开始为管理科学界广泛关注，Organization Science 杂志还曾出版专刊(2003，vol14)来探讨组织中的信任问题。

从现有的研究看，一些学者(Rotter，1967；Farris et al.，1973；Mayer et al.，1995；Fukuyama，1995)的研究聚焦于信任者(Trustor)，将信任视为一种特征和倾向，个体或团队的期望和信念；一些学者则集中研究被信任者(Trustee)，分析诚实、正直、一致性行为、忠诚等问题。

另外，一些研究者关注于信任类型的研究，综合来说，可以把企业间的信任分为两大类，一类是以个体之间的信息、情感、共同信仰等为基础的基于个人的信任；另一类是以契约、合同、规则和制度等为基础的基于制度的信任。还有一些研究是关于信任关系中各方之间的特殊关系，如权力的平等和不平等、相互的依赖性、所属的特殊群体等(Couch and Jones，1997；Zucker，1986；Sheppard and Sherman，1998)。有关信任的分类及其依据基础(王春晓，2003)见表 4-2。

表 4-2　信任的分类及其依据基础

提　出　者	信任的分类	信任分类的依据
Zuker(1986)	基于个人的信任(Inter-Personaltrust) 基于制度的信任(Institutionbasedtrust)	关于个体之间的信息 有关规则、制度
Sako(1992)	契约型信任(Contractualtrust) 能力型信任(Competencetrust) 善意型信任(Goodwilltrust)	契约、合同 依对方要求或预期完成某一任务的能力 共同的信仰、友谊、情感
Lewicki& Bunker(1995)	计算型信任(Calculus-Basedtrust) 了解型信任(Knowledge-Basedtrust) 认同型信任(Identificationtrust)	成本—收益比较 交易双方共同的思考方式 共同的价值观
McAllister(1995)	认知型信任(Cognition-Basedtrust) 情感型信任(Affected-Basedtrust)	他人的充分了解和值得依赖的证据的掌握对人们之间的感情
Nooteboom(1996)	非自利型信任(Non-Self-Interested Trust) 动机型信任(Intentionaltrust)	伦理、道德、友谊、情感、自利

在治理研究中，研究者大多将信任看作为网络组织治理的核心。Zucker 等(1986)探索了科学领域的结构对那些领域中的合作模式的影响。他们对生物技术领域的研究显示，当一个领域高度重视知识财富时，人们可能会拥有更多的合作

者。且那些合作者更可能是处于同一个组织的，由于同为一个组织的成员使他们产生了信任。当一个领域具有竞争性时，这种信任尤为重要。Stephen J. Carson 等人(2003)则将 R&D 合作网络中的信任治理与信息沟通紧密联系起来，认为信任治理的绩效依赖于成员之间相互理解和学习的能力，良好的组织沟通和学习机制将提高信任治理的效果，避免错误(misplace)的信任。

综合目前的研究，对于虚拟 R&D 组织来说，信任是对有关其他研发伙伴行为和善意的期望的信心，是对交易方不采取机会主义行为的信心。信任和信任感既是交易各方关系的一种属性，也是一种调控各方正式的或非正式契约关系的机制。具体来说，信任具有如下几个方面的内涵。

第一，信任是双向相互的。在研发合作中，交易各方的信任都是相互的，这种相互信任使得各方相信对方不会利用自己的弱点，不会采取机会主义的做法。同时，信任的结果必定是互利互惠。

第二，人际信任和组织间信任。信任的建立有两个途径，其一是通过人际交往和人际关系中形成的声誉和信用；另一是由于文化、规章、制度等规定了其中成员的行为，由此形成可信预期，从而产生信任。因此，在虚拟 R&D 组织中，既存在个体成员间的信任关系，也存在成员组织间的信任关系。

第三，信任的建立都需要认知上和心理上的基础。任何行为主体发生的任何有目的的行为都是以相应的认知和预期为前提的，需要交易各方之间的有意义的心理沟通。而相应的认知和预期往往产生于声誉、交流和重复性活动。

第四，除了信赖之外，理解信任范畴的关键在于风险，即只有在风险存在的情形中信任才是相关因素。在没有风险存在的情况下，信任和控制都是没有必要的，因此信任可以减少不确定性和复杂性；另外，信任必然意味着承担风险，承担信任失效所带来的后果，使自己在与被信任者的关系中处于劣势之中，因此信任产生了新的风险。

第五，信任还与控制机制紧密相关。一般说来，信任都是在一定制度和系统下的信任，良好的控制有助于增进信任；在许多看起来是信任的场合，事实上都隐含着系统控制，比如雇主与雇员间的信任，再如包括了自律成分的教育和专业社会化、法制等。另外，信任本身也需要控制，信任的对象、信任的程度以及信任的建立都需要进行控制否则会出现误信或过度信任的情形；对信任的控制不仅表现为对结果的控制，还表现为对信任过程的控制。从实际的虚拟研发活动看，不同的控制水平与不同的信任水平相结合，共同影响成员组织对合作研发的信心。

4.4.3 基于知识资源的信任治理机制分析

在多数研究文献中都假设企业网络的运作逻辑或治理机制是信任(Bradach & Eccles，1989；Perrow，1992；Poewll，1990；Powell & Doerr，1994)，而且许多经验研究的结果也支持这样的观点(Gulati，1995；Larson，1992；Lorenz，1995；Uzzi，1996)。这些研究认为网络中的信任机制是建立在组织间非正式关系的基础之上，它通过关系纽带形成共同的价值观和道德感，通过社会关系形成制约，通过关系互动塑造对集体身份的认同，促使网络成员诚实履约，不轻易作恶，以免破坏自己在网络中的信誉。

Powell 曾指出："在经济行为中，权力、市场和信任一起作为促成和维系合作的三种机制，也是三种最基本的治理工具。"但它们作用的对象和发挥作用的手段是不同的。市场通过价格机制配置资源，市场机制作用于竞争较充分的、产品同质性高的完全市场，市场的参与方可用较低的交易成本(信息成本、谈判成本和转移成本)获得各自所需。但如果交易成本很大，市场就有可能失灵，这种情况将导致企业的产生，企业用一个契约代替一揽子契约使交易内部化而节约交易成本。单一企业在只能利用内部资源和能力时，企业治理结构将以企业内部资源配置效率为核心，此时权力机制将是其基本的治理工具。企业家作为企业中心代理人往往通过命令配置资源，通过行政管理协调各要素之间的关系。但是，对于网络组织来说，价格机制和权力机制都无法有效地进行协调和控制，而网络组织的治理指的是建立在信任与互利基础上的社会协调网络，信任是网络组织的基本治理工具。

显然，对于虚拟 R&D 组织这样一种松散的、网络型的合作研发组织，源于正式组织权力的治理方式的作用是很有限的，甚至不是最为关键的。由于虚拟 R&D 组织作为一种网络式动态联盟组织，为追求弹性与效率，时合时分频繁的多边合作关系与策略联盟，要求组织必须具有超越本身界线的管理能力，方能应付各式各样的障碍与风险。因此，在虚拟 R&D 组织治理中必然存在"控制断层"，也即科层制下的单一企业有可能在本企业实行完全的控制，而在动态网络组织中只可能实行部分控制。必须通过建立成员组织之间的相互信任机制才有可能有效地弥补这一控制断层，以保证网络组织的稳定和有效运行，否则这种伙伴关系很容易解体。具体来说，信任治理机制可以从以下几个方面进行功能性的分析。

1. 组织间信任关系是建立虚拟 R&D 组织的前提条件

在构建虚拟 R&D 组织的过程中，合作伙伴间的信任关系是最为重要的条件，没有基本的信任关系则不可能组建新的合作网络。对于虚拟 R&D 组织，知识资源是最为核心的，但知识的非排他性和外溢性也为互利合作提出了挑战。因此，合作成员必须遵循自愿互惠的原则(人际及组织间信任)，这是支持 R&D 网络中知识交流的前提。虚拟 R&D 组织中的知识和技术的创新资源是分散分布的，且主要存在于人脑中，而基于信任的自愿合作是共享知识和专有技术的触媒，只有这些分布式的点状知识资源能够互相交流、融合，才能够实现组织研发的目的。

另外，虚拟 R&D 组织的创建必须立足于程序公正和民主参与(制度信任)。在虚拟 R&D 组织的组建过程中，必须依据公开公正的程序和规则，参与者能平等地参与合作网络，能够拥有解释组织规则的基本权力，有着或了解清晰的组织期望。在这样的制度性信任关系中，组织成员才会主动参与，高度主动地、负责任地和创造性地完成组织的任务，并对其他人表现出高度的责任感。有研究表明(Ouchi，1979；Konovsky et al，1994)，程序公正对网络组织成员之间的信任和承诺有着正面影响。如果组织成员对组织、组织决策和组织目标高度认同，则组织成员会尽其所能去实现公司的目标，可以表现出高度的主动自愿合作精神；承诺不仅会引致角色内行为或根据条例和规则执行任务，而且也会引致角色外行为，或者代表公司的利益而主动自愿合作；程序公正也会引致其他一些行为如友好、文明、良心、勇敢、利他主义和礼貌，从而形成了组织成员间基于文化、规章和制度的信任。

总之，当信任存在时，组织成员表现出对他人的意图和行为的高度信心，并引致成员组织之间的自愿研发合作行为，每个成员组织都会通过知识和技术的交流与共享创造性地开展和执行自己的任务，实现研发目标，并构建出有效和稳定的虚拟 R&D 组织。

2. 多重信任机制构成虚拟 R&D 组织网络演化的基本动力

Fukuyama(1995)以“自发的社交活动”(Spontaneous)和“信任半径”(Radius of Trust)为概念基础，认为不同社会信任水平的差异在一定程度上决定了企业的发展速度和类型。前者是指陌生人之间进行交流的难易程度；后者是指人们乐意把信任扩展到的范围大小。对于虚拟 R&D 组织来说，信任机制不仅推动了 R&D 网络的形成，而且是其演化的基本动力。

不管是人际信任还是制度信任，其信任水平一般说来都可以分成三个等级：契约信任、能力信任和商誉信任(Sako，1991)。在虚拟 R&D 组织中，契约信任是指参与者能够严格遵守相互之间所达成的 R&D 协议，不能主动适应环境，具有高的脆弱性，但它能保证研发活动按照既定的程序和路径执行，维护虚拟网络行为的秩序性和目的性。能力信任是指在网络参与者之间产生一种相互限定的期待(如对技术、知识、人员等方面的特殊要求)，能够应对环境一定程度的不确定性，具有中等柔性和灵捷性。这种能力信任意味着成员组织都对于其他成员的 R&D 能力具有较高的信任度，相信成员间研发能力的优势互补不仅可以完成既定的研发目标，还能应对研发过程中的偶发事件，甚至可以扩展虚拟 R&D 组织的边界。商誉信任是指网络成员相互之间存在一种非限定性期待，没有特定的目标指向，能适应未知快变的环境，具有高度的灵捷性。这种信任具有重要的战略价值，它可以营造很高水平的组织间信任，维持虚拟网络的稳定和成长。例如在美国的汽车燃料研发中，USCAR 中的 Daimler Chrysler Corporation、Ford Motor Company、General Motors 公司具有良好的商誉，因此从 PNGV 到 The Freedom CAR and Fuel Partnership，它们一直与美国能源部以及相关研发机构保持合作，维持着高质量的虚拟 R&D 合作网络，并不断地调整和修正 R&D 活动的目标和计划。

3. 信任机制成为防止机会主义行为的核心机制

对 R&D 网络中的成员企业来讲，它们必须将来自其合作者的道德风险降到最低限度，它们必须清楚谁是潜在的合作伙伴，了解其合作伙伴的需求或要求等方面的想法，必须有关于这些合作者可靠性方面的信息。科瑞普斯(Kreps，1990)认为，这些机会主义行为受信誉效应的控制：行动者不愿意欺骗另一个成员，因为这个成员与共同的第三方成员相联系，这些共同的联系会影响到他们的行动。

信任是通过合作伙伴之间长期的互利交换和双方对在一次交易中的不诚实行为的损失以及信任可使未来一系列交互成为可能的共同认可而获得的。通过互惠行为，只要这个合作者的行为能被第三者观察到，这个成员组织就可以树立一个好声誉。这个好声誉使得这个组织成为第三方在选择合作伙伴时的有吸引力的选择对象，即使第三方和这一组织没有任何直接或间接的联系。两个组织通过第三者而与间接联系，这种间接联系可以发挥信息通道的作用，而且可以发挥指代的作用，成为一种阻止机会主义行为的机制。两个组织通过与第三者的互动而获取其合作者的信息的社会互动效率比这些组织没有任何外部联系是更容易。组织意识到其他组织的存在。通过共同的第三者提供的有关合作者的信息，合作双方可以对双方有更好地了解和评估。当共同的第三者与其他两个合作者建立了可信任的关系，通过这些社会关系可以传递可信的信息，有关的信息可以通过这些社会联系而流动。这些社会联系可以作为一种社会控制机制。一个组织的机会主义行为将很快会通过网络而在网络内传播开来。基于这个信息，其他网络中的成员会重新评估对这个合作者的看法，在未来就不会信任这个合作者。失去信任的恐惧阻止了成员的机会主义行为。

4. 制度化信任机制对于虚拟 R&D 组织及其各个成员均具有战略性价值

信任是一种非常重要的社会资本。虚拟 R&D 网络中的信任具有重要的生产性价值，它可以减少搭便车和其他社会不轨行为，提高信息的可获得性，降低信息、搜寻和商业交易成本。它为技术上和法律上相互分离的组织创造了解决问题而不是讨价还价的条件。通过成员组织间的持续互动，组织不仅可以相互了解，而且可以发展出基于知识的信任或平等的标准。这种信任可以促进成员之间预期行为的一致性。基于信任的反复交易对具有长期合作关系的合作者来说是有好处的，因为它提供了分享机会和有价值的信息的渠道，成为虚拟 R&D 网络成员共同创造价值的基础。

4.4.4 虚拟 R&D 组织信任机制形成的博弈分析

信任本身是嵌入在社会结构和制度之中的一种功能化的社会机制，当社会结构发生变迁时，信任本身的内涵和功能也会相应地发生变化。但是在虚拟网络中，当稳定透明和可预测的制度结构建立之后，一种基于制度的信任就会产生，并且最终导致组织间原有信任的不断增强。外在制度(法规)和虚拟网络的内在制度(道德、习俗、惯例)可以抑制机会主义行为，使网络内组织间的交易着眼于长期行为，组织也懂得自己的成功有赖于不间断的、受规则制度约束的相互交往与合作。这时基于制度的组织间信任成为虚拟网络内组织间信任的主要形式。

具体来说，虚拟网络内组织间信任形成和发展一般可分为三个阶段：第一阶段，以个体成员组织对交易中得失结果的精确计算为特征；第二阶段，多次交易中个体对交易对象的认知了解为特征，产生合作的需求；第三阶段，交易双方建立起以制度为基础的真正的相互信任。下面用一个简单的博弈模型来进行分析。在第一阶段(见图 4.2)，网络中任意两个成员组织，假设成员 1 的策略空间为{信任，不信任}，成员 2 的策略空间为{欺诈，不欺诈}，双方进行博弈。在一次博弈中成员 1 采取信任策略时，成员 2 有两种策略：欺诈和不欺诈均可以选择，采取欺诈手段可得收益为 10，不欺诈可得收益为 5，成员 2 肯定会选择欺诈。在成员 1 选择不信任策略时，成员 2 选择欺诈或不欺诈的得益都为 0。同理，可以分析成员 1 的得益情况，得出这个博弈的 Nash 均衡解为(0，0)，即{不信任，欺诈}，这时虚拟网络中组织有严重的机会主义的倾向，组织间信任属于低信任度，整个虚拟网络处于低效率状态。

		成员2	
		欺诈	不欺诈
成员1	信任	−5，10	5，5
	不信任	0，0	0，0

图 4.2　虚拟 R&D 网络中组织间信任博弈“囚徒困境”

在第二阶段，网络中的成员企业要想合作共存，完成 R&D 任务就会寻求合作以改变一次性博弈的低效率。这时可以把企业间的关系看作是无限次重复博弈，成员组织选择冷酷策略(grim strategy)，先试图合作，一旦发现对方不合作，偏离对双方都有利的行为，则选择一次性博弈 Nash 均衡解策略进行报复。利用上一个博弈矩阵，假设成员 1 已采用冷酷策略，成员 2 也采用该冷酷策略，{信任，不欺诈}则每期支付为 5，无限次重复博弈的支付为：$5(1+\alpha+\alpha 2+\alpha 3+\cdots)=5/(1-\alpha)$，$\alpha$ 为贴现因子。如果成员 2 偏离上述冷酷策略，则他在第一阶段就会选已知的最大支付 10，高于不偏离冷酷策略第一阶段的支付 5。但是，从第二阶段开始，成员 1 将永远采取不信任策略，成员 2 的支付从此为 0。无限次重复博弈中成员 2 第一轮偏离冷酷策略时支付的现值为 $10+0(\alpha+\alpha 2+\cdots)=10$。因此，当 $5/(1-\alpha)\geqslant 10$，即 $\alpha\geqslant 1/2$ 时，成员 2 将采取不欺诈的合作策略。只要贴现因子足够大，博弈方会看重未来的利益，不会采取只顾眼前利益的机会主义行为，双方就会建立信任进行长期合作。

在第三阶段，如果利用制度的作用对虚拟网络中组织间的信任加以保障，规范组织成员在交易中的各种行为，会使组织自发地采取不欺诈的策略，促进组织间信任机制的生成。加入对欺诈行为的惩罚(支付为−5)，可改变博弈方的支付情况，从而改变博弈方的策略选择(见图 4.3)。

		成员2	
		欺诈	不欺诈
成员1	信任	0，−5	5，5
	不信任	0，0	0，0

图 4.3　虚拟 R&D 网络中组织间信任危机博弈

4.5　基于技术创新风险的治理

在竞争日益激烈的现代社会中，企业的成败往往取决于它的技术创新活动，而在企业的整个技术创新的过程中(包括 R&D 活动、设计、生产、市场投放等)，始终存在不同程度的风险，它对企业技术创新战略的实现与核心竞争力的培育具有重大影响。据有关统计资料表明，国际上新产品开发项目的成功概率只有 1/6，而新产品开发成功后投入市场获得成功的只有 2/3；我国 1985 年的数据显示，10 000 多个新产品开发项目中，取得成果的有 7 000 多个，完成中试的有 6 000 多个，而获得经济效益的仅 1 100 个。可以看出，企业技术创新的风险是相当高的，因此深入研究技术创新过程中的风险管理，对企业提高技术创新的成功率是十分重要的。

4.5.1 关于风险概念的理解

在现实生活中，由于个人偏好不同，人们对风险的理解常常是不同的，对同一事件风险度的判断也各异。但从理论上说，技术创新中的风险可以看作为失败的可能性与技术后果的重要程度的乘积，即：

$$R=P\cdot E$$

R 表示风险，P 表示创新失败的概率，即风险系数。E 指某一技术创新项目的投入费用，表示技术后果的重要性。因此，技术创新的风险不仅取决于事件的不确定性，而且取决于事件后果的重要程度。

对于合作技术创新来说，如果合作创新具有多个阶段，假设 A 方参与其中的 n 个阶段，在第 i 个阶段的风险系数为 P_{Aj}，投入资源为 E_{Ai}；B 方共参与其中的 m 个阶段，在第 j 个阶段的风险系数为 P_{Bj}，投入资源为 E_{Bj}，则 A、B 双方在各阶段所承担的总风险损失 R_A、R_B 分别为：

$$R_A=\Sigma P_{Ai}\cdot E_{Ai}$$

$$R_B=\Sigma P_{Bj}\cdot E_{Bj}$$

上式可以推广到更多个合作者的情况。

对于风险概念的理解，应注意以下几个方面的问题：第一，风险意味着对某一计划的消极后果，它会对计划的实施产生妨碍或危害，造成某种损失。第二，具有消极后果的事件有发生的可能性，风险具有客观性。第三，可以做出某些选择或采取某些手段，以避免或弱化这类消极后果。第四，风险与不确定性有一定的区别，因为不确定性往往意味着由于缺乏对对象事件信息的必要把握，而无法对事件的进程进行量化的研究；但风险则强调对事件的可能进程及其关键因素的客观性描述，可以说，风险是可测定的不确定性。正是由于风险是可以识别和测定的，因而它也是可以加以适当控制的。

4.5.2 虚拟 R&D 网络中技术创新风险识别

风险识别是风险管理的首要步骤，但也是十分困难的工作，因为在实际的 R&D 活动中，涉及的风险因素和环境因素十分复杂，很难将其完全分析清楚。但从虚拟 R&D 网络本身的构成、职能和外部环境来看，其技术创新活动涉及的风险种类大致包括组织(制度性)风险、技术性风险、信任风险、财政性风险、管理决策性风险、市场风险等。

1. 制度性风险

在实施 R&D 计划时，成员组织既有的组织结构和流程设计有可能与之不相匹配，组织结构臃肿和僵化、职能部门职责模糊、流程设计不合理会使得项目的实施遇到阻碍，而组织制度的缺陷所导致的资源配置不合理、对外部变化缺乏快速反应等问题，往往会导致 R&D 项目的终止和失败。

对于整个虚拟网络来说，R&D 活动要求各个伙伴组织机构要具有知识互补性和能力协同性，因此 R&D 合作伙伴的组织结构必然会存在差异。这种差异具有两方面的效应：一方面可以满足互补性和协同性的要求；另一方面，各个伙伴管理模式的不同会导致整个合作创新工作效率降低，组织协调失衡或者管理失控，差异太大时甚至会导致合作创新活动的解体，这要求合作 R&D 成员在一定程度上要有相容性和融合性。

2. 技术性风险

技术性风险是技术创新风险中的关键问题。就技术风险本身而言，可以根据其创新程度的不同，将它视为一条连续性的风险谱线，见图 4.4。

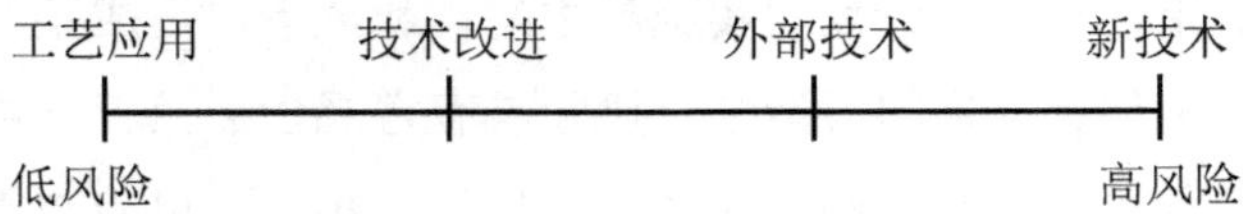

图 4.4　技术风险谱线示意图

从谱线上看，随着技术创新程度加大，风险也同比增加。

第一级工艺应用的风险是很低的，只要受过相关技术领域训练的专业技术人员都能完成此类任务。

第二级是在原有工艺基础上的渐近式技术改进，它主要体现为效率、速度、寿命、动力等方面的改善，这种渐近式的创新是工业创新的真正源泉和持续动力，它的风险度虽比工艺应用大，但这种技术改进的风险基本上不会危及整个计划。

第三级水平的风险是来自外部技术的应用。人们常常认为，引进外部成熟技术并加以应用可以避免技术开发的高风险，因为这些技术在其他企业的实践中已得到验证。然而实际的情况并非如此简单，外部技术应用的成功与否会涉及诸如人员队伍、供应源、设备、工厂布局、资金、企业文化等因素的影响。更为重要的是，企业内的技术人员可能在专业上是合格的，但在新的环境中应用这些成熟技术时，他们往往不能清楚地辨别出其中的关键要素。当然，新技术的发明和应用是谱线上风险度是最高的，相比较而言，这种技术活动将会引起最大的不确定性。

3. 信任风险

如前所述，信任是虚拟 R&D 网络组织治理的核心机制。在 R&D 项目的具体实施过程中，合作研发的低效或失败往往是由于合作伙伴之间缺乏相互信任。这是因为组织间的合作关系实际上基于一种对未来行为的承诺，只有彼此间充满信任，各方信守诺言，才能使这种承诺成为可靠的计划并最终得以实施。但是由于信息的不完全、法律的不健全等不确定性因素的存在，合作伙伴出现了弄虚作假、泄露机密等败德行为，其后果是获得了机密的成员的离开，成为新的竞争对手，或者是合作方采取报复策略，拒绝以后的合作。这些行为都会导致 R&D 项目运行的终止，甚至整个虚拟 R&D 组织的解体。

4. 财政性风险

比较而言，R&D 活动不确定性大、风险高、成功率低，需要强大的资金支持。一旦资金出现了问题，整个技术创新活动都将面临风险。在实施合作 R&D 项目时，不但参与组织自身要有雄厚的资金实力，而且还要有很强的筹资融资本领，以应付各种可能的突发事件或其他应急资金需求。特别是在 R&D 项目所需要的资金数量巨大时，资金风险对项目的实施产生决定性的影响。如果缺乏足够的资金供应或有效的财务管理，必然会导致项目的停滞甚至终止，给组织造成巨大的损失。

5. 管理决策性风险

这里涉及三个层面上的问题，一是常规管理层面，包括工作流程管理、人才管理、信息管理等；二是项目管理层面，主要是指特定的 R&D 项目管理，包括项目规划、人员安排和使用、技术路线和方案的制定和执行等；三是战略决策层面，主要是战略方向和规划的确定、未来前景的预测以及危机处理等。在整个技术创新过程中，这三个层次的管理活动的成效都会影响到企业的技术创新，尤其是项目管理和战略管理至关重要。

从整个虚拟 R&D 网络看，无论是由核心成员来管理虚拟 R&D 组织，还是建立协调组来管理，由于虚拟 R&D 组织涉及多个成员企业，而各成员企业的经营理念、组织文化、管理模式等不同，工作作风和工作方法也不同，必然使虚拟 R&D 组织的管理比单个实体的管理要复杂，不确定性因素也较多，因此管理不当或管理失误导致的风险比实体组织更突出。

6. 市场风险

虚拟 R&D 组织是根据市场机遇而组建的，产品市场的不确定性会给虚拟 R&D 组织带来风险，因此，组织的决策管理者和成员组织对市场机遇的准确把握至关重要，而且必须时常关注市场的变化。

同时，技术创新产品投入市场依然存在风险。首先，新开发产品的相对竞争优势是难以事先准确预期的，市场开发所需投入营销人员的数量、素质、营销网络的覆盖面、资金数量等是否与组织实力相匹配，仍然存在巨大的不确定性。其次，市场竞争日益激烈，客户需求变换多样，产品更新速度加快，一项技术很容易被竞争性的技术所替代，而替代的时间是难以确定的。当更新技术比原来预期提前出现时，原有技术将蒙受被提前淘汰的损失。最后，新技术工艺不成熟，或者成果所要求的技术条件与需求方综合技术水平不匹配等原因，也可能导致合作难以取得预期成果而终止。另外，即使能够成功地开发和生产某项高技术产品，事先也难以确定其全部效果，比如有的产品具有负的外部经济效果，可能导致环境污染、生态破坏等。这样，此技术就可能因受到限制而无法执行。

4.5.3 虚拟网络中技术创新风险的治理

事实上，任何研发组织都不可能在实施技术创新计划时完全避免风险，创新的风险是企业和创新者必须面对的挑战。因此，以合理有效的方式来对待和处理这些风险则是十分关键的。

1. 基于风险空间结构的战略决策

虚拟网络或成员组织在启动一项技术创新计划之前，首先应该根据风险的空间结构，深入分析该计划中涉及的各个要素，考虑它们处于风险空间结构的怎样位置，尽量避免技术、市场和产品同时处于高风险区，这样才能最大程度上减少计划的风险度。另外，如果企业无法充分了解新技术的相关信息，或者在应用上存在很大问题，那么最明智的选择是暂时放弃这一计划。

2. 组织创新和组织流程再造

对于绝大多数虚拟 R&D 网络组织来说，所从事的不只是单纯的 R&D 活动，而是广义的技术创新。因此虚拟网络的组织行为除了 R&D 活动之外，还会涉及生产流程、分销渠道、客户管理等，以及信息获取和传递的有效性和时效性，而这些问题的解决在不同程度上依赖于虚拟网络以及成员的组织结构和流程设计。通过对组织流程再造和组织设计，可以改善组织的工作流程和生产流程，使组织结构趋于合理，从而解决技术创新的时效性和信息有效性问题。

3. 创新风险的分散

分散风险可以通过两种方法来进行。一种是寻找伙伴，或者是寻找伙伴来共同开发、应用、实施新技术，这样可以补充和共享技术资源、人才资源、知识经验、生产资源等，从而降低风险；或者寻找伙伴来共同投资，减少财政风险。另外一种是引进外部技术，并在此基础上进行二次创新，这样可以克服内部技术力量的不足，减少 R&D 费用，缩短研发周期，从而降低风险。

4. 注重风险评估，确定替代性的选择方案

显然，在每一项技术创新活动中都存在风险，而且这些风险在不同阶段也会发生变化，因此必须对计划实施过程中的各种可能性及其后果做出充分的研究和估价，并提出可以缓解或避免风险的替代性方案。

一般来说，技术创新风险的评估可以包括风险出现的可能性、出现的频率、技术后果、费用影响和计划效果。

5. 建立风险管理的早期预警系统

由于风险的不可避免性及其后果的不确定性，组织应该重视建立早期预警系统，以尽早地确认风险的发生，防止风险的扩散和后果的恶化。早期预警系统可以包括四个子系统，第一是建立早期预警信息系统(内部信息系统和外部信息系统)，提供组织内外部有关计划的完整信息；第二是早期预警指标体系，它包括基础指标和预警指标；第三是早期预警评估判断体系，根据所提供的信息和指标体系，对整个系统及其内部要素的风险状况进行具体的评价和判断；第四是早期调整应对系统，根据评估判断的结果，对原有计划做出相应的调整，提出有针对性的对策，以缓解或消除风险，保证计划的顺利进行。

第 5 章

基于网络治理的 R&D 组织知识管理与创新

就其本质而言，虚拟 R&D 组织行为的核心是 R&D 知识的生产、创造和应用，R&D 知识活动是所有组织行为的基础和归宿。因此，虚拟 R&D 组织是一个 R&D 知识网络联盟，或者更广义地说是一个知识网络联盟。在这样的知识网络中，核心的资源就是知识资源，组织运行的基础和主要对象都是知识；组织绩效的评价也是知识生产率、创新水平和使用效率。同样，虚拟 R&D 组织治理的主要内容也包括与知识活动直接相关的治理。从这一角度出发，本章的内容可以被视为是治理问题研究的有机组成部分，也可以被视为一种深化和扩展。

5.1 虚拟 R&D 组织中知识资源网络

在竞争日趋激烈的全球市场上，企业和政府已经越来越清楚地认识到，有效的知识已成为公司最有价值的资产之一。Peter Drucker 曾断言："在今天，知识是仅有的有意义的资源。"为了推动企业知识管理的实践，许多公司已经在不同水平上推行了知识管理计划，例如联合利华、德州仪器、惠普以及其他一些企业都设立了知识管理的相关职位来负责管理知识管理的计划。这些计划一般都旨在创立知识仓库、改善知识通路、优化知识共享或管理知识资产的环境。显然，虚拟 R&D 组织是知识密集型的，它的存在形式在很大程度上表现为知识网络及其运行。

5.1.1 知识范畴及其分类

知识的研究具有悠久的历史传统，但在相当长的时间里，对知识内涵的研究大多是哲学认识论性质的。直到 20 世纪的 70 年代，随着知识社会学、信息管理等领域的深入研究，知识的本质问题逐渐引起了更为广泛的关注。而到了 90 年代中后期，知识问题已经成为学术界、政府和企业共同讨论的热点话题。

在大量的研究文献中，一个基础性的问题就是如何理解知识这一范畴。学者们就知识的内涵问题提出了不同的观点(见表 5-1)。从这些研究可以看出，许多学者强调知识是与信息紧密相关的，并把知识与隐性、实践、情景化等特性联系在一起，强调知识与价值观的关联性。实际上，在具体的分析过程中，研究者们往往将知识视为现代组织运行中最为重要的组织资源和价值源泉。

表 5-1 知识定义列举

Daniel Bell(1973)	知识是一种客观上已经认识的事物，一种精神财富，冠以一个或一组名字，由版权或其他一些社会承认的形式(如出版)所认可。这种知识根据写作和研究所花费的时间，以通讯和教育工具的货币补偿方式得到了报酬。他受制于市场判断、上级的行政或政治决策的判断，或者对成果价值或要求的当地社会资源的判断
Peter Drucker	知识是一种能够改变某些人或某些事物的信息，这既包括使信息成为行动的基础的方式，也包括通过对信息的运用使某个个体(或机构)有能力进行改变或进行更为有效的行为的方式
Nonaka(1994)	知识是一种被确认的信念，通过知识持有者和接收者的信念模式和约束来创造、组织和传递，在传递知识的同时也传递着一整套文化系统和相关的背景系统
Davenport & Prusak (1998)	知识是一种包含了结构化的经验、价值观、关联信息以及专家的见解等要素流动态的混合物。它起源于认识者的思想，并对认识者的思想起作用。在组织内，知识不仅存在于文档和数据库中，而且嵌入在组织的日常工作、过程、实践和规范中
Leonard & Sensiper (1998)	知识是相关的、可行动化的信息，甚至部分是基于经验的；知识是信息的一个子集，它是主观的，和有意识的行为有关，拥有经验中的隐性成分
Long & Fahey(2000)	知识是人们的思考和精神的一种产品，它是一种植根于某个人或某个集体，或嵌入在某个过程中的资源，它是情景化的，知识嵌入在语言、故事、概念、规则和工具之中

续表

Bhagat, Kedia, Harveston & Triandis(2002)	知识是从不相关或相关的信息中变化、重构、创造而得的，比信息或数据更广、更深、更丰富
Niels Gottschalk-Mazouz, Stuttgart(2008)	知识是对某人或某事的理解、熟悉或意识，如事实、信息、描述或技能，知识需要通过经验或教育来感知、发现或者学习

当然，要给知识下一个精确而又广泛认同的定义是非常困难的。但是，我们可以通过对其性质和含义的具体分析来把握知识的本质。

第一，知识的外部性。虽然知识具有明显的实际价值，但它仍被人们视为典型的公共产品。知识的外部性就是私人所生产的知识成果，容易扩散或溢出进入社会公共领域，成为社会所公有的知识的性质。知识的外部正效果能够给知识的非产权所有者带来巨大的潜在利益。正是由于知识具有正相外部性，知识对于非所有者具有正的经济好处，知识往往容易溢出(spillover)和扩散，这才更加使得知识成为容易被模仿和侵权的对象。知识外部性造成了私有制下市场功能的缺陷，使得知识市场资源配置功能被扭曲。知识外部性将可能导致私人减少投资，从而减少社会的知识存量。因此，知识外部性要求政府立法和司法保护私人知识产权来干预市场以弥补市场功能的缺陷。

第二，知识非重复性和可复制性。知识非重复性和可复制性是知识生产过程和知识产权制度中起重要作用的两个相辅相成的性质。知识本身的非重复性是从知识生产创造过程角度来说的。知识商品的生产不同于一般实物商品生产。知识生产过程包括学习、创造和复制三个方面。知识的复制过程如同实物生产过程，复制品生产所需的材料全部内含于复制品里。然而，知识的重复制造是没有意义的，因为重复性的知识可以通过简单而便宜的复制过程获得。因而，重复进行知识创造过程是非常不经济的，知识生产只需要一次性地研究、创造和开发，就可以生产出包含某种知识内容的母本。但知识是可以复制的，知识的不可重复性是建立在知识可以便宜地大规模复制的基础上的。

第三，可共享性。尽管某种知识的所有消费者，通过复制和扩散，都可以消费同一内容的知识。但是，与私人性实物消费不同，增加每一个知识消费者的边际消费，不会减少或影响其他人消费知识的内容。Paul Samuelson(1954)指出，集体消费的公共商品有这样的性质，一个这种商品的每个人消费不会导致任何其他人对那个商品消费的任何减少。知识的可共享性既为知识大规模复制、扩散和供应消费需求提供了可能性，又为其他竞争者“搭便车”提供了可能性。

第四，累积性和可学习性。无论是对于个体、组织还是整个人类，拥有的知识都是在其生命周期中累积的结果。更为重要的是，这些累积性的知识可以通过学习为其他个体和组织所掌握。这种学习过程主要指的就是人们对于经验知识的学习与积累的过程。从接收者角度看，学习是获得已有知识的一条重要途径，它是复制和传播知识的方式之一。在大多数情况下，积极的学习比独立的研究与开发更加经济和快捷。

第五，知识的不确定。Bertrand Russell(1948，1983)曾指出：“所有人类知识都是不确定的、不准确的和局部的”。实际上，知识的不确定性反映了人类的有限理性(Simon，1989；Cooke 等，2004)，即知识是在给定条件和约束限度内的认知产物和成果，每一个认知成果的真理性都是相对的。同时，在知识生产中，不确定性还表现在人脑创新思维活动的随机性、随意性以及结果的不可控制和不可把握等方面。由于最先进知识是由不确定的知识创造者所创造的，他所创造知识的各方面因素那是偶然的，知识成果是这些不确定因素偶然巧合的结果。所以，他所能够创造出来的知识所达到的水平和知识结构也是极不确定的。重要的是，知识的不确定性带来了知识在投资、生产、分配、交换和消费各个环节的风险性和不确定性。

在现有的研究中，另一个基础性的工作是有关知识的分类。Dorothy Leonard-Barton 将组织知识分为雇员知识和技能、物理技术系统、管理系统、价值观和规范四个相互依存的部分；James Brian Quinn 等将知识按重要性大小分为知识的认知(Know What)、先进技能(Know How)、系统的理解(Know Why)、自我激励的创造(Care of Why)四个层次。OECD 则将知识分为知是(Know-What)、知奥(Know-Why)、诀窍(Know-How)、知谁(Know-Who)四种。

对于组织的知识管理来说，更为重要的分类是 Ikujiro Nonaka(1994，2009)提出的。Nonaka 认为存在两种不同类型的知识：隐性知识(Tacit Knowledge)和显性知识(Explicit Knowledge)。隐性知识是高度个人化的知识，有其自身的特殊含义，因此很难规范化，也不易传递给他人，也就是我们常说的“只可意会不能言传”。

隐性知识是一种主观的、基于长期经验积累的知识，它不能用几个词、几句话、几组数据或公式来表达，它的内容都有十分特殊的含义。隐性知识包括信仰、隐喻、直觉、思维模式和所谓的“诀窍”(如手工匠掌握的特殊技艺)。而另一种类型的知识叫显性知识或可文本化的知识(Codified Knowledge)，与隐性知识不同，这类知识可以用规范化和系统化的语言进行传播。据统计，隐性知识约占知识总量的 90%，而显性知识所占比例不足 10%；隐性知识比显性知识更完善、更能创造价值，对隐性知识的把握和利用能力是个人和组织创新的关键。但是隐性知识与显性知识的划分是相对的，两种知识之间可以相互转化。需要明确的是，在后面的分析中，笔者基本上采用 Nonaka 的分类方法。

5.1.2　虚拟 R&D 组织中的知识资源网络

大致来说，虚拟 R&D 组织中的资源可以分为四类，即物质资源、人力资源、组织资源和知识资源。物质资源指企业的土地、厂房、设备、机器、原材料等以物质形式出现的可以看得见的资源。人力资源指员工、经验、培训、关系等与人有关的资源。组织资源指正式的结构，包括正式与非正式的计划、控制、协调系统、组织与外部环境之间的非正式关系等与组织有关的资源。在这三类组织资源中，物质资源构成了组织的硬环境，属于可以通过花时间和成本获得的固定资源，这类资源可以通过市场进行交换。对于任何一家企业，只要拥有或筹措足够的资金，就能够拥有所需要的物质资源，因此这类资源不是构成企业竞争优势的关键性资源。人力和组织资源构成了组织的软环境，许多东西是不能通过肉眼看到的，但却是真正体现组织竞争优势的资源，如组织的文化、信誉、品牌和经验等。

知识资源是一种特殊的组织资源，是进入经济运行系统的人类知识。它可以促进物质生产从而产生市场价值，这类资源通常包括三个方面：组织创造和拥有的无形资产(企业文化、品牌、信誉、渠道等市场方面的无形资产；专利、版权、技术、商业秘密等知识产权；技术流程、管理流程、管理模式与方法、信息网络等组织管理资产)、信息资源(通过信息网络可以收集到的与组织经营有关的各种信息)、智力性资源(存在于企业人力资源中的各种知识和创造性地运用知识的能力)。

虚拟 R&D 组织中的知识资源呈现以下几个特点：第一，网络成员的知识资源具有不同的组织特性。不同的组织拥有不同特质的知识资源，不同组织的知识资源形成各自独有的文化氛围，表现出不同的组织个性和特征。第二，组织的知识资源涉及很多方面，很难被简单复制。组织的知识资源经常是其所特有的，展现组织个性，存活于特定的组织生态之中，往往还与一定的人力资源状态相伴。因此特定组织的知识资源是以整体形式存在的，进入市场进行交换的可能性比较小，例如存在于组织内部的隐性知识以及企业的信誉、经营方式和习惯、员工的素质等。第三，知识资源具有动态的整合性和成长性。在虚拟 R&D 网络中，各具特质的知识资源倾向于整合为具有互补性的知识系统；同时，知识资源还可以在组织成长的同时不断地进行再生产，并与原有的知识资源重新组合，增殖出新的资源。第四，知识资源不像其他资源那样等着被开发利用，它会能动地刺激组织扩张，去发现和利用那些未知的、未被利用的资源，因此知识资源具有一定的动力特征，经过与物质资本结合，知识资源可以转化为物质资源，人们也可以拥有知识资源的财产权。从这一点看，知识资源仍具有资本的属性，可以作为资本投资进入生产环节。

虚拟 R&D 组织知识管理的核心是知识的创造和传播。组织的知识资源主要包括两类，即隐性知识和显性知识。实际上，已经有很多关于这两类知识的讨论，然而它们在研发活动的特点上并没有深入具体的分析。与其他组织中的知识类型相似，显性知识易于用正规的方法去表达、描述和制成文本，它常常可用语言表达、打印或制成图表，可以编码并加以传递，并可以形成有形形式(如原型和产品)。而隐性知识则是隐藏在有形形式之下的、由直觉的成分组成的、不易表达清楚的知识，包括经验和社会知识等。值得强调的是，能够用语言和数字来传递的知识只占 R&D 组织知识的一小部分(见图 5.1)，进行研发活动所要求的许多知识是不可直接得到的，工程师们经常用非语言的和不可表达的概念来进行思考，同时隐性知识有着丰富的含义，往往只有在特定的环境下才能解释清楚，它具有明显的情景性和整体性，因此 Nonaka 等人曾指出：“缄默(隐性)知识的结构更像一部歌剧或文学巨著而不像一幢房屋或一个计算机程序。这也就是为什么故事、神话、名人、仪式对传递缄默知识是如此重要的原因。”正是这些难以驾驭又极难传递的隐性知识，它们总是不可分离地与过程和人联结在一起，代表着研发项目计划成员的技能和能力的核心要素。

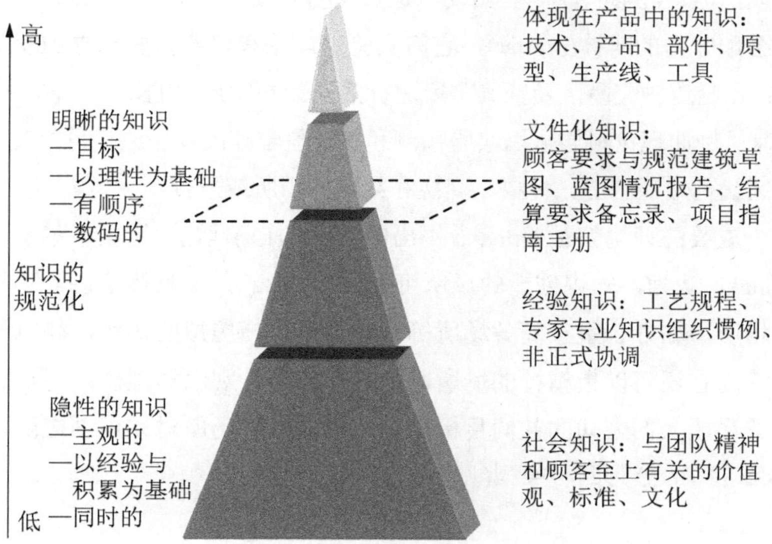

图 5.1　知识金字塔

毫无疑问，对于知识管理来说，一个重要的问题是不同知识之间的转化。Nanok 提出了著名的螺旋模型(SECI)来解释隐性知识和显性知识的转化。R&D 组织中知识转化的四种类型，即社会化、外部化、组合和内部化。社会化是经验在组织成员之间的共享，这样可以产生丰富的隐性知识。外部化是用明晰的概念、图表或结构图等将隐性知识形式化，例如将技术专家的实践经验和知识加以说明或编码。组合是将各种概念系统化为一个知识体系的过程，例如研发领域中的 CAD 或专家系统。内部化则是在边做边学的过程中将显性知识内部化，这可以“激活”规范化或形式化的知识，使之成为组织文化的一部分。

与传统的层级型组织相比，对于网络型组织尤其是由多个分立组织构成的虚拟 R&D 组织来说，一个关键性的问题是，这些知识资源是在怎样的场所中被创造出来，并在整个网络中进行传播和共享的。有两个理论对此具有重要的启发意义。第一个是交易区(trading zone)理论。美国哈佛大学科学史教授彼特·盖里森(Peter L. Galison，1997)从整个科学共同体的活动网络出发，认为实验室中不同科学家之间的协作实际上就是不同亚文化之间的协调，而这些科学家又独立地嵌入在更为广阔的背景中，并在这些不同亚文化的连接处进行局部性协调。例如在物理学中，仪器、实验和理论这三种亚文化处于广阔的物理学文化背景中，虽然三者在很多其他方面都存在分歧，但却能够共享一些活动、进行交易。彼特·盖里森认为，“交易区”是一种社会和智力的研钵(mortar)，它将实验、理论和仪器这些独立的亚文化黏合在一起的。正是这种交易区及在其中所进行的受到高度约束的谈判，将不同亚文化黏合了起来。例如理论科学家以实验预测和实验科学家的实验结果进行交易。实际上，交易区就是知识创造、传播、交换和共享的场所或平台。

另一个重要的理论就是 Nonaka 提出的“巴”(Ba)理论，这是针对单一组织而言的。Nonaka 认为，知识创造的场所可以称作“Ba”。更具体地讲，它不仅可以指物理的场所，如办公室、商务场所等；它也可以指虚拟的场所，如电子邮件、电话会议等；它还可以指精神的场所，如共享经历、观念和理想；甚至它可以指某种人际关系或人们之间的共同目标等。共享的精神场所对知识创造而言至关重要。Nonaka 将 Ba 分为四种类型(见图 5.2)。

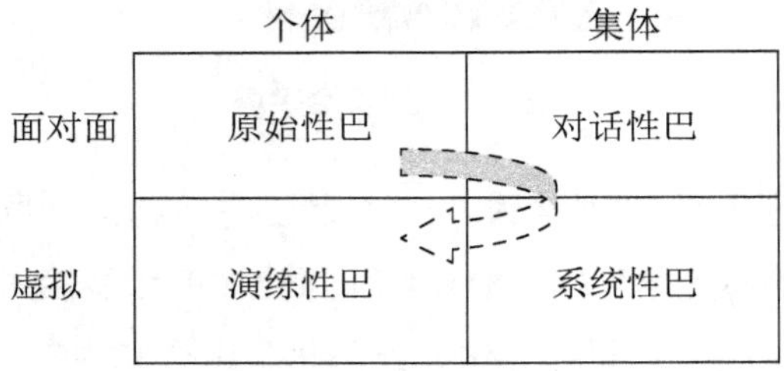

图 5.2　巴的四种类型

(1) 原始性巴。适用于组织中个体之间面对面的相互交流。在这个场所里，组织中个体之间共享经历、感受、情感和思维方式，不断地会出现关心、爱护、信任和承诺，而这些正是形成知识转化的基础。它主要为组织知识的潜移默化提供场所。

(2) 对话性巴。适用于组织集体之间面对面的相互交流。在那里，个人的思维方式和技能诀窍被大家所共享，并转化成共同语言和一些明示化的概念。因此它主要为组织知识的外部明示提供场所。

(3) 系统性巴。适用于组织集体之间的虚拟交流。它主要为组织内部现有显性知识的汇总组合提供场所。信息技术的发展，如联机网络、计算机组件、文件管理及数据库等技术更是为建立知识创造的系统场所提供了虚拟的协作环境，使得组织知识和信息的收集和传播变得更为快捷和高效。

(4) 演练性巴。适用于组织个体之间的虚拟交流。它主要为组织知识的内部升华提供场所。在那里，通过虚拟媒介的相互交流，如仿真程序，组织个体将显性知识形象化地表达出来。

总之，无论关于整个科学共同体网络的交易区理论，还是针对单一组织的 Ba 理论，都强调知识产品的生产、传播和共享需要具备足够的平台机制。对于虚拟 R&D 网络来说，良好的 ICT 技术平台是其明显的优势，它比任何传统组织都更能有效地保证知识尤其是显性知识的创造和传播；但是单一平台是不够的，需要多层次的复合平台机制，尤其是不能忽视为隐性知识的转化提供包括面对面方式在内的平台机制。

5.2　组织传播在虚拟 R&D 组织中的功能分析和机制分析

5.2.1　组织传播的功能分析

从知识管理的角度来看，虚拟 R&D 组织的现实性依赖于完整系统的知识网络的建立，而对于相对分离的各个组织成员而言，整套知识网络形成的必要前提是功能良好的信息和知识传播机制。知识网络不要求完整的组织架构，但要求完整的基于 ICT 的传播体系，否则虚拟 R&D 组织将无法有效运行。因此，关于虚拟 R&D 组织的传播机制研究是十分重要的。

从组织传播的角度来看，由于组织成员的多样化、组织结构的离散性和组织文化的多元化使虚拟 R&D 组织具有了更为复杂的信息传播与交换机制，同时组织传播也有更为深刻的影响力，甚至可以说没有有限的组织传播，任何虚拟 R&D 组织都不能成功运行。

一般来说，传播是组织产生的前提，而组织传播是组织赖以生存和发展的必要条件。因此，没有传播就没有虚拟 R&D 组织的产生，没有信息和知识的沟通与传播的组织不可能存在；无论是组织成员的组成、目标的确定，还是组织章程的制定、领导体系的形成乃至物质基础的建立，都离不开人们的信息交流，或者说都是人们交换信息的结果。在虚拟 R&D 组织中，如果没有沟通，员工就无法了解同事的工作进度，管理者就无法输入信息，主管和团队领导者们就无法发出指令；没有沟通，成员组织之间就无法进行交换重要的信息，无法弥合相互之间在战略、目标和运作上的差异，共同的 R&D 活动的目标就无法形成或维持，协作就不可能，组织就会因此而解体。

美国学者艾森伯格(Eric M . Eisenberg)和古多尔(H. L. Goodall，Jr.)曾经从四个方面来分析研究组织传播的方法，即传播作为(1)信息传递，(2)相互影响，(3)战略控制，(4)创造性和约束的平衡。实际上，这些方法正反映了组织传播在各类组织形态包括虚拟 R&D 组织中的基本作用。

首先，从信息传递的角度来分析，传播就是信息的交换和意义的传递，它类似于一个信息运动的管道，信息从一个组织或个人传递到另一个组织或个人，当一个组织或个人能够将它的知识和信息有效地传递给其他组织或个人时，就意味着良好的传播效果；而当没有信息被传播，或者被传播的信息不是传送者想要传送的信息的时候，信息传播就意味着失败。典型的传播问题包括信息超载、歪曲和模糊。当信息接受者被传送来的信息所淹没的时候，就会发生信息超载，其中要处理的信息量、信息出现的速率、信息的复杂性是导致信息超载的主要因素。歪曲是指信息处理中噪音的影响，它可能是语义方面的、物理的或知识背景方面的。另外，当一个信息的多种解释掩盖了传送者想要传达的意义时，模糊性就会产生，抽象的语言和不同的含蓄是模糊性通常的原因。

第二，从信息反馈的角度看，传播还会在组织间和个人间产生相互的影响。在现实的 R&D 活动中，所有的个人和组织既是在传递(编码)信息，同时又在接收(解码)信息；每个人或组织都在共享编码和解码过程，每个人或组织都在影响其他人或组织。当 R&D 网络的不同成员之间存在良性的互动关系时，它们之间就能较好地协调相互差异的组织目标和行为。而对于人际关系的相互影响来说，除了语言沟通外，非语言的反馈也会起到重要作用，因为一个人不必只有说话才能传播，非语言信息可以通过一个人的沉默、面部表情、身体姿势和手势来传递。

第三，组织沟通还是控制组织及其环境的一个工具。实际上，组织传播就是管理的一种形式。在虚拟 R&D 组织中，存在具有不同组织结构和管理模式的成员，它们的组织行为和演化往往有很大的离散性，难以协调和控制，而良好的沟通或传播机制可以作为强有力的协调和控制手段来解决这些冲突。

第四，良好的组织传播可以保持创造性和约束的平衡。显然，组织与员工、组织与其组织成员之间总是存在目标和行为上的冲突，完全消除这种冲突是不可能的，要维续组织的发展和战略利益，关键在于在这些具有不同利益追求的要素之间保持一种积极的平衡和张力；而要实现这一目标，重要的是拥有良好的组织沟通和传播机制。一方面，员工通过传播自己的理念和价值观来创造和塑造组织；另一方面，组织也会对员工及其传播进行约束，以维护组织的系统运行和整体利益。对于虚拟 R&D 组织这一战略性的技术联盟来说，更为重要的是通过有限的组织传播来协调成员组织之间的 R&D 活动。

5.2.2　虚拟 R&D 组织沟通机制的初步分析

近二十年来，随着经济全球化和信息技术的迅速发展，跨地区、跨国的研究开发大量增加，企业尤其是跨国公司的研发资源的空间离散度也在不断加大，这种 R&D 组织的分散化在一定程度上影响了企业的整体研发能力，有效地利用分散的研发资源已成为这些企业迫切需要解决的问题。

从传播学来看，虚拟 R&D 组织类似于复杂的信息处理系统，能够成功管理 R&D 项目的组织架构就是能够将信息处理能力与信息处理要求结合起来的信息网络。因此，在虚拟 R&D 组织中进行有效沟通需要具备五个重要条件。

(1) 沟通网络的透明度。如果网络不够透明，网络中的成员在确定信息源或信息流向时就有问题。

(2) 知识编码化。第一，组织中不同的单位和职能部门会形成自身特有的“语言”和亚文化。第二，各国在语言、文化以及环境方面的差异使得编码更加困难。

(3) 知识可信度。在地理位置极度分散下的沟通，许多重要的社会或情景信息可能会丢失或扭曲，这对于各职能部门间的沟通造成了极大的消极影响，降低了信息的可信度。

(4) 沟通成本。无论是直接沟通还是通过现代通信技术沟通，都需要一定的时间成本和财务成本。

(5) 保密性。当创新活动集中在一个地方进行时，保密性才最好。虚拟 R&D 增大了泄密的可能性，而保密又会在一定程度上妨碍沟通。

此外，要达到有效的沟通，虚拟 R&D 组织还得发展企业层面的能力和团队层面的能力。企业层面的能力包括(1)形成非正式网络，以解决自主权和控制权的矛盾；(2)创造跨职能部门的协调氛围；(3)提高沟通的基础设施水平；(4)建立一致的长期目标。团队层面的能力包括：(1)建立核心团队，其职责就是管理并协调跨职能项目；(2)正确选用团队领导者，可以使得地域分散的沟通更加容易，更好地处理跨职能和跨学科的知识，降低沟通成本，增加信息保密程度、网络透明度和知识可信度；(3)非正式的工作环境和一定程度的自主对于产品开发是很重要的，但整个项目的功能、职责以及关键点必须明确指出；(4)尽早地将各个职能部门纳入项目开发中，这对于新思想移入成功的商业化过程非常关键。

值得注意的是，信息技术已经成为虚拟 R&D 组织的有力推动因素。借助现代电子通信技术能够“缩短”地理距离，通过高效率的技术平台将分散的虚拟 R&D 活动整合起来，使得各 R&D 分支机构之间，分支机构和总部之间形成一个紧密联系的网络。但对于知识管理而言，信息技术只是一种必要的手段，其本身并不足以消除地域差异和时间差异，更无法迎接文化差异的挑战。蕴含在 R&D 流程中的知识和由项目团队成员掌握的经验比成文的、显性的知识更为重要，而隐性知识几乎只能靠面对面的方式来交流。因此，需要在面对面沟通和应用信息技术之间找到一个平衡点。

从虚拟 R&D 组织的具体形式来看，不同组织架构的虚拟 R&D 组织具有不同特征的组织传播机制。在单主体虚拟 R&D 组织中，分散并行模式往往会使得成员间缺乏充分的交流和理解，不同团队的工作也可能缺乏协调，从而在特殊的情况下会影响公司整体目标的实现，因此在有些情况下，可以对这种模式进行一定的调整，例如可以设立一个固定的职位来协调各个成员分散的研发活动，改善成员间的沟通和知识转移；或者通过共同参与制定公司 R&D 战略规划来协调各个科研团队的研发活动。而集中团队模式则具有一些独特的优势。团队成员集中于一地，有利于知识的沟通和交流，尤其是隐性知识的共享和扩散，而知识的共享和交流也有利于技术上的创造和激进式创新的产生。团队成员之间的频繁联系沟通可以创造出共同的组织文化，增强组织的凝聚力和团队精神。高水平专家的高度集聚可以大大提高研究开发的效率，缩短时间周期，把握市场机遇。

对于多主体虚拟 R&D 网络组织来说，组织传播的机制是极其复杂而又难以把握的。多主体虚拟 R&D 网络组织是多个研发组织或企业以计算机网络和通信技术为联结手段、以市场目标和关系契约为基础而形成的 R&D 网络组织。这种组织形式是一种动态的临时性联盟，其中的成员是相互独立的经济实体，它们具有互补性的资源和核心能力。具体来说，这种多主体虚拟 R&D 网络组织首先是一种无确定边界的动态性网络组织，它一般没有地理上的边界，拥有不同核心能力的企业以某种方式形成一个网络，并利用电子邮件、共享数据库、远程登录、视频会议等信息技术手段来进行信息和知识的交流和共享；它的组织结构可以根据需要进行动态调整，外部企业可以通过招投标或协商加入联盟，也可以自由退出。其次，网络成员除了靠计算机网络和信息技术来维系相互联系外，更重要的维系手段是依靠合同、协议等法律文件，因为只有通过这些文件才能使得各个成员明确自己所承担的风险和可能获得的收益，才能使得无边界的网络组织在行为上是有边界的。正像在计算机网络中上网用户需要遵守网络协议一样，R&D 网络组织也需要有一套“上网”企业必须遵守的共同协议，以便在网络成员企业之间建立起相互信任的关系。再次，这种虚拟组织是旨在资源优化、市场成功的制度选择。面对快速变化的市场需求，任何单个企业在其研发资源和能力上都有局限性，只有多个企业采取联盟方式整合各自的资源优势和核心能力，才能迅速形成强大的研发优势和竞争能力，达到预期的目标。最后，多主体虚拟 R&D 网络组织的产生和维持的重要基础之一是组织成员之间的相互信任和互利合作。在这样一个松散的自由联合体中，应努力减少不同企业文化间的摩擦与冲突，推动不同价值观的共存和融合，以形成一体化的利益共生体。

在实践领域，这种网络组织的信息传播可以通过多种手段来加以改善。例如网络中成员组织之间可以交换技术人员，这些新员工不仅能带来新的技术技能，还会带来他们对组织的不同认识，改善成员之间的理解，从而促进组织目标的实现，成员组织间还可以通过兼并、收购和合资等措施来优化传播机制。当然，网络组织间的传播难以驾驭的，例如来自于某个组织的科研人员往往不愿意与其他组织的科研人员分享知识和信息，因此虚拟 R&D 网络组织实际上是有一定风险的，因为他们之间要很高的信任、对自主权的放弃，以及对互不相同的组织文化的容忍。

5.3 虚拟 R&D 网络中的知识溢出与知识产权治理

5.3.1 知识溢出的基本分析

知识的溢出性源于知识本身的可共享性、非排他性、流动性和扩散性。从社会福利的角度看，大量的、加速的知识溢出推动了整个社会的发展和进步。而从知识拥有者的角度来看，尤其对于经由大量投入才获得的创新知识所有者而言，知识外溢带来的却是知识资产流失、投入难以回收、竞争优势丧失等市场风险。Mansfield 进行的一项调查表明，40%的专利和技术秘密创新在四年之内全部被模仿了。

对知识尤其技术溢出的研究，可追溯到 20 世纪 40 年代初。1942 年 Arrow 就指出，发明与创新或更一般的知识与信息具有公共产品的一些特征；由于黏性知识固有的非对抗性，为特定应用目的而开发的知识很容易溢出并用于其他不同的用途；当新技术的秘诀成为公共商品而不为创新企业独占时，溢出效果就会出现。在以后的研究过程中，人们对 FDI 与技术溢出、技术扩散对当地企业的影响、技术扩散的测定等诸多问题进行了深入的研究。进入 20 世纪 90 年代以后，关于知识溢出尤其是技术外溢的研究，主要表现在以下方面：(1)以溢出为前提的厂商理论，主要以科利巴诺夫(Klibanoff)、莫德克(Morduch)等人为代表研究了厂商间的技术扩散问题。(2)博弈论中的溢出分析，主要以卡珀(Kapur)和齐斯(Ziss)等人为代表。如其卡珀(1995)、吴晓颖(2008)等通过构建博弈模型，考察信息不确定下溢出对厂商学习行为的影响及其约束机制等等。(3)溢出效应和“边干边学”理论，主要以帕伦特(Parente)、科洛姆波(Colombo)和莫斯考尼(Mosconi)等人为代表。帕伦特(1994)、科斯塔等(2004)研究了技术扩散、边干边学和经济增长之间的关系。(4)组织技术的溢出分析，主要以麦肯德里克(Mckendrick)、巴思扎克彻(Buzzacchi)、科洛姆波和马里欧蒂(Mariotti)等人为代表。以银行组织技术、工业企业(夏业良等，2010)以及高技术产业(黄烨菁，2006)等的研究为重点。

特别值得关注的是关于战略联盟中知识溢出研究，其主要代表人物是格戈勒(Gugler)、哈格顿(Hagedoorn)、戴思特斯(Duysters)、涅托(Nieto)和埃米尔(Amir)

等。格戈勒和邓宁(1993)发现：策略联盟是创造、维持和提高厂商技术优势及其创新活动区位配置的互补性组织形式；策略联盟的国际技术溢出随着产业的不同而不同；R&D 联合企业只是有关技术创造、扩散组织内和组织间复杂网络的一部分；策略联盟分析可以融入以增殖活动国际化为研究对象的主流经济学和有关的厂商理论。哈格顿(1995)考察了 80 年代非核心技术的策略合作，揭示了厂商间策略技术联盟的基本趋势。戴思特斯和哈格顿(1994)在分析厂商 R&D 活动、创新产出和策略技术合作的国际化趋势时发现，即使是信息这样的全球性产业，创新的国际化程度仍然不高。涅托和克维多(2005)研究认为知识溢出对联盟企业的创新努力具有重要影响，其中企业的创新努力用 R&D 投入占销售额比重来衡量。弗斯弗瑞等(2001)的模型表明，如果某种技术能够提升整个产业的整体利润，同时能够得到广泛的应用，那么就很容易产生技术溢出；埃米尔(2003)等人认为合理的知识溢出会鼓励成员企业开展合作研发，而有效的合作研发反过来又会导致更高水平的研发投资(Rene Belderbos and Martin Carree，2004)。弗瑞弛和弗兰克(2004)用专利数据代表创新产出，通过实证方法证明了知识溢出能够迅速提高联盟企业的创新产出。

从这些研究可以看出，知识溢出及其效应分析是十分复杂的现象，涉及不同的研究层次和角度。但对于虚拟 R&D 组织来说，知识溢出主要源于其网络型的组织结构和成员间的合作关系。实际上，这样的知识网络可以分解为正式网络和非正式网络两个部分，而由此产生的正式或非正式互动关系的存在，使得网络内部各个成员的研究开发活动必然产生了知识溢出效应。其中非正式网络对于知识创新具有特别重要的作用，它会导致隐性知识的传播和共享。正是这种知识溢出效应的存在，才进一步强化了虚拟组织中有形或无形的创新网络的联结，促使网络成员之间更为密切的互动，进而有利于组织整体知识创新水平的提升。

在虚拟 R&D 组织中，知识溢出可以表现为水平式溢出和垂直式溢出两种形式。垂直式知识溢出是指在不同性质的企业和研究机构之间流动，这往往反映处于某一 R&D 项目流程中的前后环节上的不同组织成员间的知识溢出；而水平式知识溢出在同类性质的企业或研究机构之间进行，这些组织成员往往从事的研发任务是并行的，没有先后顺序的要求。从知识溢出的产生原因看，网络中知识溢出主要有三个来源：第一是信息和知识共享系统。在虚拟网络中，一般都会建立共享性的信息系统，合格的组织成员都可以自由地获得其他成员的某些技术资源。第二是人力资源的流动和合作。网络中的研发活动是各个成员组织间的合作行为，来自不同组织的研发人员通过不同的形式展开合作研发，这种面对面式的个体交流自然会促进隐性知识为其他成员所吸收。第三是组织间的学习和模仿。在虚拟 R&D 组织环境中，成员间的相互观察和了解比在市场环境中更为容易，即使没有相互间的正式或非正式合作或沟通，每一组织成员也会积极地去模仿和领悟其他成员的技术秘诀。因此，知识溢出是虚拟 R&D 组织中必然会发生的现象，也是各个组织成员所最为关注的问题，或者从中获益，或者从中受损，或者形成共生共赢。知识治理可以说是虚拟 R&D 组织治理的最大挑战。

5.3.2 R&D 溢出效应的模型分析

对于虚拟 R&D 网络来说，R&D 知识的溢出对于网络中各个成员间的有效合作和创新效率至关重要。因此，对于这一问题的深入分析也是十分重要的。

目前，关于 R&D 知识溢出的模型研究已经有了一定的进展，其中 D'Aspremont and Jacquemin(1988)的研究(简称为 AJ 模型)是研究基于知识溢出(以下简称为溢出)的企业间合作的经典文献。它把存在外生溢出的双寡头间的合作分为两个阶段：首先由两个寡头决定 R&D 水平大小，然后在产品市场进行 Cournot 竞争。很多学者在 AJ 模型的基础上进行了拓展；近年来中国的一些研究者也据此进行了探索(艾凤义等，2004；祁红梅，2004；吴志军等，2011；周贵川等，2014)。这里，我们以此模型为基础来说明虚拟 R&D 网络组织中合作研发行为的一些重要特征。

假设在某一市场中，有两个生产同质产品的企业，反需求函数为 $p=a-bQ$，其中 p 为产品价格，$a>0$ 为需求曲线的参数，总产量 $Q=q_1+q_2$，q_i 为企业 i 的产量($i=1$，2)。假定两个企业最初具有相同的单位成本 c，且满足 $a>c>0$。企业可以通过 R&D 来降低产品成本。

假设 R&D 外部性和溢出效应的存在，每个企业 R&D 投入除了降低本企业产品成本外，还将使其他企业的单位产品成本降低。故可设企业 i 的单位产品成本 c_i 为：

$c_i=c-(x_i+\lambda x_j)$，其中 $i\neq j$，$i=1$，2；$0<\lambda<1$，λ 为溢出系数。

也就是说，企业 i 的有效成本实际降低：

$$X_i = x_i + \lambda x_j \tag{1}$$

因此，产品成本是两企业 R&D 投资水平 $x_i(i=1, 2)$的函数，即每个企业的单位生产成本随着两企业的 R&D 水平的增加而下降，参数λ代表企业 j 的 R&D 水平对企业 i 的单位生产成本的影响，λx_j 即为企业 j 的 R&D 投入使企业 i 成本降低的幅度。一般设$\lambda > 0$，表示一个企业的成本缩减使另一企业单位成本降低的程度，即 R&D 有正的溢出效应，也就是每个企业的 R&D 活动都会降低两企业的成本。当专利制度的保护力度足够大，企业能完全隐藏技术秘密时，$\lambda = 0$。而当不存在专利保护制度，企业之间的技术知识能够完全共享时，$\lambda = 1$。显然知识产权制度对于知识溢出效应有着重要影响，这在后面将有具体讨论。

设 R&D 投入是收益递减的，它是 R&D 水平 x 的二次函数：

$$y_i = \gamma x_i^2/2(\gamma\text{为创新率，}\gamma > 0) \tag{2}$$

也就是说，随着研发规模的增大，单位投入成本也增加。从 R&D 的实际过程看，渐进式的工艺创新即是如此。

可以构建以下两阶段博弈：在第一阶段(R&D 阶段)，两企业同时选择各自的 R&D 投入水平 y(合作或不合作)，以降低产品成本；第二阶段(产出阶段)进行古诺产量博弈，即两企业在给定第一阶段 R&D 投入后，各自选择产量水平，使自己的利润最大化。设整个博弈过程是一个两阶段完全信息动态博弈，均衡结果是一个子博弈完美纳什均衡。

可以采取逆推归纳法求解。第一步，先求解第二阶段(产出阶段)纳什均衡。企业 i 的支付函数为第二阶段的利润减去第一阶段的 R&D 投入。

在第二阶段，无论其在第一阶段(R&D 阶段)是否合作，在这一时期两者在产品市场上进行古诺竞争，并将独立决定各自的产量水平。给定第一阶段的研发投入，由支付函数最大化的一阶条件，可解得第二阶段的古诺均衡产量是和均衡利润分别为：

$$q_i = \frac{a - c + (2-\lambda)x_i + (2\lambda - 1)x_j}{3} \tag{3}$$

均衡利润则为：

$$\pi_i = q_i^2 - \frac{\gamma}{2}x_i^2 = \frac{1}{9}[a - c + (2-\lambda)x_{\mathrm{i}} + (2\lambda-1)x_j]^2 - \frac{\gamma}{2}x_i^2 \quad (i=1,\ 2;\ i \neq j) \tag{4}$$

第二步是分析第一阶段，即 R&D 阶段。在这一阶段，两企业可以采取自主研发，也可以采取合作研发。首先是考虑竞争性 R&D，即企业不进行 R&D 合作，各企业同时选择各自的 R&D 投入水平，降低有效成本 x_i，在其他企业投入成本一定的情况下，使自己的利润最大化。用 π_i^n 表示竞争性 R&D 情况下厂商 i 的支付函数，厂商 i 将对自己的 x_i 进行决策，并使：

$$\pi_i^n = \max \pi_i = \max\left\{\frac{1}{9}[a-c+(2-\lambda)x_i+(2\lambda-1)x_j]^2-\frac{\gamma}{2}x_i^2\right\}$$

假定两厂商的支付函数是对称的，则可得出一个对称的纳什均衡结果：

$$x_1 = x_2 = x^n = \frac{(a-c)(2-\lambda)}{4.5\gamma-(2-\lambda)(1+\lambda)} \tag{5}$$

这里，x^n 是指两厂商不合作时 R&D 投入的纳什均衡解。将 x^n 分别代入(1)、(2)、(3)、(4)式得到：

$$x^N = \frac{a-c}{\dfrac{4.5\gamma}{(2-\lambda)(1+\lambda)}-1}$$

$$y^N = \frac{\gamma}{2}(x^n)^2$$

$$q^N = \frac{1.5\gamma(a-c)}{4.5\gamma-(2-\lambda)(1+\lambda)}$$

$$\pi^N = \frac{\gamma}{2}(a-c)^2\frac{4.5\gamma-(2-\lambda)^2}{4.5\gamma-(2-\lambda)(1+\lambda)}$$

其中 x、y、q、π 分别表示竞争性 R&D 企业的均衡有效成本降低、均衡研发投资、均衡产量和均衡利润。

其次是考虑合作 R&D，即在 R&D 阶段，企业间共同参与 R&D 项目的投入决策，协调投入成本，共同决定 R&D 水平，以实现共同利润的最大化。并且它们知道，将在第二阶段进行产量竞争。所以，两企业将共同决定 x_1, x_2，以使 $\max(\pi_1+\pi_2)$。在生产阶段(即第二阶段)，企业进行古诺产量竞争，使自己利润最大化，这时 $\lambda=1$，故企业 i 的支付函数为：

$$\pi_i^c = \frac{1}{9}(a-c+x_i+x_j)^2-\frac{\gamma}{2}x_i^2 \qquad (i=1,\ 2;\ i\neq j)$$

此时子博弈完美纳什均衡由下式决定：

$$\max\sum\pi_i^c \qquad (i=1,\ 2)$$

求解上式一阶条件，可得到合作 R&D 情形下两企业的均衡结果为：

$$x^c = \frac{a-c}{1.125\gamma - 1}, \quad y^c = \frac{1}{2}\left(\frac{a-c}{2.25\gamma - 2}\right)^2$$

$$q^c = \frac{1.5\gamma(a-c)}{4.5\gamma - 4} \qquad \pi = \frac{\gamma(a-c)^2}{9\gamma - 8}$$

其中，x、y、q、π 分别表示两寡头垄断企业合作 R&D 的均衡有效成本降低、均衡研发投资、均衡产量和均衡利润。

比较两种情况下的均衡结果可以知道：

均衡有效成本降低比较：$xn < xc$；均衡 R&D 投资比较：$yc > yN$；

均衡产量比较：$qc > qN$；均衡利润比较：$\pi c \geqslant \pi N$；

可见，企业合作 R&D 条件下的 R&D 投入水平大于不合作条件下的 R&D 投入水平，且合作条件下的产量水平大于不合作条件下的产量水平，从而，企业合作进行 R&D 能够提高双方的利润水平。因此在合作性 R&D 网络组织中，由于合作 R&D 能够提高企业的均衡利润，因此存在足够的激励使企业愿意进行合作 R&D。实际上，当技术溢出效应达到一定的程度时，合作 R&D 更有利于实现社会福利最大化；技术溢出越大，合作 R&D 对企业越有利，企业就会进行更多的 R&D 投资，生产更多的产品。

5.3.3　基于溢出效应的知识产权治理

之所以虚拟 R&D 这种组织形式日益增多，不仅在于某一市场目标的实现，还在于通过组建虚拟 R&D 组织可以促进成员组织研发能力的提高和组织成长，而这一目的的实现在很大程度上依赖于虚拟网络结构中更为有效的知识传播、共享、创新和学习。然而，已有知识的外溢和研发成果的利益分配使得虚拟 R&D 组织的运行面临着巨大的挑战。要解决这一问题，一个基本的制度问题就是知识产权。

1. 虚拟 R&D 组织中知识产权问题的产生和复杂性

如前所述，虚拟 R&D 组织是一个动态的研发网络，在同一时间里可能是多个虚拟组织的成员，它们的合作内容又涉及各成员组织的知识产权，因此虚拟网络中的知识产权问题必然是相当复杂的。在这里，首先要明确的是：这里所讨论的知识产权并不会涉及所有的内容，而是主要讨论专利权和商业秘密中的技术秘密权。

下面我们来具体分析虚拟 R&D 组织中知识产权的复杂性。第一，虚拟网络中的各个成员组织为达到合作目标，都需要贡献各自的核心优势，其中主要包括相当数量的专利技术和技术秘密。如此密集的知识产权在资源共享的工作环境下，成员组织间的利益纠纷和冲突极易发生。第二，由于虚拟 R&D 组织属于临时性的战略联盟，其成员组织和研发人员的流动性较大，同一虚拟组织中可能包括多个虚拟组织的成员，而一个虚拟研发组织也可能不断更换其参与成员。因此高密集的知识产权和高流动的组织成员相结合，必然会导致知识产权治理难度的大大增长。第三，虚拟研究开发本身就存在着知识产权的安全和保密问题、各成员的协调问题、合作成果的归属问题等种种难题。第四，各个组织成员投入到共享资源中的知识产权的数量和质量，对它们在虚拟 R&D 组织中的地位有直接的影响，进而关系到其对研究开发成果的权利。

基于以上分析，对于虚拟 R&D 组织来说，一方面要求成员组织应该全力奉献彼此的独特 R&D 优势以实现合作研发的目标；但另一方面，各成员组织又要防止机会主义行为，保护自己的知识产权和核心技术。因此，虚拟 R&D 组织的成员似乎在知识产权治理问题上处于两难困境之中。这是虚拟 R&D 组织知识治理中的核心问题。

2. 知识产权治理的初步分析

就虚拟 R&D 组织中知识产权的治理而言，主要存在两个方面的问题：一是作为私有产权的知识资源的合理占有和有效使用；二是创造知识的人力资本的激励。

首先是关于知识产权本身的分析。无论是成员组织带入虚拟网络的知识产权还是在虚拟研发过程中创造出来的知识产权，根据对知识产权的保护和研究开发成果的权利分配，可以将知识产权分成两类：一类是受国家知识产权法明确保护、可以公开的技术，如专利；另一类是具有实用性、保密性和新颖性的技术，如商业秘密中的技术秘密。对前者的确认，主要是通过特定知识产权管理机构认证其是否真实，法律授予权利的时间和地域范围如何等内容；对后者的确认，主要涉及对技术秘密是否真实存在的论证、对技术秘密价值的评估等。

从保护知识产权的角度来看，有四个方面的工作是十分关键的。

(1) 对投入知识产权的确认。在虚拟 R&D 组织中，可以分解执行的 R&D 任务一般不会引发知识产权的侵犯问题，因为成员组织各自独立进行研究，不需要与其他成员合作与交流。但是对于不可分解的 R&D 任务来说，它是由若干组织成员共同参与并通过信息、技术等资源共享来完成任务的，因此投入的知识产权必须事先得到确认。如果参与者投入的是专利类知识产权，则需要通过专利管理机构等特定机构认证专利权的权利主体、保护范围、专利权的地域范围和有效期限，以此来确定其他参与主体在什么范围、多大程度上在使用专利时受到该专利权的约束。如果参与者宣称自己投入的是技术秘密，则需要对该技术进行论证，审查该技术是否具备保密性、新颖性和实用性等技术秘密的构成要件。如果是，应明确该技术秘密的秘密等级、各参与主体的保密义务、技术秘密的使用方式等；否则只能视之为公有技术不受保护。在对上述知识产权进行确认的同时，还必须对其是否存在权利纠纷、知识产权项下的技术质量是否可靠等进行一般审查或验证，以减少后期研究开发的纠纷和不必要的障碍。

(2) 对投入知识产权价值的评估。除了对各方投入的知识产权予以核实以确定保护利用方式外，还要对其在合作研发中将要产生的作用和对最终成果的贡献进行具体的评估。这样，一方面使各知识产权资产价值得到了客观评定；另一方面为各方进行谈判、确定其贡献大小进而为未来的权利分享提供依据。

(3) 对新产生知识产权的确认。组建虚拟 R&D 组织就是为了进行知识创新，或发现新的科学规律，或发明新的产品或工艺。因此，对虚拟研发中新产生的知识产权的确认，最重要的问题就是要及时发现、评估研究开发成果的价值。为能及时发现和确认虚拟研发中新产生的知识产权，各参与成员应对合作进程有明确的安排，如定时对其承担的工作和完成的结果提交阶段报告；定期会晤或联络，商讨工作进展，预计未来工作；报告和会晤的主题应包含知识产权；重要的技术秘密应以详细的报告予以识别和说明；可申请专利的发明应尽早识别，防止不当泄露，影响专利的申请。

(4) 新知识产权的分配。这主要涉及知识产权的归属和知识产权使用权的安排两个问题。公平合理地安排研究开发成果的归属和使用并确定各方相关权利是虚拟 R&D 网络得以正常运作的重要保证，也是激发组织成员积极性的关键所在。尽管虚拟研究开发的各因素极其复杂，难以精确地反映成员组织对研究成果的贡献，但是研发成果的归属和使用规则、权利分享规则也应当遵循权利分享与贡献大小相一致的原则。为防止争议，必须事前在合作协议中对此进行约定。当然，根据虚拟研究开发组织的组成形式不同，可以有不同的规则，而这个规则可以是静态的，也可以是动态的。

第二个重要问题是对创造知识的人力资本的激励。显然，知识产权是属于一定的 R&D 团队或个人的，保护知识产权也是为了激励 R&D 团队或个人创造知识的积极性。因此，应通过对虚拟 R&D 网络组织中知识产权关系的合理配置，给予他们知识产权的部分剩余控制权和剩余索取权，从而激励 R&D 团队或个人创造知识资产的积极性。另外，R&D 组织是知识性群体，对其实行激励主要是激发对组织价值的认同感以及给予研发人员一定的创新自由。实际上，从操作层面上看，人力资本激励的对象包括研发人员、研发团队和研发部门经理，激励手段包括报酬激励(包括技术入股)、职位激励(提升、解雇)、培训、荣誉称号等。

5.4 虚拟 R&D 组织的知识管理模式分析

5.4.1 知识管理中的关键因素

一般而言，对于有效的虚拟 R&D 知识管理来说，有三个方面的因素是非常重要的，即信任和组织文化、网络组织结构和技术支持。

1. 信任和组织文化

如前所述，信任机制是虚拟 R&D 组织治理的核心，同样，对于知识管理来说，信任也是十分关键的。弗里曼(1991)认为，人际关系中的信任和信誉(有时是担心和强制)，文化因素中的语言、教育背景、意识理念、地域忠诚度和共同的兴趣爱好影响着缄默性知识的学习。虚拟 R&D 网络中技术与知识的创新是在高的市场和顾客不确定性的环境下，由多个成员组织共同参与的，需要成员组织隐性知识的共享和交流，才有可能在较短时间内实现技术与知识创新。隐性知识的交流与共享需要成员组织间的相互信任；同时也只有成员组织间的相互信任才能够实现市场风险的共担和利益共享，才能够以的低交易成本的实现组织之间的协调，从而实现虚拟网络与成员组织的利益目标。

或许，组织文化可以被看作为知识管理成功最重要的因素。对于虚拟 R&D 网络，不仅要鼓励创新，而且要形成知识的共享和传播的文化氛围，组织成员和技术人员愿意与其他组织和员工共享知识和经验。然而，知识共享文化与氛围的形成不是自然产生的，而是管理层推动的结果。为培育健康的有利于知识创造的文化，虚拟组织和成员组织的高层管理层需要予以高度的重视，在组织内部自上而下达成共识。管理层要因循利导，予以政策支持，积极倡导员工学习和鼓励知识共享，并为知识共享提供技术设施。同时，组织应将鼓励知识共享与组织学习制度化，将此作为评价员工业绩的一个重要内容。另外，虚拟网络的各成员组织文化与经营理念存在的差异往往阻碍了知识在成员组织间的共享与传播。因此，要通过加强成员组织间的相互交流，培育在经营理念上一致的组织文化，使各成员组织充分认识到合作与竞争、实现“多赢”的重要性。

2. 网络组织结构

组织结构对知识的创造、获取和扩散有着深刻影响。对于虚拟 R&D 组织，组织结构包括两个层次的含义，即成员组织层次和网络层次。

组成虚拟网络的成员组织往往呈现出多元化的结构形态，因此需要进行不同程度的组织重组，以适应虚拟网络的知识运行。Nonaka 认为超文本组织结构更为适应知识管理。所谓的超文本结构是指一种具有多重联接入式的分层结构，它允许公司持续有力地获得、积累、利用和创造新的知识。一个超文本组织包括三个层面：业务系统、项目团队和知识基础。其中最高层是项目团队，它由来自组织各个部分的成员构成，主要从事诸如新产品开发之类的知识创造活动；中间层是业务系统，它主要完成常规的日常运作，这一层面具有类似官僚结构的层级结构，适合于有效地处理常规性事务；在组织的底层是虚拟性的“以知识为基础”的层面，在上面两个层面创造的知识在这里进行分类和储存。与此相反的是，传统的等级性的 M 型结构则会导致分工和工作专业化，产生出“知识孤岛”。

在虚拟 R&D 组织网络层次上，主要的结构特征在于基于 ICT 的扁平化网络结构。这种结构要求打破传统等级式的组织设计，建立能适应知识生产和创造要求的柔性的、反应快捷的知识型组织结构，鼓励员工之间知识的交流与共享，使知识可以通过简化了的组织结构直接传输组织的各个层次。

在进行虚拟组织设计时，特别要注意组织要素之间的平衡，掌握灵活性的组织要素和正式的制度要素之间的平衡(见图 5.3)。在灵活性方面，个人直觉、在正式组织结构之外形成的人际网络、人们之间偶然的接触、针对标准规程所做的变通等，都构成知识产生和发展的源泉。在制度方面，工作是结构化的、受控制的，并且要接受度量的；知识明确写在程序、报告、备忘录和数据库中，通常是通过一些正式程序来有选择地共享。如果灵活性太大，创造性的 R&D 与组织目标之间缺乏紧密的连接，而且职责也不清楚，就会造成好的创新理念难以走向市场。另一方面，如果环境太制度化，可能会使开拓性和开放性的知识交流受到窒息，从而妨碍构想独特的研发产品和服务，以及不能迅速抓住新的机会。因此最好的选择是保持灵活性与制度之间恰当的平衡。这样，虚拟网络通过不断调整自由与控制之间的组合，既能获得创新和灵活性，又能取得运行效率，以便实现有效的知识管理和 R&D 项目运行。

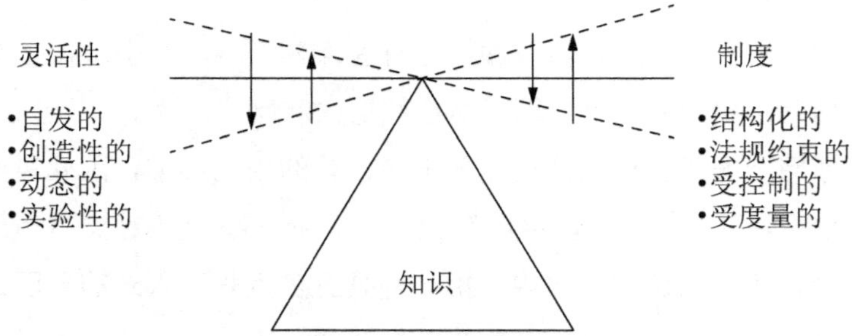

图 5.3　知识管理中的组织平衡

3. 技术支持

在有效的知识管理中，技术的作用和重要性是众所周知的，知识管理的各种功能最终还得依靠知识管理技术来实现。没有强大的知识管理技术支持，组织很难有效实施知识管理。首先是完善的基础信息网络设施。基础网络设施包括利用现有的网络通信资源建设先进的组织内部和组织之间内联网，以及虚拟网络和外部间的信息网络。其次是必要的知识管理软件，如开放的交互操作式计算平台、用于生成知识的分析工具、对象数据库、文件管理系统管理等。这些技术支持使得信息的收集和传播得以可能，不被地理因素和组织边界所限制。这种新的能力意味着组织能够减少重复发现的风险，并确保知识的最大效用。例如在管理咨询中，开始着手一个项目的项目团队能够依靠以前相似计划的公司数据库，很容易地搜索和存取关键信息。

然而，技术优势有时候会使得领导误以为信息通信技术可以保证知识管理的成功，而忽视了诸如文化、领导等其他重要因素。因此，不能盲目夸大技术手段的作用。

5.4.2　虚拟网络中 R&D 项目知识管理的流程分析

从微观上看，虚拟 R&D 网络的运作往往反映在其中的若干 R&D 项目实施上，因此在探讨虚拟 R&D 网络组织中知识管理的操作性框架时(见图 5.4)，一项基础性的工作就是研究 R&D 项目中知识流的流程，主要目的就是要创建和改善业务流程，因为它对虚拟 R&D 网络中知识的获取、存储和再利用具有重大影响，特别是那些可能会被中层管理者控制和创建的业务流程。另外要说明的是，这里的 R&D 组织常常不是指通常的职能机构，而是指某一研发项目，甚至是跨国、跨地区的项目，因为从目前的企业实践看，项目运作是企业尤其是跨国公司 R&D 活动的主要形式。

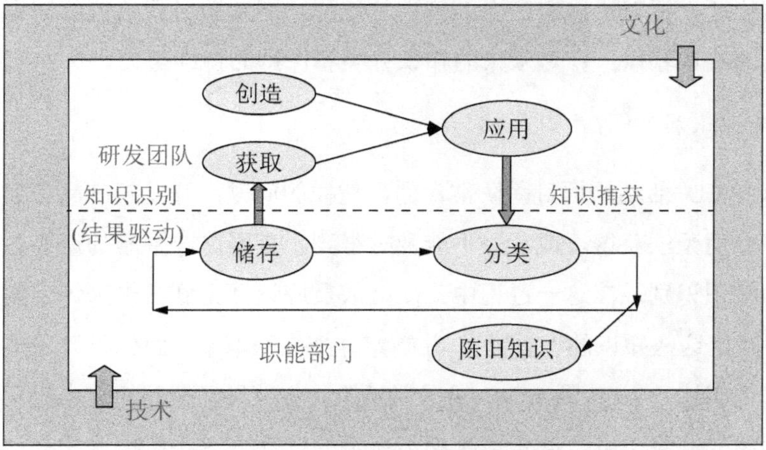

图 5.4　R&D 项目知识管理的运作框架

在这一框架中，R&D 团队是知识的主要创造者和使用者，而更为稳定的职能部门则是创造出来的知识的主要储存者。目前，新产品或工艺流程的研发大多涉及多功能的项目团队，通常由来自不同职能部门的成员组成，其中一些成员为核心的项目成员，他们将参与整个的产品研制过程，包括从技术理念的提出到市场投放；另外一些成员则根据其特殊的技能而仅仅参与项目的某一阶段的工作。一旦项目结束，团队即会解散，这些成员或者参与新的项目，或者回到原来的职能部门。

显然，这种背景和专业的多样性有利于创造新的知识，同时这些成员从不同部门带来了各自经验和知识，项目团队可以在研发过程对这些知识进行再次利用。然而，由于团队成员的不连续性和变动性，这种项目团队则不利于获取和保留知识。而且，项目生命周期短暂，使得项目主管不可能关心知识的保留及其系统支持等问题。

尽管职能部门对建立“知识仓库”的行为和长周期的研发时间往往持有批评意见，但它们却具有稳定性的特征。从知识管理的角度来看，由于职能部门是一种基于功能的组织结构，它能提供更为稳定的环境，因此它比项目团队更有利于储存知识。同时这种功能性组织结构也是一种共享和传递知识的有效途径。上面的图可以说明这种情况。

在这一运作框架图中有三个关键性的流程，即新项目开始前的知识识别；项目结束后的知识获取；针对未来的知识分类和保持的持续努力。

1. 知识识别

从事 R&D 活动的项目团队常常遇到这样的问题：开发新产品急需的知识或者因为昂贵而无法获得，或者是不能及时得到。克服这一困难的途径之一就是进行有效的知识识别。在这一过程中，团队成员应该预见到在未来计划实施中所需的知识，确定这些知识的“位置”，并制定计划来获取它。我们可以通过结果驱动性原则来说明这一点(见图 5.5)。根据期望的业务结果，公司决定所需要的知识；从这些期望的结果出发，确定达到期望所需的行动方案；根据这些行动方案，再列出实现方案所需的知识和信息。与传统的 IT－驱动途径不同，这种结果驱动的途径可以避免用途不明的数据和信息的产生，减小信息过载。下面的模式图正是揭示了这两种途径的区别。

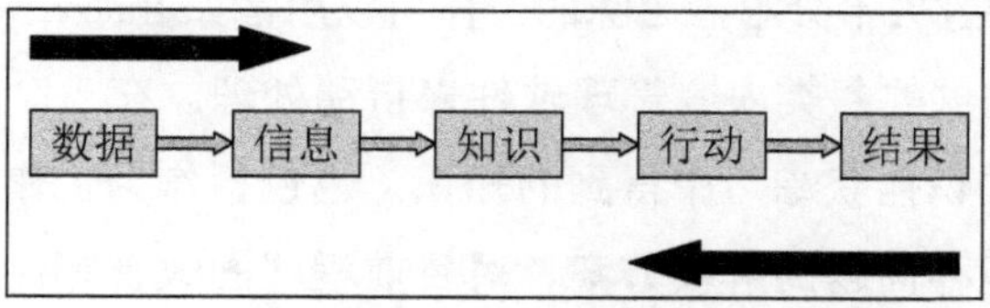

图 5.5　知识管理的结果驱动型模式

图 5.6 则表示知识识别的具体过程：

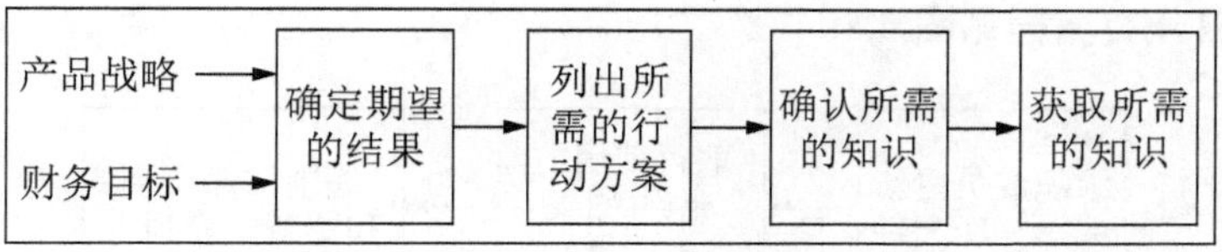

图 5.6　知识识别的具体过程

2. 知识获取

在一个项目完成之后，更为重要的是项目小组要执行知识捕获流程(见图 5.7)，在这一流程中，可以捕获从具体项目中得到的教训和新知识。这些流程的执行应该以一种公开透明的方式来进行，以便使得每个成员都能反思这些教训，甚至项目团队之外的员工也可以从中受益。例如可以提出一些问题来刺激讨论，如“什么做错了？”“什么做对了？”“下一次我们如何能做得更好？”“我们如何能保持它？”等。当然，对于一个持续超过一年时间的项目，这种知识捕获的操练可以在研发过程的中期进行，也可以在项目结束时进行。另外，还需要进行诸如像更新或创建新程序的后续活动，因为这可以确保已获取的知识能够充分得到实施。

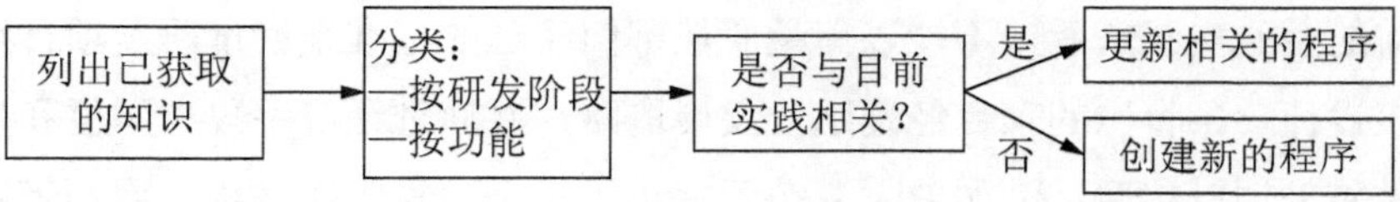

图 5.7　知识捕获流程

3. 知识分类

知识分类主要涉及这样的流程：系统地收集包含公司重要信息的项目报告、测试情况和其他文档，并根据关键词编写索引。实际上，信息技术的应用在很大程度上就是意味着过去十分艰苦乏味的工作可以用诸如 Interwoven、Documentum、Vignette 等公司提供的各类内容管理软件来自动处理。在一个知识仓库中，既包括从项目结束时知识捕获练习中得到的知识，也包括作为工作总结部分的其他知识形式，如针对现存问题的解决方案、对目前程序的改善等。值得强调的是，由于项目文档的多样性，很难将这些文件都集中起来储存，因此必须建立一个目录系统，它标有各种文件的位置、作者、题目和关键词，这样有利于搜索。另外，可以根据组织结构和合适的基础设施，设立一个专门的角色或职位来协调这些活动。知识分类流程见图 5.8。

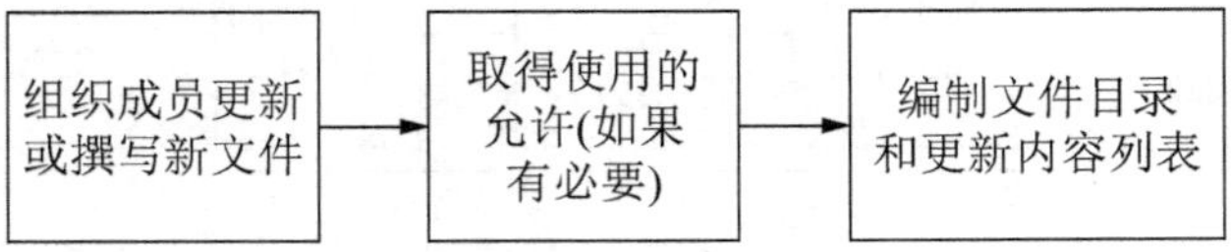

图 5.8 知识分类流程

以上讨论的是有关 R&D 组织中知识管理的一些基本问题和基本框架。事实上，知识管理还处于起步阶段，概念多于实务，教训多于经验，本项目的分析也只是一个尝试。但随着知识资源的急剧增加和重要性日益凸显，认真地研究和思考这一问题是十分重要的。

从前面的分析可以看出，R&D 活动的知识管理具有高度的复杂性和集成性，意味着一种新的综合模式。笔者认为，在这一复杂模式中，有一些问题值得特别注意和研究。

第一，研发项目管理具有特殊性，项目经理在其中起着关键性作用，因为研发项目负责人是组织学习和新知识产生的中心，尤其是跨国项目中更是如此。根据目前的企业实践来看，不能以衡量职能部门经理的标准来度量研发项目经理，而应该设计一条特殊的项目经理职业发展道路，并通过经济手段、职位和资历提升等措施来加以实现。例如 Bosch 公司提出了一个双重资历结构，用经管越来越重要的项目的方法来使研发项目经理能够不断得到提升，因为这些项目经理开始只负责小的元件开发项目，预算有限，但如果他们成功，就可以负责有战略性的系统项目，甚至是更为复杂、预算更大的国际性项目。

第二，技术学习是 R&D 组织知识管理的基础和持续动力。显然，技术学习会提高公司研发的效能和竞争力，这可以通过正式的培训和学习来实现，但更重要的是要建立非正式的 R&D 网络将 R&D 资源和活动组合起来，使得团队成员在各种情况下都可以进行学习或知识扩散。从这一点看，建立企业技术知识库是十分重要的，它可以将公司的各种智力资源连成学习型网络，推动组织学习和知识共享。

第三，注重团队文化的建立。在跨职能的研发项目团队中，来自于不同部门的成员之间存在一定差异，沟通、工作和决策的不同风格会引起文化冲击。这种情况在跨国公司的国际化项目中表现得更为明显。因此，项目团队成员之间建立相互信任和尊重至关重要，只有项目成员在文化上能够相互容忍和接受，整个团队的士气才会大大提高。

5.4.3　虚拟网络知识管理内在机制的初步分析

虽然 R&D 项目团队是虚拟 R&D 组织的微观基础，但虚拟 R&D 组织终究是个系统的整体网络，具有复杂的结构和运行机制，因此需要认真做好系统的知识管理规划和战略安排，才能实现组织目的。从知识管理的角度看，整个网络层次上的知识扩散、共享、整合和创新是虚拟 R&D 网络知识管理的核心机制，而隐性知识的转化和共享则是最为困难的任务。

1. 知识的共享

获取并共享合作伙伴的知识是组织间合作的主要目的之一，虚拟 R&D 网络中的知识共享性表现在不同的层次上，包括各成员组织内部知识的共享、网络中各成员组织间的知识共享、通过合作创造出的新知识的共享，以及网络中研发人员之间偶发性的知识共享。Holtshouse(1998)把知识看作是一种“流”(flow)，即知识可以在知识的提供者与需求者之间相互流动；对知识提供者而言，是一种选择性“推”的过程，对知识需求者而言，则是选择性“拉”的过程，两者结合则产生最佳的知识流量。虚拟网络中组织成员进行合作研发的目的是共同创造新的技术，因此各个成员均同时扮演着知识供应与需求的双重角色，这种双向的“推”“拉”过程，形成了组织间的知识共享。

由于知识是核心能力的本质，各合作伙伴贡献各自的核心能力也就是贡献各自的知识；而提供核心能力是虚拟 R&D 组织中伙伴选择和成员间合作的前提和基础；因此，知识的共享是伙伴合作的前提和基础。同时，在虚拟 R&D 网络中，共享知识可以提高成员组织和研发人员之间的信任感，增强协作能力，能发挥知识的可复用、收益递增等的优势，使虚拟 R&D 组织内部各成员组织和各研发人员之间能真正共同拥有知识，相互受益，共同发展。但共享知识并不是所有成员组织和研发人员出于本性的行为，相反，可能会隐藏或拒交自己的知识，也可能怀疑或抵制别人的知识。这将不利于信任与合作伙伴关系的建立，甚至会导致合作的失败。因此，在 VR&DO 知识管理中必须强调共享原则，建立起有效的共享机制。同时，要注意保护各伙伴的私有知识不受侵犯，也应注意相互间知识的互补性，有选择性地共享。

值得强调的是，知识在组织成员间的共享需要良好的信任机制。由于成员组织间的合作研发涉及各成员现有知识和技术的共享，因此如果组织间没有形成良好的互信机制，必然会影响知识共享的效率。另外，由于隐性知识为企业员工个人所有，良好的互信机制，可以促进合作双方在员工级别上的有效沟通，从而实现隐性知识的跨组织转移，即由一个成员组织的隐性知识转换为另一个成员组织的隐性知识，甚至直接转移为另一个成员的显性知识。

2. 知识的扩散与创新

技术和知识的创新来源于技术和知识自愿的共享与交流，共享和交流就会产生扩散。就整个虚拟 R&D 网络而言，不能只维持各成员组织之间的知识共享，而更应该着力于知识在网络中的有效扩散并创造出新的知识。虚拟网络的网络化扁平型组织结构和其跨越传统的企业边界的紧密的价值链的特点，可以认为虚拟 R&D 组织中的知识扩散是一个有着信息传播和共享平台的知识流动过程。在虚拟 R&D 网络中，知识的扩散可归纳为三种模式(徐和平，2003)，这三种模式可能同时存在。一般地，对于基础研究方面的知识可采取传播扩散模式从大学向企业转移，应用研究方面的知识可采取培养指导模式主要由大学向企业提供，实验发展等后期的知识可采取互动创造模式在企业、大学等各成员之间协同进行。

在虚拟 R&D 组织中，知识扩散的速度和效果受到知识本身的性质与内容、供给方的传递知识能力以及需求方的学习、消化能力等因素的影响。为此，在知识管理过程中，针对隐性知识较显性知识难以转移，需要重点加强隐性知识的传递和扩散；要求知识供给方，针对知识的不同性质和内容，合理辨别，正确、合适地表述，并通过编撰和整理将知识变为各种标准的、可传播的形式，发挥 ICT 的快速、灵活和低成本优势，采取不同的方式进行知识传递；要求知识的需求方，在加强自身知识积累、提高受教育程度的基础上，有目的地、主动地学习，并加以消化、吸收和实际应用。虚拟 R&D 网络中技术与知识扩散的三种模式具体内容见表 5-2。

表 5-2　虚拟 R&D 网络中技术与知识扩散的三种模式

模式	内容	载体	方式	成员特点	效果与影响
传播扩散型	规范的、可以显性表达的制造生产技术与知识	工艺指导书、制度、规范与 Know-How 等	培训、材料传播等	输出方技术和知识能力远远领先接收成员	接受方对技术和知识的吸收速度快，成本低，效益高，但转出方承担相应的风险
培养指导型	先进的专业技术、管理技术与文化，大部分为半显性知识	中层管理人员和高级技术人员	多途径的教育和帮助	输出成员在某些核心能力上领先于接受成员	内容广泛、扩散速度较快，对企业技术创新帮助大
互动创造型	主要为隐性知识与高新技术，以及新知识、新技术的创造	信息专家统、数据库；高层管理人员和高级技术人员	成员间知识自愿、主动的共享与交互学习	成员企业资源和能力上互相补充，各有所长	知识和技术扩散慢，成本与风险高，但一旦成功，对企业技术和知识创新贡献最大，其效益最高

就其本质而言，虚拟 R&D 组织属于技术创新型组织，它不仅驱动现有知识的扩散和共享，而且会不断创造出新的知识和技术。按照英国经济学家斯通曼的解释，知识扩散是一种“学习”活动，即通过有目的、主动性的学习获得知识的应用或是将学习到的知识与现有知识相融合开发出新的知识的活动。因此，学习能力越强的组织就越有可能更具创造性，虚拟 R&D 组织也就更需要加强内部成员间的相互学习，即既要注重加强个体学习，更要加强组织学习，从而促进知识有效扩散和共同创新。

3. 知识的整合

有效的知识管理是建立在系统化的逻辑基础上的，零星孤立的知识碎片难以实现真正的知识共享、扩散和创新。因此，在虚拟网络中，为了避免知识出现无序混乱、大量知识冗余、低效盲目等现象，需要通过整合机制来使得虚拟 R&D 组织的知识得以集成、丰富和利用。其中，虚拟 R&D 组织的网络型结构可以加强组织的横向联系，能最大限度地推动组织成员间以及与外部环境进行协作与交流，并在竞争中相互学习，通过自身技术、技能和资源的自发重组，寻求新的发展机遇。

对于虚拟 R&D 组织的知识整合，包括了多个方面、多个层次的整合。首先是现有知识和新知识的整合。知识整合就是在获取新知识的同时，不断对现有知识进行分析和整理，使现有知识和新知识实现系统的结合，尤其要注重用新的知识更新陈旧的知识及补充现有知识片断中缺失的联系和环节。在这过程中，一方面是要求充分把握和利用现有知识的作用，为了防止遗漏和遗忘，建立储存和利用现有知识的基础设施(如知识信息系统或知识库)是必不可少的；另一方面，由于知识库是组织学习和知识管理的基本工具，现有知识和新知识的整合主要是借助知识库进行，即通过补充新的知识，不断对知识库中的知识进行整理、更新和重构。其次是显性知识和隐性知识的整合。整合过程就是两类知识的不断转换，一方面是显性知识向显性知识的转换，或隐性知识向显性知识的转换，目的在于整理、合并组织的知识，促进知识的扩散和学习；另一方面，则是显性知识向隐性知识的转换，或隐性知识向隐性知识的转换，目的在于发展积累企业特有的知识和技能，促进核心能力的发展。从知识整合的角度来看，隐性知识转化为显性知识即隐性知识的编码化对部门和个人的隐性知识转化为组织共享的资源具有重要意义。

显然，这种知识整合是一个动态的过程，其中需要对大量的知识进行及时的重新整理，摒弃无用的、过时的知识，还要将分散在各成员组织和研发人员中的知识有机地融合起来，使之具有系统性和柔性，必要时还需要对知识体系进行重构，从而形成具有虚拟 R&D 网络组织自身特色的知识体系。

第6章

基于“交易区”理论的虚拟 R&D 网络知识管理的拓展研究

6.1 “交易区”理论

交易区理论源于对库恩(Kuhn)理论的反思(王聪等，2014)。托马斯·库恩在其《科学革命的结构》一书中，运用“范式”的概念来解释了科学的进化发展过程。库恩认为科学伴随着范式的更替而不断发展，其中新旧范式之间由于存在信念、价值和方法论等方面的不同，彼此之间有着较大的不可通约性(Incommensurability)。该理论一经提出就引起了学术界的广泛关注与讨论。交易区理论就诞生于这场讨论之中(Kellogg 等，2006)。

6.1.1 “交易区”理论概述

交易区理论由彼特·盖里森(Peter L. Galison)教授于 1997 年正式提出。在近几十年中，美国哈佛大学科学史教授彼特·盖里森对于科学的结构及科学发展中的学科亚文化之间相互关系的研究做出了极为重要的贡献，他在《科学的分立性》(the Disunity of Science，1996)、《图像和逻辑》(Image and Logic，1997)等著作中，通过对物理科学中不同传统或亚文化的微观解析，系统而深入地探讨了科学的基本性质和内在结构，并指出科学是由若干分立但又相互关联的亚文化组成的，这些亚文化通过特殊的混杂语言来实行局部性协调，以保证科学整体的稳定和活力。

在此基础上，他借用亚文化概念反驳和修正了库恩范式理论，并借用人类学概念提出了解释不同学科之间交流问题的交易区(Trading Zone)理论，试图通过结合实例对科学活动的机制(Dynamics)、区位(Locality)和场所(Place)的分析，描绘出构成科学的不同亚文化之间、信念和行为之间的局部性协调(Local Coordination)。

“交易区”理论(Trading Zone)是一种相互嵌入(inter-calated)的知识结构模式，它存在于科学亚文化的层面之上。所谓的“交易区”，从其范畴来说，指的并非是市场上的商品之间的简单交易，而指的是一种研钵(mortar)，这种研钵指的是社会上与智力上的，其主要作用即是将相异的知识群体或者学科文化相互连接，从而相互融合(Galison，2010)。

彼特·盖里森对“交易区”理论的研究起点是物理科学，通过对其中所包含的不同文化与研究特点的探究，进一步识别了整个大科学的基本性质与内在结构。首先彼特·盖里森认为科学并非成一体的，相反，它是分散但又相互关联的。大科学的分散性并不能决定大科学的稳固与否，而恰恰是大科学中所包含的多种分散的亚文化造就了科学的稳定性与进步性。分散的亚文化之间通过一种或者几种特殊语言来进行相互沟通，这种沟通过程是一种协调的过程，是相异文化在理念、结构和行为上的协调，是局部性的，并不涵盖整个亚文化。

为了描述这一协调的过程，彼特·盖里森提出了“交易区”理论，试图通过结合实例对科学活动的沟通机制、区位和场所进行研究，而发生的协调活动从根本上保证了大科学的稳定和活力。

人类学的研究成果显示，传统完全不同的两个群体会产生交换行为，他们之间存在相同的交换规则，但交换的物品对于双方的使用意义完全不相同。这便是局部性协调的核心思想，即亚文化在沟通时只要存在一致的交换规则，即便对文化的理解截然不同，交换活动仍然可以顺利进行。

彼特·盖里森强调说，协调的过程并不是将语言退化成初始状态的过程，也不是使任何一方接受另一方语言的过程，更不是相互翻译的过程。所有分散的亚文化的注意力仍然在于亚文化各自的内部，他们利用局部的协调活动引发的互嵌现象联系在一起。为了更加清晰地描述在互嵌的科学结构模式之下，不同的亚文化之间发生的沟通行为，彼特·盖里森提出要把实验室看作是一个部分符号化、部分空间性的地点，行为理念的“本土化”活动在实验室当中进行，而不应把实验室简单地看成是引发实验的地方。这里强调的是大科学的分散性的本质，任何亚文化都无法在大科学的文化层面出现巨大波动的情况下不受丝毫影响，但却并非说明当其中一种亚文化出现危机时，其他相关联的亚文化同样出现危机。

6.1.2　“交易区”理论相关文献综述

“交易区”理论发展至今，虽然并没有被广泛注意到，但是“交易区”理论对于解释知识型网络组织和技术活动的内在合作机制具有非常重要的启发意义，已经逐步引起了一些国外学者的关注。

Collins(2007)等进一步拓展了交易区理论的理论内涵，建立了交易区的一般理论模型。Shrager(2007)深入研究了一个计算基因组学(Computational Genomics)领域的在线计算平台 Bio Bike，他将 Bio Bike 看作为交易区，生物学家和编程技术人员在此进行合作研究，并构建了 Bio Bike 语言体系，以保证生物学家和工程技术人员之间的沟通与互动。Miles(2005)运用交易区理论分析教育领域中学科之间的隔离和交叉问题。Jenkins(2010)则根据 Collins 等人提出的交易区模型进行案例研究，即运用这一理论分析了美国捕鱼业中海龟保护装置技术的演化，最终将海龟保护装置技术的演变过程归纳为异质文化的合作，并给出详细的演变路径。

Gorman(2008，2010)建立了科学、技术、社会目的之间关系的三个模型，认为以科技发明为驱动力和以社会目的为主导的形式都不是最终模式，而三者相互合作相互促进的模式才是应该推崇的，而每一步都需要一个理论上的“交易区”来促进三种方向的相互融合，同时他认为道德想象力的建立是非常有必要的，因此，他试图建立一个“交易区”，用来模拟自己所致力研究的伦理设计被他人所理解，而各个利益相关者之间也必须建立这样一个“交易区”以促进各自所掌握的知识和资源的交换；Wardak(2006)等以“交易区”为理论基础，来详细分析纳米技术的技术发展的整个过程，通过对产品生命周期的每个阶段的交易区的管理的研究，剖析各个组织之间的协同与各自的作用，建立了技术发展的解释模式；Kellogg et al(2006)认为在不确定性强、高速变化的互动营销组织中，“交易区”的建立有利于促进成员之间的知识交流与互相学习，可以运用“交易区”概念来建立跨组织边界的协调机制，以应对快速变化的外部环境。他们从“交易区”这个独特的视角来看交叉边界的互动以及巧妙结合，而这些通常都是需要通过结构、文化和政治边界来完成一些协调性工作，也即是利用“交易区”来进行合作，作者以 Adweb 的售后服务、项目管理、创新团队、技术部门这四个团队来合作完成一个项目为例，详细介绍了各个团队所承担的不同的职责，而他们通过在“交易区”中的相互合作使得各自的工作对于其他部门的成员来说具有可视性。对于 Adweb 而言，“交易区”的建立是临时的、机动的问题解决方式，是针对某项工程的需要应急式的组建的相互合作的模式，“交易区”中的人员并不是确定性的，而是根据项目的需要的临时抽调不同背景的员工，使来自不同团队的员工的想法相对于其他团队可见。作者将在“交易区”中进行的知识交流总结为三个阶段：呈现(Display)、表述(Representation)和汇编(Assembly)。在这三个阶段中，每个阶段所进行的活动、所使用的沟通技术、所期望达到的效果以及各阶段的问题都是有所差异的(见表 6-1)。

表 6-1　“交易区”中知识交流的三个阶段

过程	内容	方式	成效	问题
呈现	(1) 使得项目中的工作对于项目中的其他人员可见 (2) 制定可行的日程和计划	项目邮件、企业内部网络、日程表、项目管理	使得想法和信息保持透明、加快信息的传播速度、对正在进行中的调整工作给予支持	一致性、控制性、知识的可获取性
表述	通过某种方式使得工作内容易读取，例如：PPT 演示	项目邮件、企业内部网络、PowerPoint 演示、文本文件 Excel 文件	将隐性知识显性化，以一种他人容易理解的方式表达出来	一致性、控制性
汇编	(1) 通过修正与改编归并现有的工作内容 (2) 通过临时据点进行适当合作	项目邮件、企业内部网络、PowerPoint 演示、文本文件 Excel 文件	想法与知识的重组	一致性、控制性、知识的可获取性

而在国内，对于“交易区”理论的研究鲜有文献可查，仅有洪进、王聪、董丽丽等(洪进等，2006；洪进等，2011；王聪等，2014；董丽丽等，2013)对“交易区”进行了理论上的分析。由此可以看出，交易区理论的研究和应用正在组织研究、创新研究等领域逐步兴起，表现出不可忽视的理论潜力和发展前景。

"交易区"理论是本研究的核心理论，知识共享的机制研究与专利合作网络结构特征的研究都是以"交易区"理论作为研究基础理论。

6.1.3　"交易区"概念及实践

为了进一步阐述在互嵌的科学结构模式下，各种亚文化之间所进行的交流，彼特·盖里森认为不应把实验室单纯地看成是引发实验信息和策略的地方，它是一个部分符号化、部分空间性的地点：信念和行为间本地化协调在这里发生。在此，彼特·盖里森所强调的是科学的分立性本质：当剧烈的变化在学科文化层面上出现时，所有的亚文化都无法避免这种变化所带来的影响，但这并不是说，一种亚文化会随着另一种亚文化的断裂而断裂；一种亚文化较之于另一种亚文化，其所具有的相对的僵化性和异质性(Foreignness)确保了它们之间交易区域的确立。

1. 科学活动中的"交易区"

在试图将科学活动定位于一定的情境(Context)中时，对于很多的科学活动而言，单一的情境是不存在的。认识到这一点对于阐明科学结构及科学活动的机制是极其重要的，因为正是这种复杂场景的存在才使得亚文化的分析方法显得十分重要和有效。彼特·盖里森认为，在实验室中，不同科学家之间的协作实际上就是不同亚文化之间的协调，而这些科学家又独立地嵌入(Embed)在更为广阔的背景世界之中，并由他们在不同亚文化的连接处进行局部性协调。例如在物理学中，仪器、实验和理论这三种亚文化处于更广阔的物理学文化背景中，并且如人类学所研究的、相互交易着的文化群体那样，虽然在很多其他方面都存在分歧，但却能够共享一些活动、进行交易。

彼特·盖里森认为，"交易区"是一种社会的和智力的研钵(Mortar)，它将实验、理论和仪器这些分立的亚文化粘合在一起的。正是这种交易区及在其中所进行的受到高度约束的谈判(Negotiation)，将可能会分裂的不同亚文化粘合了起来。例如理论科学家以实验预测和实验科学家的实验结果进行交易。关于这一交易，有两点值得关注：首先，这两种亚文化可能在总体上，不能就所交换的信息及其在认识论上的意义达成共识。其次，尽管存在这些尖锐的分歧，依然有着显著的一点，即存在这样的一个背景，在其中双方拥有着大量的共识。

2. “交易区”的形成机制

显然，分属不同亚文化的科学家在“交易”或沟通过程中存在很大的困难，因此必须在建立“交易区”的同时，提供可供不同人群使用的交易或沟通手段，即形成某种共同的语言。为此，彼特·盖里森认为可以从人类学家的工作及其方法中得到启示，并以此来研究两个复杂的符号系统(亚文化)交会所产生的局部构型(Local Configuration)。在研究进行着交易的不同的文化群体时，人类学家提出了洋泾浜语化(Pidginization)和克里奥语化(Creolization)的问题，而这种洋泾浜语(Pidgin)和克里奥语(Creole)都是一种混杂语言，它们是由不同种族或使用不同语言的人们，为了能有效地沟通和交流而形成的简化语言，不同于任何一种母语，也没有复杂的语法规则。

彼特·盖里森认为，这种联络语言或混杂语言(洋泾浜语)的产生机制、稳定化过程、结构和扩展，为研究不同亚文化中的科学家在交易区中进行的交易过程，提供了一种整体把握的指引，并在事实上成为“交易区”的动态形成机制。与洋泾浜语化、克里奥语化相对应，为了能够在理解的基础上进行交易，实验科学家、理论科学家和仪器科学家(Instrumentalist)都简化了对各自专业工作的描述，并以此与对方交流，从而在交易区内进行有效的沟通。值得指出的是，引入洋泾浜语和克里奥语有别于科学统一论者将科学活动的整体认识化约成话语(Discourse)，彼特·盖里森此举旨在扩展联络语言的概念，以涵盖那些通常不被包含在“自然”语言之内的构造的符号系统(即混杂语言)，而正是这种符号系统的运用，使得不同亚文化在交易区中形成信念和行为的局部化协调。因此，不同亚文化之间是零碎地(Piecemeal)发生交流的，而不是通过普遍的文化翻译，更不是通过建立普遍的“观察语言”实现的；实验室里进行的是行动和信念的协调，而不是翻译。在这种意义上，可以把科学看成是由通过复杂的洋泾浜语和克里奥语捆绑在一起的、互嵌的亚文化构成的。

6.2 虚拟 R&D 网络中的“交易区”建构研究

生物制药研发指的是在生物学、化学、医学等多学科的参与之下的共同取得的成果。它是综合利用生物化学、生物技术、药学、微生物学、化学等科学的原理与方法来对用于医学预防、治疗和诊断的医药制品的研究、测试、工艺开发和评价的过程。它是一项复杂而艰巨的系统工程，其目的在于从各个方面对新生物药品的特型、质量、纯度、药理作用、毒性、代谢、稳定性、临床疗效和毒副作用等进行量化和界定，从而确保药品的有效性和安全性(汪凯，2007)。

不同研究背景、不同知识结构的组织成员通过生物制药研发组织中的某一个研发项目而相互之间出现关联，通过这些关联的缔结促使了研究网络的形成。其研发组织发展的推动力在于其内部机制的良好运行。所谓内部机制，包括了管理机制、信任机制、契约机制等一系列保证系统运转的管理体系，而管理体系只是起到了辅助作用，真正能够促进研发活动顺利进行的是研究网络中的知识沟通与相互合作的情况。随着研发项目的不断深入，其所涉及的学科也愈加繁多，所需知识面愈加宽广。

“交易区”的运用可以有效地分析在共同参与研究活动中不同研究组织之间的合作。不同背景的研究人员为了共同的研发项目而进行合作，合作的过程即是交易的过程，整个交易的过程不存在对意义上的普遍认同，而只是意义上的局部认同。“交易区”理论对以科学研究的亚文化相互合作为大背景的生物制药研发具有很强的解释能力。

6.2.1　“交易区”的分类

根据“合作-强制”(Collaboration-Coercion)以及“同质-异质”(Homogeneity-Heterogeneity)两个维度，将“交易区”区分为四种不同的类型：强制性(Enforced)交易区、颠覆性(Subversive)交易区、分离性(Fractionated)交易区和语言间(Inter-Language)交易区(见图 6.1)。

“合作-强制”维度主要是意在区分合作双方的合作意愿，看双方是主动进行沟通合作，还是某一方占主导地位，而另一方是迫于压力被动接受主导方的合作意愿；“同质-异质”维度旨在确认合作双方各自所拥有的亚文化之间的差异性的大小，偏向于同质说明双方文化差异相差不大，可以比较顺利地进行交流与合作，偏向于异质则说明双方有着很大的文化差异，对沟通产生阻碍。接下来，我们将详细介绍每个区域的具体特点。

同质	异质	
语言间区域	分离性区域	合作
颠覆性区域	强制性区域	强制

图 6.1　“交易区”分类图

强制性区域，它的特点是两种或者多种亚文化在相互配合时的合作程度低并异质性程度高。强制性交易区几乎不存在文化上的交流，交易过程的产生完全是受一方主导，例如奴隶，整个交易过程是食物与体力的交换，而行为约束的方式是奖励与惩罚，这种控制是自上而下的，双方都不会试图去进行文化上的沟通。还有一类同样是建立在强迫的基础上的，但是这种强制是在制度、法律和经济上的强迫性，而不是身体上的野蛮的压制。

颠覆性区域，这个区域的特点是亚文化之间的合作性程度低，但是同质性程度高。本来只属于其中一个部分的语言，逐步将另一部分的语言取而代之。如科学的解释代替虚假的民间理论，这是种文化上的颠覆或是侵入。

分离性区域，这个区域的特点是亚文化的异质性程度较高，但是之间的合作性程度也高。分离性交易区是最有利于创新的交易区类型，是在双方知识融会贯通的基础上得到启示，从而发展出新的思想。

语言间区域，它的特点是亚文化同质而且它们之间的合作性程度也很高。最为简单易解的区域语言是“术语”，复杂来说就是一种“混杂语言”，而克里奥语则是混杂语言中新兴的一种语言，像纳米科学、生物化学都是非常具有典型性的存在于语言间区域的完备的克里奥语。

由分析可知，生物制药研发组织即为建立在语言间区域与分离性区域之上的“交易区”沟通机制。

6.2.2　“交易区”建构前提

要完成研发组织中发生的这一系列研发活动，就如同研制雷达一样，需要多位不同学科背景的研究人员共同参与，也就是不同子机构中亚文化的共同参与，才能够完成这一系列的研发活动。同样，在新生物药品研发的过程当中，各个领域的科研人员首先要解决的是本领域内的问题，在得到充分深入研究的同时，必须加强各学科中不同学科文化之间的互相合作，才能在最大程度上弥补本领域研究的不足，并提炼出可持续研究的方法，从而推动新生物药品研发活动的向前发展。正是由于在生物制药产业研发组织中存在很多不同领域和问题的研究，组织成员之间的合作便必不可少，交流便需要建立一个平台，于是“交易区”应运而生，同时，这也是“交易区”构建的前提和基础。

前提一：产品研发过程中不同领域的参与。

一个项目组的设立，从全新的生物药物的起始设想，到方案确定后的投入研发，再到最终的开发成功，这期间需要经过许多个不同的环节。这些环节和步骤在许多特征方面都具有差异，包括研究对象的复杂性，目标实现的难易程度，所涉及不同部门的协作关系，这些差异使得整个生物制药产业研发流程可以划分为不同的时期和阶段。通常情况下，生物制药产业研发活动包含四个分期，分别是药物发现与设计、药物合成、结构改造和工艺开发。这四个周期涵盖了药物研发的大部分步骤，包括药物资源调查、药物评选、药物普筛、实验室研究、药理毒理、临床试验、药学试验等一系列的步骤。

在生物制药产业研发过程中，化学和生物学起到了核心作用，但两个学科间的互动才是真正实现药物发现的关键。此外其他众多学科也在这一过程中发挥了重要的支撑作用，例如材料学、机械工程学、电子学、计算机科学、数学、统计学等。

前提二：研发组织中不同亚文化的相互作用。

生物制药产业研发组织子结构亚文化是大部分成员在相应研发组织子结构中一致遵守的理念以及意识的加总，它是生物制药产业组织文化在微观层面上的一种体现，具体来讲，它包括终极目标、价值标准、职业道德、行为规范以及基本理念等等。

生物制药产业研发组织战略联盟主要是通过知识和技术上的联盟等方式结成的，它不只是单个生物制药产业层面上的联盟，而是处于极其广阔的社会语境层面。所以，这个联盟中的大部分子结构所表现出来的亚文化方面的差异更加隐蔽，这些子结构亚文化之间的关系通常表现在精神层面上，并非仅仅是简单的物质层面上的联盟。战略联盟里的众多子结构亚文化之间表现出越来越突出的互相作用和互相关系，这尤其发生在管理机制由以项目管理为中心向以战略项目管理为中心转变的整体语境下。在生物制药产业研发组织战略联盟中，子结构亚文化主要分为实验传统和工程传统两种，前者形成于实验室基础研究组织的基础之上，而后者则形成于以工艺研发为主要工作业务的子结构之中。

6.2.3 交流机制的形成

我们可以看到，带有不同背景的研究人员在思想和学术上的沟通上存在很大的阻碍，各个亚文化的关注的焦点都只是各自的机制，当有“交易”的需要的时候，这些机制便需要某种层次上的结合来促进知识的交流与沟通。正如前文中我们对“交易区”理论进行详细阐述中提到的，结合的过程并非是相互同化的过程，而只是在互动边界上达成的局部性的统一。交易平台已经存在，我们所欠缺的是交易手段，因此，在交易平台建立的基础之上，必须同时配以研究成员之间可以用来沟通的工具，即形成一种共同语言，这种共同语言可以被任何一方解读(Jenkins，2010)。Saxenian(1994)在对硅谷模式的研究中，也同样强调了共同语言的重要性，他认为正是由于共同语言的建立，才促成了硅谷的快速发展。

人类学家通过对不同文化群体之间的文化交流的研究，提出了洋泾浜语(Pidgin)①和克里奥语(Creole)②两种语言类型，同时介绍了洋泾浜语化(Pidginization)和克里奥语化(Creolization)两个概念。所谓的洋泾浜语与克里奥语其本质上都是一种在多种文化相交时，为实现亚文化之间的相互理解而产生的简化语言，他只是沟通的工具，目的是使双方能够交际，而并不讲求意义理解上的准确性。这两种语言有别于任何一种亚文化本身的语言结构，也不具有复杂的语法。洋泾浜语和克里奥语所形成的地点都是在文化各异的群体边界上。

即便不同的两个文化团体对其交换物给予完全不同的含义，这两个文化团体仍然可以就双方交换的规则达成一致，只要双方在交易过程中不存在普遍意义上

① 洋泾浜语是由两种或者多种活跃语言(Active-Language)所构成的联络语言，洋泾浜语化则指的是一种过程，是形成洋泾浜语的简化和约束过程。按照惯例，洋泾浜语不被用来代指哪怕只被一个小群体用作母语的语言。

② 克里奥语指一种经过了扩展和复杂化，从而足以被某一群体作为母语的相当稳定的洋泾浜语。

的差异，即使双方对交换过程本身在理解上存在一些分歧，双方仍可以达到某种局部意义上的协调。这种联络语言或者混杂语言(洋泾浜语)的产生机制、稳定化过程以及语言的扩展在本质上成为“交易区”的动态形成机制，从而便为不同亚文化领域里的科学家在交易区中进行的各种交易过程提供了较为整体性的把握。同时，不同的亚文化在交易区中形成的这种理念或者行为上的局部意义上的协调，也是通过运用这种符号系统来实现。而共有文化、共同语言和共享体验等因素在交易区网络中的知识创造和扩散起着支持性作用。

6.2.4　研发组织中知识共享活动的实现

不同学科、子机构亚文化之间存在边界，这阻碍了生物制药产业研发组织的形成和发展。尽管在实际的研发环节中，高效的项目管理可以在一定程度弱化边界的阻碍，促进组织成员之间的相互合作与交流，以信任、契约为核心的组织协调机制也能够支持和保障交流合作，但边界的约束仍不能被突破，不同学科背景的研究人员之间和不同亚文化的子机构之间难以进行真正意义上的跨学科、跨亚文化无障碍合作交流，“交易区”在整个生物制药产业研发组织中的构建有待实现。

1. 动态项目小组中的“交易区”

“交易区”存在于研究型组织中的不同自机构、不同成员之间，其建立的目的是在参与研究的对象个体之间实现不同思想和观点、不同数据和设备的交流和共享。“交易区”的形成加强了研究者之间的协作效率，促进了生物药产业研发活动的进行。同时，参与“交易区”的研究者又各自拥有不同的学科背景，各自独立的存在于不同的子机构亚文化中，他们的存在使得不同亚文化的连接得到局部性协调。虽然这些研究者在学科背景、亚文化等方面存在许多差异和分歧，但是依然能够共享信息并进行交易，促使研究活动得以向前发展。

2. 生物制药产业研发组织“交易区”中的联络语言

“交易区”在初始建立的时候，形成某种共同的语言显得尤为重要，即提供多种交易或沟通手段供不同人群使用。这种共同语言(也可称为联络语言)的形成意味着“交易区”在方法论意义上的实现。

为了能够在交易区内进行有效的沟通和交易，具有不同学科背景、不同子机构亚文化背景的组织和成员都简化了对各自专业工作的描述，对各自专业内的专业术语进行了重新界定和解释，形成统一的、为交易双方共同认可的术语体系。联络语言的统一与规范，使得双方能够更容易的理解交易，促进了交流合作的实现，从而进一步促使交易区能够真正地发挥作用。

对于生物制药产业研发组织，离开生物制药研发的具体分期、环节等独特语境，“交易区”中形成的联络语言难以被交易中的任一方单独使用，其他未参加研发活动的研究者也难以使用和理解这种联络语言。这种独特性，使得学科之间、子机构亚文化之间的分界被打破，不同学科背景、不同子机构亚文化背景的个体或组织之间进行跨边界交易、跨学科、跨亚文化交流合作成为可能。

6.3 虚拟 R&D 网络中的边界客体与知识分享分析

知识型“交易区”中的交易活动的发生取决于知识共享机制的建立。在前文中我们提到了知识在交易区的交流与沟通主要是依靠双方建立某种共同的语言来解决，边界客体的产生就是很好的工具。知识边界在很大程度上体现了学科之间的联系和互动，知识创新多发生在学科边界(Dorothy Leonard，1995；杨天坛，2015)，在各学科或者组织之间的知识共享的过程中得以实现，而又由于知识的差异性、新颖性和黏性，造成了知识难以共享的困难。也正因为此，知识既成为推动创新的源泉，同时又成为阻碍创新的最大障碍(Kimble，2010)。在这一章节，本文将首次利用边界客体(Boundary Objects)对“交易区”进行解构，对边界客体的内涵和作用进行详细叙述，并细致分析“交易区”中知识共享的关键机制，描述知识在“交易区”中实现共享的具体方式。

6.3.1 交易区中的边界客体

“边界客体”(Boundary Objects)最早是在 Star 与 Grisemer(1989)在对伯克利脊椎动物博物馆的研究中提出的名词，它具体指的是一个可以存在于多重社会背景之中，并且可以在不同的社会背景中具有不同含义的事物。Star 将边界客体定义为位于交叉边界上的创造可共享语境的客体，边界客体在不同的行动者解决各自的问题时，都可以加以利用。边界客体具有足够的可塑性去适应不同学科的需求，在被各学科加以利用之后，又有足够的韧性来保持自己的特性，以促进学科知识的创新。

Carlile(2007)认为，边界客体在支持协同工作的不同的合作方式当中起了非常重要的作用。Gal(2004)等也在研究实践团体对创新管理的贡献中提到，“边界客体”是改变事物社会属性的重要工具。Carlile(2002)在研究新产品的开发中分析了销售、设计和生产部门如何通过边界客体来进行沟通与交流。Kimble(2010)则从理论的角度分析了边界客体与经纪人之间的关系和区别，指出边界客体在知识共享方面扮演了相对直接的角色。尽管不同学科的科学家在知识结构上存在很大的差异，但是仍然可以通过边界客体来进行良好的合作与沟通，并创造出新知识。

根据边界客体的复杂程度和适用性的不同，将边界客体划分为五种类型，分别为仓库式边界客体、边界一致型边界客体、标准式边界客体、理想型边界客体(Star，1989；董丽丽，2013)，以及想象型边界客体(Briers，2001；杨天坛，2015)。

(1) 仓库式边界客体。仓库式边界客体没有很强的复杂性与适用性，在使用时也无须因为使用方式与目的的不同而进行协商，也不需要对其进行结构和内容上的重塑，是完全可以直接使用的知识客体。如图书馆、数据库、博物馆等，他们只是各种知识的简单堆积，任一学科若是需要，都可对其进行使用，无须进行进一步加工。仓库式边界客体的适用性是比较差的，只可满足学科创新在浅层次上相同用途的需要。

(2) 边界一致型边界客体。边界一致型边界客体是指具有相同的外在表达，即边界相同，但却存在相异的内在含义的客体，这主要是因边界客体所处的综合环境而产生的差异，它可以满足不同学科的不同使用目的。边界一致型边界客体与仓库式边界客体较为相似，因此也可以归结为一种类型(Carlile，2002)。

(3) 标准式边界客体。标准式边界客体提供了一种可共享的格式，通过功能化的设置使得边界客体可以用来解决学科边界出现的某些共享问题，这种可共享的格式主要来自共享双方所共同熟识的语言或者知识结构，如各种条款、规则等，以这样一种模式来使边界客体标准化。

(4) 理想型边界客体。理想型边界客体是指如图表以及图集等含糊、抽象的知识客体，也正因它的抽象的特征，所以具有较强的适用性。它不存在明晰的客体边界，而是作为知识的载体而存在，与以上三种类型相比，具有较强的可塑性，可以将承载的核心知识根据不同的需求按照不同的结构体现出来。理想型边界客体是我们在交易区实现知识共享最常用到的辅助型客体。

(5) 想象型边界客体。想象型边界客体相较于以上四种边界客体，是最为成熟的知识客体，它更为抽象也更加复杂，是可被任意学科使用的完备性客体。它属于概念性客体，可以没有阻碍的根据不同学科的需要对自身结构进行重组，从而适用于任何背景。想象型边界客体是完备性的客体，是最有可能完整地将边界客体的作用发挥到极致的完美客体，但是这种客体极少存在，因为知识共享至今仍旧不可能达到畅通无阻。

6.3.2 "交易区"知识共享过程分析

科学的分立和非统一性形成了"交易区"理论合理的前提，而亚文化之间的相互沟通与适应则促使了"交易区"的形成。由此可见，"交易区"是在知识共享与交流的背景下应运而生的，它为知识的共享提供了得以实现的场所。

而在交易区当中完成知识共享的最终目的就是将边界客体的现行共享状态改变为可以被其他学科所需要的私有化状态。边界客体在知识的共享与交流中扮演相对直接的角色，它可以促成相异文化或学科的直接交流，即便它们的目标各异，甚至没有达成共识，同时它允许各个行动者来根据自己的需要在更为广阔的背景之下对它进行重新定义(Bechky，2003)。这便与"交易区"形成的前提不谋而合。

"交易区"提供了知识共享的平台，而边界客体则为各亚文化在"交易区"实现共享提供了可能性。由于知识的隐性特征(Polanyi，1966；Nonaka，1994；von Krogh et al，2000；Martin，2011)及其自身所具有的黏性(von Hippel and Tyre，1996；Nonaka et al，2009)等各类原因，使得各个学科对于知识的管理显得十分困难，知识在实践中所拥有各异的内涵的特殊性是阻碍知识被不同背景的团体所共享的最为直接的原因(Carlile，1997；Ashiem，2009)，也更加是因为自身能力的不同，一项知识被各个组织理解、消化与应用的程度便会大相径庭，而边界客体的运用则恰恰有效地避开了这些因素。

边界客体既可以是存在于某一学科内部的专业化知识，也可以是不被单个学科所独用的共性知识，由于各个学科知识结构以及知识的用途都相去甚远，所以无论是特殊知识还是共性知识，被其他学科引用时都要经过进一步的加工(见图 6.2)。

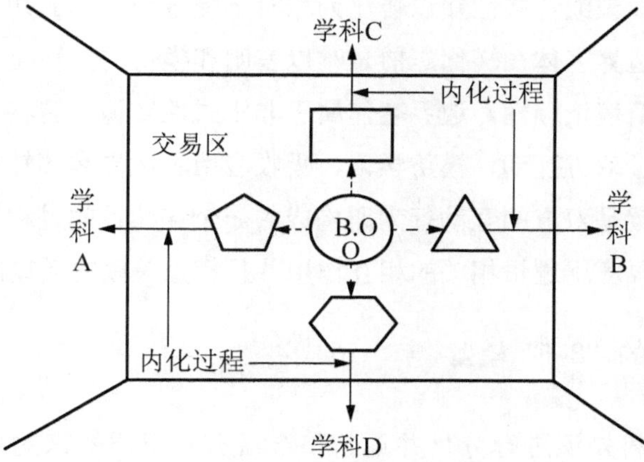

图 6.2　边界客体在“交易区”中的交易过程

“交易区”不仅仅是学科之间的关于知识的静态域，更加是学科双方或是多方进行知识交流的动态域。边界客体实现了学科知识的转移和创造，在很大程度上解决了各学科对所用知识在认知上的困难。学科在创新的过程中不可能一味地依靠自身资源，而是需要不断地从外部其他学科当中搜寻异质性知识与互补性知识加以再造利用，因此，知识是作为一种跨边界的资源被各个学科应用。任何学科或者团体的知识倘若不能通过一定的工具和方式实现共享，便也就失去了其价值。知识转移的第一步便是将边界客体所承载的隐性知识编码化、形式化、结构化，并相对于边界客体的接收方显性化，而初始状态的边界客体包含着大量的非系统化的信息，必须要经过内化过程才能够成为可以被利用的知识，在内化的过程中施加的控制力愈加强烈，就愈加能使转化而来的知识更加的个性化并更多的附有学科本身的思想，从而使其具有更强的结构性与韧性。内化的程度高低还取决于学科接受新知识的频率，越是频繁的接受新知识，内化的效率也就越高，这与学科本身知识内化机制的建立也密切相关。边界客体在转化之前的稳定性很差，但经过转化、内化后的知识则具有很强的稳定性，正如盖里森提出“交易区”理论时提到的洋泾浜语与克里奥语，洋泾浜语是不被任何一方学科所单独理解的边界客体，是多方共同使用的客体，而克里奥语是洋泾浜语经过重构、扩展和重新包装之后，更加复杂化，并足以成为接受方内部文化的语言，被内化的知识在结构上有着丰富的层次性。

由个性化的知识或者共性知识转化为相对于受方个性化的知识，这是边界客体应用的初衷。边界客体在转化之前是难以言明和模仿的，转化后便被私有化，且具有相当强的情境依赖性。边界客体属于非正式性知识，转移的过程就是知识转移流动的过程：双方互动、模仿学习、吸收应用。边界客体转化成接收方所需知识的过程其实就是双方的互动行为所构成的一个连续性的过程，是一系列的犹如模仿学习与吸收应用逻辑相关的相互作用并且相互关联的活动的集合体。

6.3.3 知识共享的“3-T”模型

边界客体是将知识进行分化并重新整合后有异于原知识的被重新定义的知识，在不同的情境下，知识分解和重组的程度都会有所不同。我们根据创新性的递增，将边界客体的“交易”过程区分成了以下三种不同的途径：当知识的提供方和接收方的知识结构与背景十分相似，或者接收方所需要的知识在用途上属于比较浅层次上的，边界客体与转化后的知识的含义相差很少，此时的共享途径是语法协同(Syntactic)上的转移(Transferring)；但当二者的意义相差比较大时，创新性成分稍有提高，此时是语义协同(Semantic)上的转译(Translating)；当接收方需要创新性的知识，对边界客体要进行高强度的加工进行实践上的创新时，便是实用性协同(Pragmatic)上的转化(Transforming)(见图 6.3)。

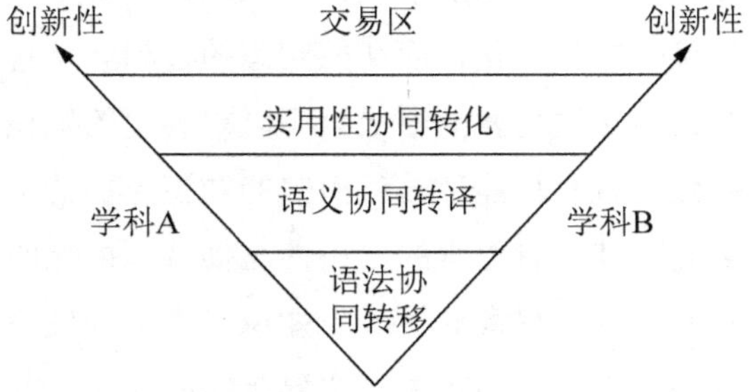

图 6.3　“交易区”知识共享的 3 种途径

由于环境比较稳定，语法协同转移只需要在“交易区”中建立一个稳定、通用的语法来解读边界客体，而并不需要对边界客体进行复杂的变动，故而创新性比较低，只是将边界客体做了一个简单的迁移。这种情况比较常发生在学科之间常规性合作与沟通之时，或者是语言基础比较相近和类似的学科之间，再或者是已经达到知识高度共享的学科合作网络之中。

当接收方对知识创新性需求有所提高，语法协同的转移就不再适用，而是需要一种较为复杂的方式——语义协同的转译。语义协同的转译过程不是拥有通用的解读方式就可行的了，这就使得知识的沟通与共享显得困难起来。语义协同的转移主要解决的是学科各方对边界客体在意义上的解读有所差异的问题，正如同样一个问题，不同人会因各自的价值观、知识结构和背景的不同，对问题的解读方式和给出的答案都会有所不同，这并不是建立一个通用的语法方式就可以解决的问题。接收方要知会边界客体所要转达的核心意义，因此，边界客体在被共享时需要将其核心知识进行转译。大体过程即是知识提供方按照自己的理解方式与知识结构将知识转移出去，而接收方则需要对其所传达的知识消化解读，然后根据自身的知识结构和解读水平将其内化，最终加以吸收。

当学科之间的差异性较大并且有着不同的兴趣偏好，需要具有较高创新性的知识来更新自己的知识体系进行自我升级的时候，边界客体要经过一系列的评估与转化过程才能实现有效的共享。接收方的价值观、学习方式和应用目的都将会直接参与到转化的过程之中，对边界客体进行分解、消化、再吸收，整个转化的过程可能使边界客体所表达的核心意义都已经改变，从而实现了共享知识在学科内部的实践层次上的应用。所以，实用协同转化是创新度最高的知识共享途径。

第三篇　我国生物制药产业R&D网络发展现状及治理机制研究

第7章

中国生物制药产业研发现状与国际比较

近年来我国生物医药产业发展较为迅速，专利创新活动不断强化，具体体现为专利申请量和专利授权量逐年递增。国务院颁布了一系列政策来支持生物制药产业的健康发展：在2009年和2010这两年中，先后颁布的《促进生物产业加快发展的若干政策》和《关于加快培育和发展战略性新兴产业的决定》，都明确指出了生物医药产业是重点扶持的高新技术产业和战略性新兴产业。2014年，我国药品审评中心发布了《生物类似药研发与评价技术指导原则》，旨在规范我国生物类似药的科学开发与后续评价，推进我国生物制药的向前发展，从而为生物医疗产品的获得、可支付性提供保障。本章节从我国生物制药产业基本现状、研发投入、研发产出及专利发展状况等几方面详细描述中国生物制药产业的研发现状，另外对我国生物制药产业的R&D组织模式进行简要的总结与概述。

7.1　我国生物制药业及其研发活动现状研究

随着国家关于促进生物制药产业发展的政策的颁布及实施力度的加大，我国生物制药产业在过去的“十一五”期间得到平稳快速发展：一是产业规模不断迈上新台阶。2005 年我国生物产业产值约 6 000 亿元，2010 年跃升至约 16 000 亿元，年均增速 21.6%，2014 年达到 3.16 万亿元，保持 20%以上的年增长率。尤其是在全球金融危机时期，生物产业的持续增长使之成为当时高技术产业发展的重要亮点。二是自主创新能力显著增强。在基因测序和分析、干细胞、抗体工程、蛋白质药物、医疗器械、生物合成、转基因育种、动物反应器、酶工程、新药创制与疫苗开发等生物技术前沿领域，我国布局了一系列国家工程研究中心、国家工程实验室、国家重点实验室和企业技术中心，在相关领域取得了一系列重大成果，而且中小企业研发活动活跃，产业核心竞争力有了显著提高。三是一批创新成果得到产业化。疫苗与诊断试剂、创新药物、现代中药、生物医学工程、生物育种、绿色农用生物产品、生物能源、生物基材料、微生物制造领域重点创新成果实现产业化，有力支撑了医药产业、现代农业的发展。四是产业形成集聚发展态势。目前，在我国众多地区普遍兴起的“药谷”(所谓“药谷”是指医药产业的集聚区)正是产业集聚在医药产业的具体体现。比如，北京、上海、长春、长沙、深圳、德州、泰州等国家生物产业基地发展势头迅猛，成为带动当地经济社会发展的新引擎。

“十二五”时期是我国全面建设小康社会的关键时期，是深化改革开放、加快转变经济发展方式的攻坚时期，随着《战略性新兴产业发展“十二五”规划》《生物产业发展“十二五”规划》的出台，随着医疗卫生体制改革以及新农合、城镇居民社保制度的不断完善。随着发展绿色技术和建设两型社会，生物产业将迎来更为广阔的发展空间。“十二五”期间，我国正围绕生物产业大力发展技术基础、加速推进重大成果产业化、有序促进生物新技术、新产品大规模应用为主线，进一步加大财税金融政策扶持，完善技术创新和人才政策，营造产业加速构架产业体系和快速发展。

7.1.1 生物制药产业的基本状况

生物制药产业作为医药制造业的重要组成部分，从属七大战略性新兴产业和五大高技术产业，是我国未来重点扶植发展的产业。2012 年 6 月 28 日，在泰州举行的第六届中国生物产业大会“高层论坛”上，国家发展改革委副主任连维良，卫生部部长、中国科学院院士陈竺等分别就“大力推动生物产业高品质发展”“中国深化医药卫生体制改革进展情况介绍”“生物技术创新与生物产业促进计划”“欧洲的生物技术与生物经济：展望 2020”“技术创新打造未来农业”“打造我国生物产业发展的新高地”作了主旨发言，内容涵盖生物医药、生物农业等重点领域，汇集了国家生物产业政策解读、全球生物技术和生物产业成果回顾与展望、我国生物产业发展情况等多个方面，深入探讨了生物技术与生物产业发展的新形势、新战略和新政策，为我国生物产业发展提供了切实可行的指导意见。近十年来，我国的生物制药产业取得了长足的进步，包括生物制药业企业数、从业人数、总产值和利润以及投资额等方面增长迅速(见图 7.1 至图 7.5)。为了对生物制药产业进行量化分析研究，以下生物制药产业的数据均用医药制造业的数据替代(崔维军等，2015)。从总体情况来看，2012 年，我国医药制造业实现产值 17 338 亿元，研发经费投入 283.3 亿元，投入强度达 1.6%，高于一般工业水平，但与欧美发达国家及日韩相比，投入强度还远远不够。从我国医药制造业研发经费投入强度发展趋势看，1996—2012 年以来产值平均增幅达 19%，研发经费投入平均增幅达 28%，研发经费投入增长幅度远远高于产值幅度，医药制造业对科技创新的重视程度和投入力度在逐步提高。1996—2001 年，研发经费投入强度稳步增长，由 0.45%逐年提升至 0.94%；2001—2010 年，研发经费投入强度震荡攀升，由 0.94%提高到 1.04%，十年间基本维持在 1%左右。其中，2009 年受金融危机影响，产值增幅降低，数据出现跳动；2010—2013 年，研发经费投入强度快速上升，由 1.04%升至 1.63%。我国医药制造业研发经费投入经历了 3 个不同阶段：从无到有大量引进国外技术发展期、1%水平震荡瓶颈期、创新驱动内生增长期。

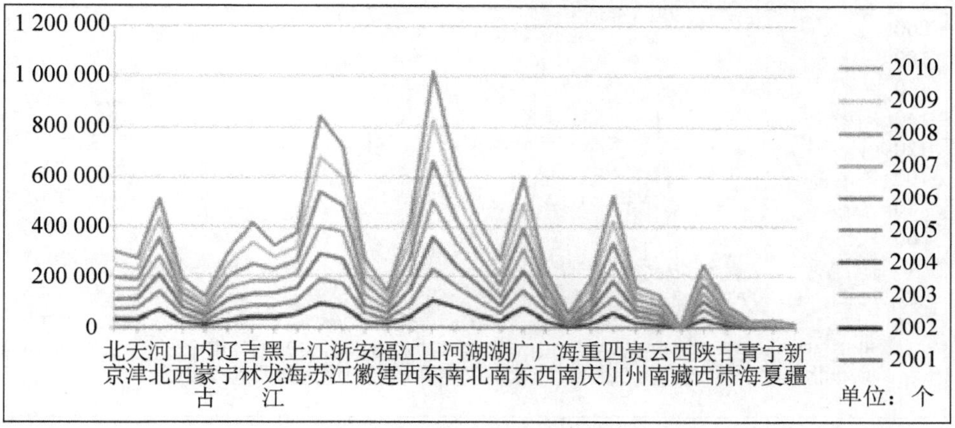

图 7.1　2001—2010 年 31 个省市自治区生物制药产业企业数

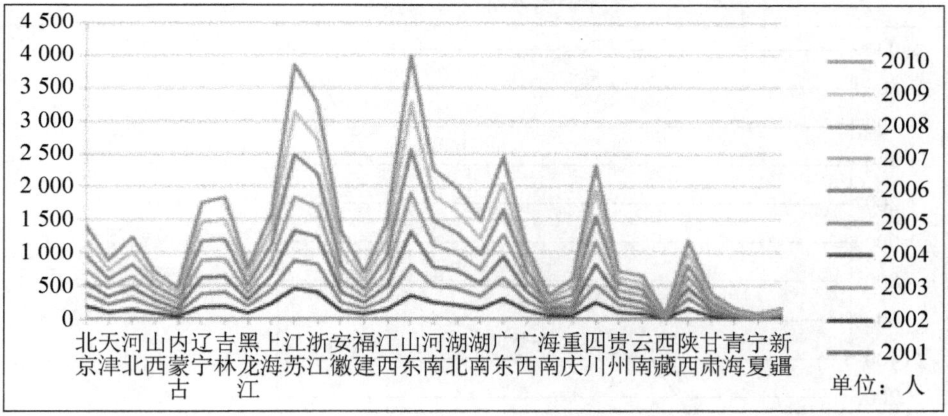

图 7.2　2001—2010 年 31 个省市自治区生物制药产业从业人数

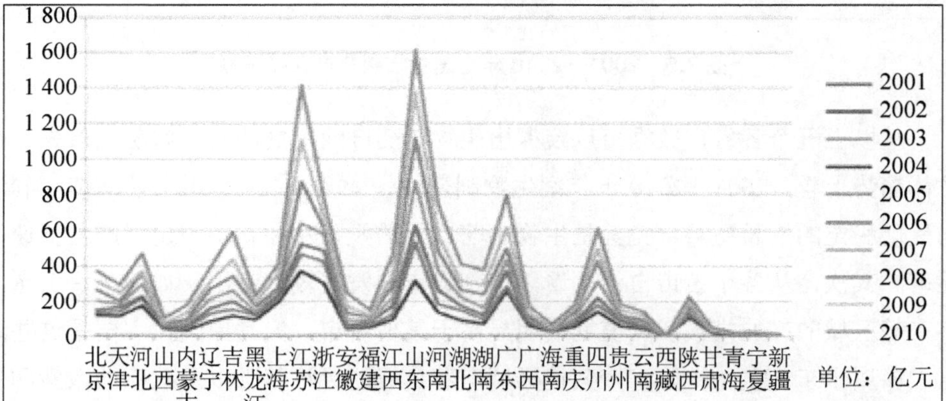

图 7.3　2001—2010 年 31 个省市自治区生物制药产业产值

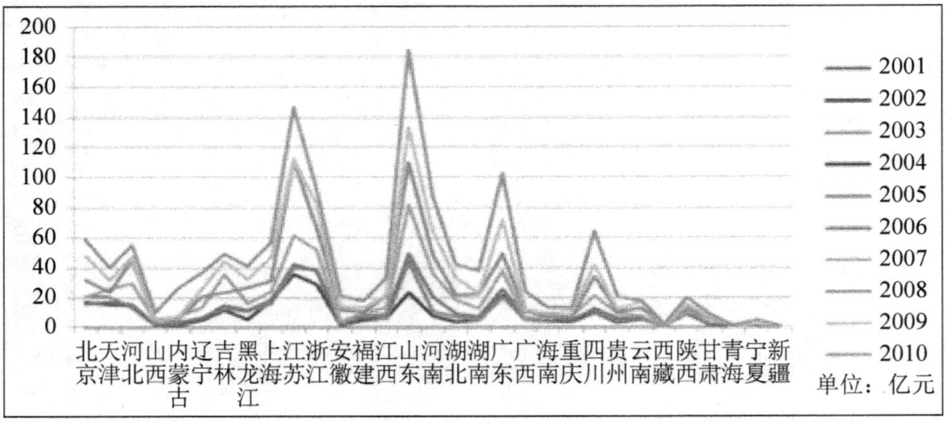

图 7.4　2001—2010 年 31 个省市自治区生物制药产业利润

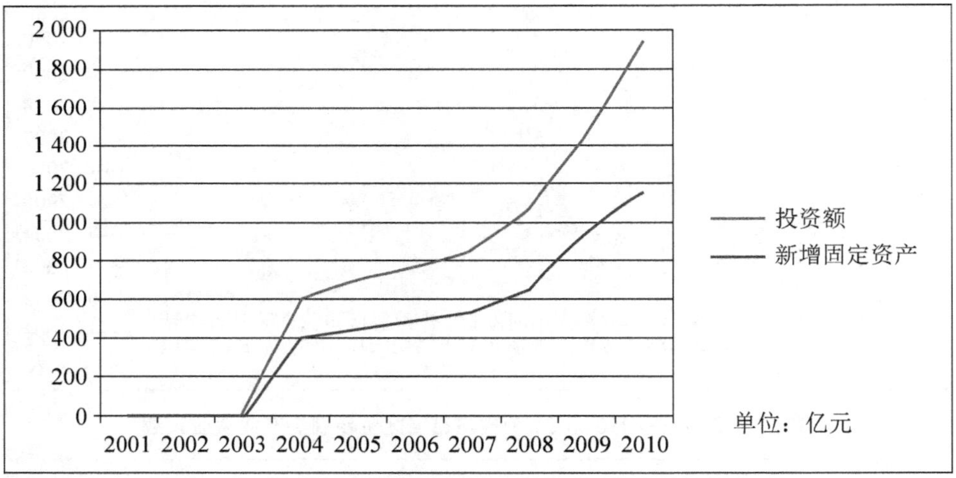

图 7.5　2001—2010 年全国生物制药产业投资额

从以上五个各省市数据可以窥探出生物制药产业发展的基本状况。首先，从总体趋势上看，2001—2010 十年间生物制药业企业数、从业人数、总产值和利润均呈现稳定的增长态势，尤其是生物制药产业的投资额和新增固定资产增长速度显著。其次，从各个省市自治区看，个别省市的发展较为突出，如江苏、山东、广东等区域的产业规模和产值利润明显高于其他省市。究其原因，主要是这些地区大多属于东部发达地区，较其他区域有着良好的经济基础以及政府的政策和资金等资源的支持，从而促使这些地区率先抓住机遇，快速推进生物制药产业的快速发展。相比之下，西藏、甘肃、青海等西部地区，产业发展较为缓慢，归根结底主要是由于其经济基础较为薄弱，相对于高技术产业，这些地区目前可能需要集中更多的资源来发展传统的基础产业，从而为该地区的快速发展提供充足的支持和支撑。中部地区，比如安徽、江西、湖南等的生物制药产业发展状况介于东西部之间，呈现出稳步增长的态势。

7.1.2　生物制药产业的研发活动现状研究

研发活动包括基础性研究和应用性研究两部分。基础研究是指认识自然现象、揭示自然规律，获取新知识、新原理、新方法的研究活动，主要包括：科学家自主创新的自由探索和国家战略任务的定向性基础研究；对基础科学数据、资料和相关信息系统地进行采集、鉴定、分析、综合等科学研究基础性工作。这些活动主要是在大学、社会公共研究机构和企业专门的研发部门等场所进行，应用研究指为获得新知识而进行的创造性的研究，它主要是针对某一特定的实际目的或目标，主要是将基础研究的成果应用在企业日常生产活动中，从而实现产学研三者间良好地互动循环。然而，随着市场竞争愈发激烈，企业也将研发活动内部化，纷纷加大研发投入，以期提高产品产值，获取巨额利润，从而提高竞争力。

考虑到数据的可获得性，本小节主要探寻地区生物制药产业的研发投入、研发产出及专利的发展现状三个部分。其中专利发展现状部分具体分为国际比较分析、国内各地区比较分析及专利质量的深度剖析三个部分。

1. 生物制药产业的研发投入现状

制药和生物科技产业是典型的高技术产业，是我国《国家中长期科学和技术发展规划纲要(2006—2020)》确定的重大专项之一，自 2005 年以来，该产业的研发投入比例在全球研发投入 2 000 强企业中一直稳定在 18%左右，在所有产业中排名第一。制药和生物科技产业也是全球研发强度最高的产业，自 2005 年以来，研发强度在全球研发投入 2 000 强中一直维持在 15%左右，是研发投入 2 000 强中唯一一个研发强度超过 10%的产业。整体来看，中国制药和生物科技产业与美日韩和英法德等典型创新型国家有明显差距。具体来说，2012 年，中国医药和生物科技产业的研发投入经费占工业总产值的比例仅为 1.60%，美国和英国分别达到了 23.63%和 24.92%，韩国在 6 个国家中比例最低，也达到了 2.51%(崔维军等，2015)。但从纵向来看，2001—2010 年中国生物制药产业的研发投入(经费和人员)稳步提升。

图 7.6 和图 7.7 分别表示我国 31 个省市自治区研发人员及经费投入情况。从中可以清楚地看出，十年间生物制药产业的研发投入逐年增长，其中包括产业研发人员的激增，尤其是近五年研发经费投入增长速度十分显著；2001—2010 年，相比于研发人员投入，研发经费支出的增长速度较为缓慢，但从总体来看呈现出稳步提升的态势。具体从地区差异的角度来看，江苏、山东和广东等东部地区研发投入优势明显，2001—2010 年研发人员和研发经费投入增幅较大，与该地区的生物制药产业发展基本状况所表现出的特点相契合。中西部地区，比如贵州、云南、甘肃、青海、安徽、河南、湖北等中西部各地区的研发投入水平明显低于东部地区，且增长速度较为缓慢。

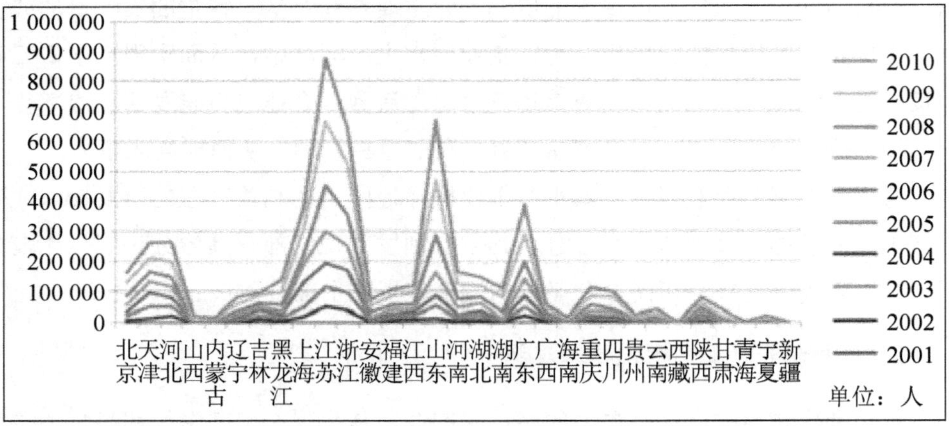

图 7.6　2001—2010 年 31 个省市自治区生物制药产业研发人数

2. 生物制药产业的研发产出现状

我国生物制药产业规模较小、增速很快，是近年来发展的突出特点。“十一五”期间，我国生物制药产业规模增长了 2.7 倍，2012 年生物制药行业实现销售收入 1 775.43 亿元，但这规模却只相当于美国两家中等规模生物制药企业的年度销售额之和。然而，就相对增长速度而言，我国生物制药产业增长很快，2005—

2012 年产业年复合增长率销售增长率达到了 23.5%，有预测说，“十二五”期间这一数字会增长到 26.3%(付俊，2014)。但是这种总体上的销售收入和增长率很难具体分析生物制药产业的研发产出的情况，一个区域的专利申请量和专利授权量能很好地度量该区域的创新产出水平，而专利作为研发投入和产品市场化的中间产品，对于整个地区的创新活动和经济发展都有着重要作用。基于技术创新价值链视角，产品从研发投入到产出，实现商业化价值需要经历技术开发和技术成果转化两个阶段。因此，本研究主要根据专利的情况来分析生物制药产业的研发产出。

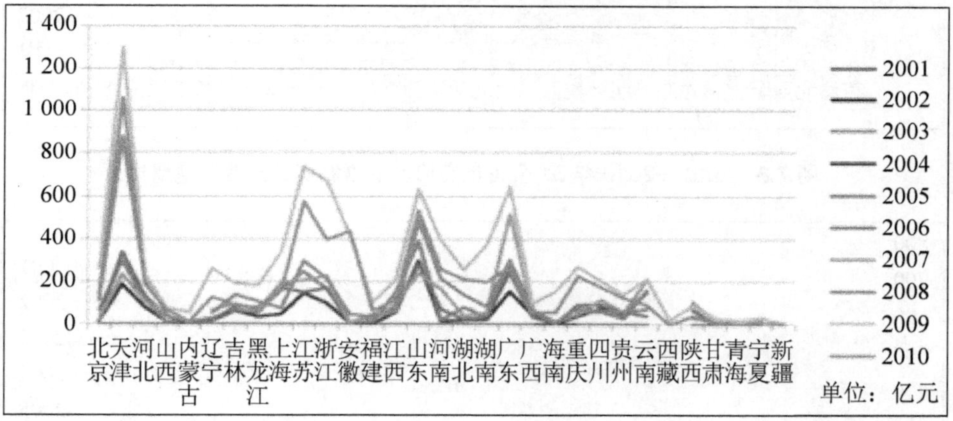

图 7.7　2001—2010 年 31 个省市自治区生物制药产业研发经费

图 7.8 和图 7.9 分别表示专利申请量和专利授权量在我国各地区的分布状况，从中可以看出，2001—2010 年我国 31 个省市自治区的专利数量基本呈现出逐年增长的趋势，总体专利产出趋势与研发投入趋势相符。具体来说，东部地区研发产出增长速度显著，且增长幅度较大，而中西部地区增长速度较为缓慢。但是，有些省市，比如天津的研发投入和产出结果表现较为特殊，在研发投入方面，天津大大落后于江苏、山东等地区，但在专利数量上双方基本保持一致，洪进等人(2013)的研究成果表明天津在技术研发阶段的效率最高，即研发投入能够高效率地转化成研发产出，从而很好地解释了这一现象。但是从产业规模、总产值和利润等方面来看，天津大大落后于江苏、山东等地区，说明天津在生物制药产业的产品市场化阶段，即应用阶段，没有把专利很好地转化成产品，从而丧失了在技

术研发阶段的优势，这与研究结果，即天津的技术成果转化阶段的效率不高是相符的①。

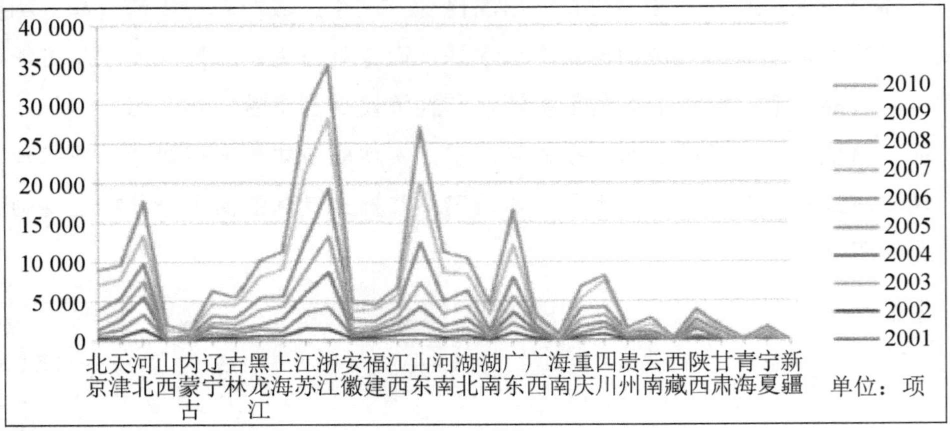

图 7.8　2001—2010 年 31 个省市自治区生物制药产业专利申请量

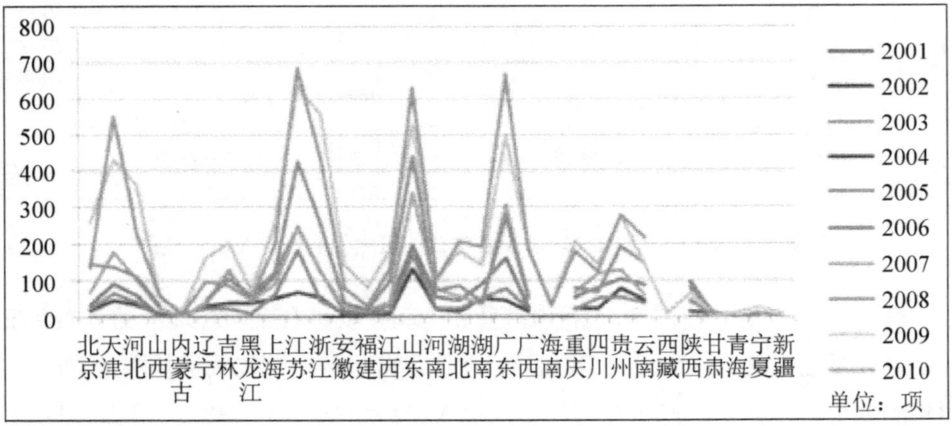

图 7.9　2001—2010 年 31 个省市自治区生物制药产业专利授权量

7.1.3　生物制药产业专利现状分析

我国生物医药产业发展较为迅速，专利创新活动不断强化，具体体现为专利申请量和专利授权量逐年递增。基于以上形势，同时考虑到国内专利申请的公布

① 洪进，李敬飞. 两阶段创新价值链视角下我国医药制造业技术创新效率及影响因素分析[J]. 西北工业大学学报(社科版)，2013(02).

需要18个月，因此，本章将以2000—2009年国家知识产权局受理的专利数据为基础(检索时间2012-2-27)，试图从专利申请授权状况、所属地区、所属国、技术研发领域分布、权利要求项数这几个方面来分析生物医药产业的专利状况，以期从多个角度反映我国生物医药产业的发展态势。

1. 2000—2009生物医药产业专利申请和授权总体状况

申请专利保护有利于发明者知识产权的维护，防止自身科研成果的流失，同时也有利于推动科技的进步和经济的发展，通过申请专利可以独自占有新技术及其产品的市场空间，获得相应的经济利益，如通过生产销售专利产品、转让专利技术、专利入股等方式获利。与之相反的是，没有专利保护的公开技术任何人都能使用，市场这块“利润大饼”也是任何人都能分享的。因此，地区专利申请情况可以从侧面反映出该地区的市场竞争机制和知识产权保护力度。

图7.10显示的是国家知识产权局2000—2009年受理的国内外生物医药专利的申请授权状况，从图中我们可以看出的是，除了2000年和2002年以外，其他年份的国内专利申请量一直高于国外专利申请量，同时，尽管2008年后专利申请量呈现下降趋势，但是从总体来看国内的专利申请的增长速度非常快，远远超过了国外专利申请的增长速度。专利数量的增长速度如此之快，从侧面反映出国内知识产权保护意识逐渐增强，企业和个体开始通过专利的申请来获取竞争优势。

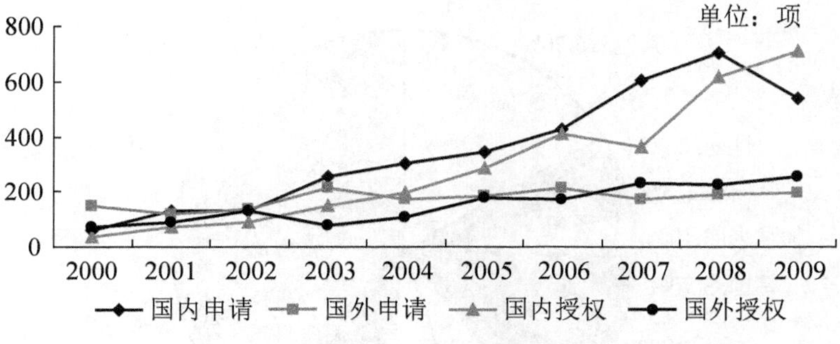

图7.10 生物医药产业专利的申请和授权趋势分析图

从图7.10中可以看出，除2000年和2002年外，从2003—2008年生物医药专利的国内申请量都是超过国外申请量且差距越来越大，虽然2009年国内专利申请量有明显下降，但2003—2009年间，国内专利申请量世界专利申请量的比重仍然占到六到七成左右。

从专利授权量来看，从 2003 年起，生物医药产业专利国内授权量超过国外授权量，且差距越来越大，2009 年国内生物制药产业专利授权量所占比重达到 73.5%(见图 7.11)。

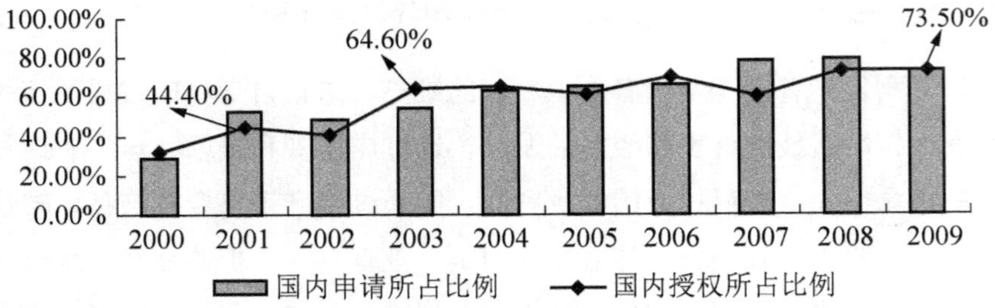

图 7.11　近年国内生物医药专利申请、授权所占比例

2. 生物医药专利的区域分布状况

(1) 国外生物医药专利申请、授权所属国家分布状况。

2000—2009 年国家知识产权局受理的生物医药专利申请国中，美国生物医药专利申请量占 37.3%，位居第一，其次分别为日本(11%)、德国(6.9%)、瑞士(5.7%)、英国(5%)、法国(4.9%)、韩国(3.7%)、加拿大(3.1%)、荷兰(3%)、丹麦(2.9%)(见图 7.12)。欧盟国家总申请量占国外专利申请总量的 30.1%。

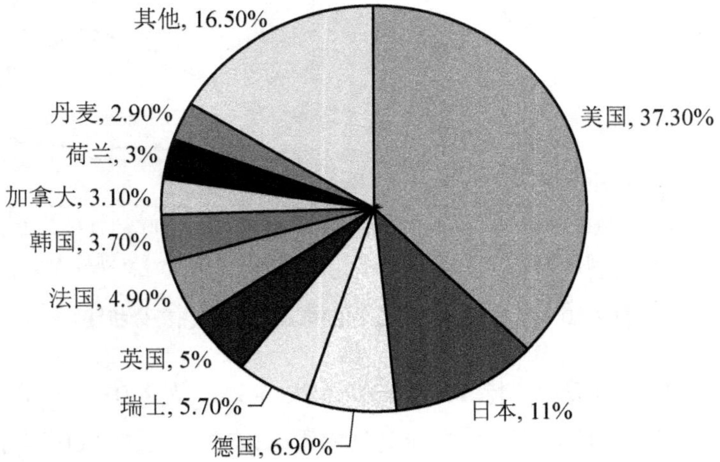

图 7.12　国外生物医药专利申请所属国分布

国家知识产权局授权的国外生物医药专利中，美国生物制药产业专利授权量占 39.1%，亦居第一，其次分别是日本(9.7%)、德国(7.2%)、英国(5.6%)、瑞士(5.6%)、法国(4.2%)、韩国(3.8%)、加拿大(3.4%)、比利时(3.1%)、荷兰(3%)(见图 7.13)。欧盟国家总授权量占国外专利授权量的 30.1%。

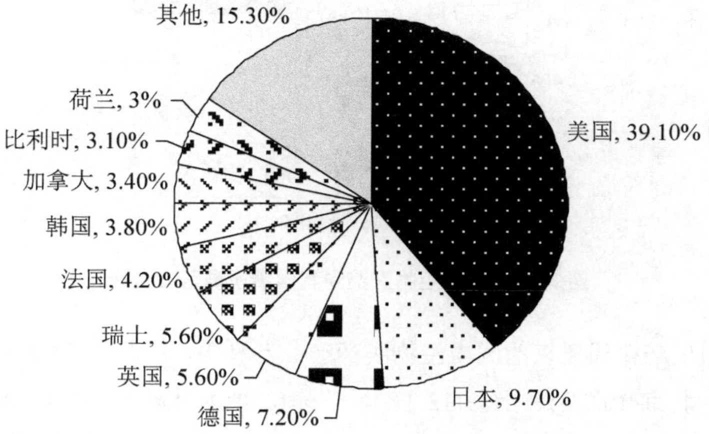

图 7.13　国外生物医药专利授权所属国分布

美国、欧盟、日本生物医药产业专利申请量占国外申请总量的 78.4%，授权量占国外授权总量的 78.9%。欧盟国家中，生物医药专利申请和授权九成以上来自德国、英国、法国、比利时、荷兰、丹麦、瑞典和意大利。国外生物医药专利的抢先申请将对我国生物医药产业的创新造成限制。与此同时，跨国公司还会分摊国内生物医药市场，这些都很不利于中国生物医药产业的健康发展。因此，知识产权局应适当地加强对国外生物医药专利申请的审查，保护我国的生物医药的自主创新成果。

(2) 国内生物医药专利申请、授权所属地区分布状况。

国家知识产权局受理的国内生物医药产业专利申请中，东部地区，比如江苏(24.9%)、北京(18.9%)和上海(14.6%)以较大优势领先于其他地区。其后依次是广东(8.8%)、浙江(4.9%)、湖北(3.9%)、黑龙江(2.8%)、山东(2.6%)、吉林(2.2%)、天津(1.8%)，其他地区的生物医药产业专利申请总和所占比重仅为 14.6%(见图 7.14)。

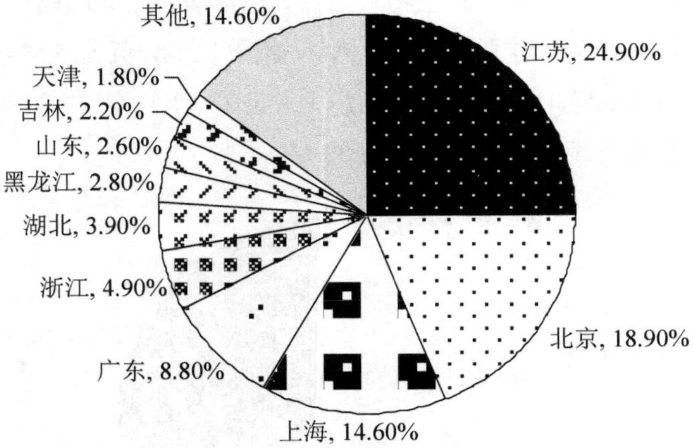

图 7.14　国内生物医药专利申请所属区域分布

国家知识产权局授权的国内生物医药产业专利中，江苏占 23.9%，位居第一，其次分别为北京(19.5%)、上海(13.3%)、广东(8.8%)、浙江(5.3%)、湖北(4.2%)、山东(2.6%)、黑龙江(2.4%)、吉林(2.3%)、天津(2.2%)，其他地区的国内生物医药产业专利授权总和所占比率仅为 15.5%(见图 7.15)。

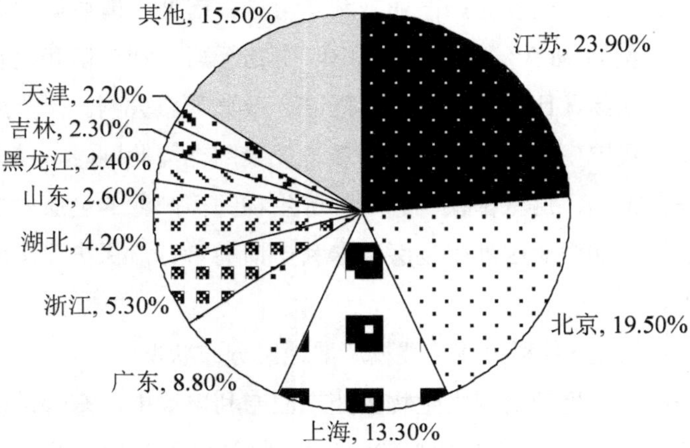

图 7.15　国内生物医药专利授权所属区域分布

国内以上十个地区生物制药产业专利申请量合计占国内专利申请总量的 85.4%，专利授权量占国内总量的 84.5%。这说明我国生物医药产业的发展区域差异比较显著，发展不够均匀，东部部分地区的专利申请优势显著。具体表现为，北京、上海和江苏三个地区遥遥领先国内其他地区，生物制药产业呈现出较高的集中程度。

进一步深入分析，可能的原因可能有以下几点：第一，北京、上海和江苏的大学高校数量优势明显，且大学的科研力量较为雄厚。拥有中国科学院、中国医学科学院、中国中医科学院、军事医学科学院、上海医药工业研究院、北京大学、清华大学和复旦大学等高水平生物医药科研机构。第二，经济比较发达，资源较为丰富，市场体制较为健全，因此相对于其他地区更容易吸收高水平的科研人才。具体来说，首先地方经济的发展必然带动教育环境以及科研条件的改善，优越的教育环境能够培养出更优秀的人才，而好的科研条件更是能够留住人才。此外，经济的繁荣必然会推动市场机制的改善，尤其是提供健全的金融支撑和保障，而风险投资对于现代生物医药产业发展具有重要的作用。第三，东部地区，尤其是北京、上海和江苏等地知识产权保护体制较为健全，能够更好地保护专利申请者和知识生产者的合法权益，而中西部地区知识产权保护相对较为薄弱，在合法权益的不到保障的情况下，会大大降低知识生产者提高知识投入的动机和积极性，从而自然会减少地区的专利申请量。

(3) 国内外生物医药研发的技术领域分布。

随着生物医药技术发展步伐的不断加快，技术优势在企业生存和竞争战略中发挥的作用也日益显著。新旧市场的更替在很大程度上与技术进步密切相关，新的先进技术快速催生出新的市场。与此同时，旧的市场则因新市场的出现而很快被淘汰。技术变化的周期越来越短，而过去传统的战略与竞争分析方法已无法准确地预测技术发展趋势，在这种形势下，决策者们试图探索出一种能够有效地管理和监控企业内外部技术的新方法。而专利作为发明创造的主要形式，其本身包含着丰富的技术创新信息，分析大量的专利数据可以很好地把握技术动态并了解某项特定技术的竞争力。因此，本研究根据国际专利分类(IPC)标明的分类号，来确定该专利或者发明所涉及的具体技术领域，据此了解地区的技术研发热点和技术创新集中领域。

从图 7.16 中可以清楚地看出，2000—2009 年生物制药产业研发热点领域的趋势变化，各个 IPC 号总体呈现出逐渐递增趋势。从表 7-1 可以看出的是，2000—

2009 年以来，技术的研发热点依次为 C12N、A61K、G01N、C07K、A61P、C12Q、C12P、C12R[①]。通过分析研发热点，生物制药产业的相关科研人员可以明确目前的技术研究重点和前沿，了解市场需求，从而进行有目的的进行研究，而不是浪费精力在已经褪去光环的甚至是面临淘汰的成熟技术上。

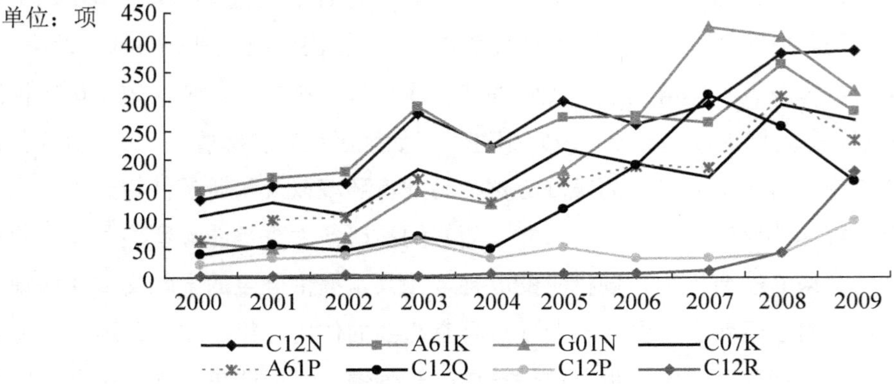

图 7.16　近年来研发 IPC 重点的趋势变化

表 7-1　2000—2009 年的 IPC[②]类比例分布

	专利总数/项	所 占 比 例
C12N	2 576	20.50%
A61K	2 462	19.60%
G01N	2 051	16.40%
C07K	1 814	14.50%
A61P	1 644	13.10%

① 以上几种 IP 号代表的具体技术领域分别是：C12N (微生物或酶；其组合物；繁殖、保藏或维持微生物；变异或遗传工程；培养基)、A61K（医用、牙科用或梳妆用的配制品）、G01N(借助于测定材料的化学或物理性质来测试或分析材料)、C07K（肽）、A61P(化合物或药物制剂的治疗活性)、C12Q(包含酶或微生物的测定或检验方法；其所用的组合物或试纸；这种组合物的制备方法；在微生物学方法或酶学方法中的条件反应控制)、C12P(发酵或使用酶的方法合成目标化合物或组合物或从外消旋混合物中分离旋光异构体)、C12R(与涉及微生物之 C12C 至 C12Q 或 C12S 小类相关的引得表)。

② IPC 是一种等级分类系统，低等级的内容是其所从属的较高等级的内容的细分。一个完整的分类号由代表部、大类、小类和大组或小组的类号构成，按照层次的递降顺序分割技术知识的整体。表 7-1 是采用小类来区分不同的技术领域而得到的。

续表

	专利总数/项	所 占 比 例
C12Q	1296	10.30%
C12P	438	3.50%
C12R	263	2.10%

(4) 中国生物医药产业专利的权利要求项数。

随着技术的发展，专利复杂程度不断上升，权利要求项数越来越多。Tong 和 Frame(1994)的研究表明，权利要求项数的多寡能够很好地体现技术创新能力，即权利要求数量越多，技术创新能力也就越强。以专利权利要求项数作为对比项加以分析，可以在一定程度上反映出国内与国外生物医药产业专利的质量差距。鉴于本项目研究的重点是合作发明者网络，本小节以 2000 年到 2009 年的中国内地的发明者合作申请数据和美国在华申请专利数据为例，以此来分析中国和美国的生物医业专利权利要求项数变化趋势及差异所在。

图 7.17 显示的是生物医药产业专利权利要求平均项数的变化趋势，很明显的可以看出，近十年来，国内生物医药产业专利的权利要求平均项数总体上呈现出上升趋势，这表明生物医药产业正在不断发展和进步当中，专利技术创新含量越来越高，同时越来越复杂。不过，国内的上升幅度相对较小，且不显著，远远低于国外专利的权利要求项数均值，因此，国内外的生物医药专利质量差距还是非常明显的。比如，2000 年，国外专利权利要求平均项数均值是国内的 7.3 倍，2006 年则扩大到了 7.5 倍，换而言之，在权利要求项数上，近 8 件国内生物医药专利申请才相当于一件国外专利申请，差距十分显著。上述数据初步表示，相对于国内来说，国外生物医药专利更复杂，技术含量更高。

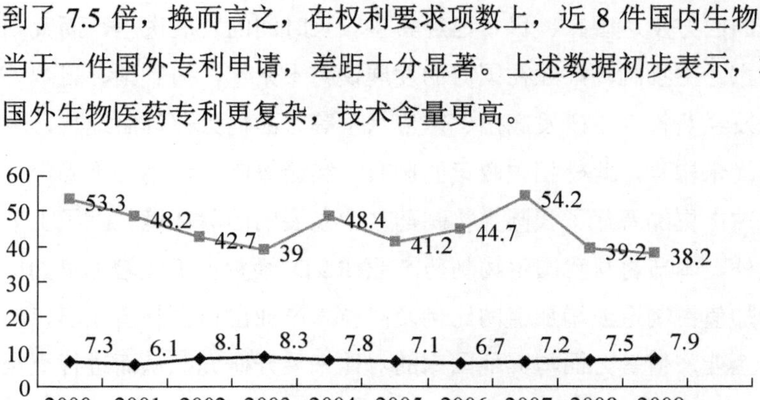

图 7.17　生物医药产业专利权利要求项数变化趋势

(5) 小结。

随着国务院颁发的政策将生物医药产业列为我国重点扶持的高技术和战略性产业，近年来，我国生物医药产业的专利申请量、授权量都已经超过国外，同时国内专利申请和授权量所占比例总体上保持不断增长的趋势，这些表明我国生物医药研发整体水平日益提高，具有自主知识产权的创新成果的积累不断增加，社会公众的知识产权意识不断加强。从上述分析我们可以看出，国内生物医药技术已经具备一定的研发水平，国内在专利数量上占优。总体而言，国内生物医药产业专利态势在向好的方向发展。

但是，我们必须清醒地认识到国内生物医药技术发展还存在问题。具体表现为生物制药产业的转变主要还是数量上的，而不是质量上的转变。虽然国内专利申请和授权在数量上占优，但在专利质量上国内仍然处于明显的劣势，且形势不容乐观。高质量的专利才是我国自主创新能力的保障，因此，我国当前急需注重专利质量，在专利数量稳步提升的同时，提高相似专利的申请难度，积极鼓励专利的多样性和创新性，从而大力提升国内专利授权质量。

7.2 生物制药产业的国际比较

生物制药产业作为引导我国高新技术产业快速增长的先导产业，其实在以美国为代表的西方发达国家、日本已经具备较长时间的发展进程，而我国作为新兴经济体国家，生物制药产业在国内的发展仅有十余年，与美国、日本等国相比，无论从研发经费投入、研发产出、产值水平等方面均处在落后地位，专利质量的指标体系尚未构建，此外相关政策的颁布、实施等国内环境仍不确定，加之全球化浪潮的冲击更加恶化了我国生物制药产业发展的国际环境。除了上节所提及的专利质量外，本节将从我国生物制药产业 R&D 经费占工业增加值的比例、高技术产业增加值占制造业增加值的比例及高技术产业出口占制造业出口的比重以及生物制药企业产值等方面与其他国家的对比来展开研究，从而进行更全面深入的生物制药产业的国际比较。

与一些发达国家相比，中国生物制药产业技术发展缺乏原始独特创新。我国生物制药产业技术创新意识较为薄弱，自主知识产权缺乏，这都在不同程度上阻碍了其市场价值创造能力。加上生物制药产业技术 R&D 投入的限制，进一步扩大了与发达国家的差距(图 7.18)。目前，我国已批准上市的基因工程药物中只有重组人 α—lb 干扰素、重组牛碱性成纤维细胞生长因子和重组链激酶是国家一类新药，其余基因工程药物均是仿制而成。我国的生物制药企业虽然已有 200 多家，但是真正取得基因工程药物生产文号的不足 30 家。2001—2009 年间(表 7-2)，我国生物制药产业对制造业的贡献率逐年递增，一直领先于意大利、加拿大、挪威等国，但是与韩国、芬兰、美国、日本等国相比，差距仍然显著。值得一提的是韩国高技术产业对制造业的贡献率一直维持在 20%以上。2001—2010 年间(表 7-3)，我国高技术产业出口对制造业出口的贡献率的均值达 27.8%，仅落后美国 0.2 个百分点，与韩国、美国、英国共处第一梯队，其中韩国十年间高技术产业出口所占比例接近 31%，而西班牙、意大利两国高技术产业的出口份额较低，还未达到 10%。

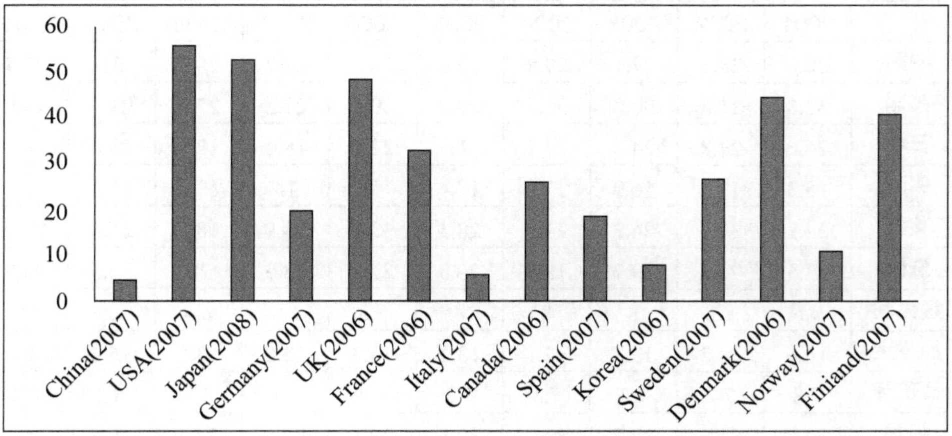

图 7.18　部分国家生物制药产业 R&D 经费占工业增加值比例(%)

表 7-2　部分国家高技术产业增加值占制造业增加值的比重(%)

	2001	2002	2003	2004	2005	2006	2007	2008	2009
中国	9.5	9.9	10.5	10.9	11.5	11.5	12.7	—	—
美国	17	17	17.2	17.5	18.1	19.2	19.1	19.7	21.2
日本	15.9	15.3	16.5	16.9	15.7	16.1	16.2	15.4	—
德国	10.5	10.8	11.4	11.8	12.4	12.2	12.8	—	—

续表

	2001	2002	2003	2004	2005	2006	2007	2008	2009
英国	17	16.2	15.7	15.5	16.2	17.2	17.1	—	—
法国	15.1	14.9	14.7	13.5	14.2	14.9	14	13.9	—
意大利	9.8	9.7	9.3	9.3	9.1	9.4	9	—	—
加拿大	8.7	8.1	8.5	8.2	8.6	9.2	—	—	—
西班牙	6.9	6.2	6.2	5.9	5.9	6.1	6.2	—	—
韩国	20.9	21.6	22.2	23.7	22.7	23	—	—	—
瑞典	13.6	15.7	17.5	20.8	21.1	20.9	18.7	—	—
丹麦	16.5	14.6	16.3	15.8	17.5	16.7	16	—	—
挪威	7.5	7.8	7.6	7.7	7.8	8.4	8.1	—	—
芬兰	20.3	23.4	23.7	22	22.2	22.3	23.5	—	—

表 7-3　部分国家高技术产业出口占制造业出口的比重(%)

	2001	2002	2003	2004	2005	2006	2007	2008	2009	2010
中国	20.6	23.3	27.1	29.8	30.6	30.3	29.7	28.7	31	27.5
美国	32.6	31.8	30.8	30.3	29.9	30.1	27.2	25.9	21.5	19.9
日本	26.6	24.8	24.4	24.1	23	22.1	18.4	17.3	18.8	18
德国	18.3	17.5	16.9	17.8	17.4	17.1	14	13.3	15.3	15.3
英国	34.1	31.7	26.3	24.5	28.3	33.9	18.9	18.5	21.8	20.9
法国	23.5	21.5	19.7	19.8	20.3	21.5	18.5	20	22.6	24.9
意大利	9.6	9.2	8	8	8	7.3	6.3	6.4	7.5	7.2
加拿大	16.6	14.2	13.7	12.1	13.1	13.3	12.8	13.6	16.2	14
西班牙	7.8	7.2	7.5	7.3	7.3	6.4	5.1	5.3	6.2	6.4
韩国	29.8	31.5	32.3	32.9	32.5	32.1	30.5	27.6	28.7	—
瑞典	17.4	18.2	16.3	17.4	16.9	16.1	11.5	11.2	12.9	13.9
丹麦	20.8	22.5	20.2	20.3	22.5	19.9	16.8	15.6	17.7	14.2
挪威	18.2	20.6	16.8	17.4	16.1	17.2	14.7	14.8	15.8	16.1
芬兰	24.4	24.1	23.7	20.9	25.1	22.3	18	17.2	14	10.8

此外，制药和生物科技高研发投入企业主要分布在美国、日本和欧洲。2012 年，全球研发投入 2 000 强企业中的 215 家制药和生物科技企业中，美国有 99 家，欧洲有 66 家，日本有 27 家，其他国家和地区仅有 23 家。从进榜企业的行业研发

投入比例来看，美国 99 家企业的研发投入比例为 43.04%，欧洲 66 家企业的比例为 43.28%，日本 27 家企业的比例为 11.31%，3 个地区的研发投入比例之和超过 97%。包含在开曼群岛注册的 2 家企业在内，中国进入全球研发投入 2000 强的制药和生物科技企业仅有 7 家，总研发投入占比仅为 0.26%。

综合上述分析，大体得到以下结论：①我国生物制药产业的技术创新能力和自主产权保护意识较弱，研发经费投入比例较低，应该加强研发投入，进一步提升生物制药产业的技术创新能力；②制造业增加值中高新技术产业所占比例较低，需要加快推进高技术产业的发展；③高技术产业出口占制造业出口比例相对较高，应该继续坚持鼓励高技术产业产品“走出去”的政策；④高研发投入的领军生物制药企业数量较少，应该培养若干具有中国代表性的生物科技制药企业，发挥领军带头作用，从而推动整体生物制药产业的快速发展。

7.3　生物制药产业 R&D 组织模式概述

作为出现于 20 世纪下半叶的新兴产业，生物制药产业中的研发组织在形成之初即具备了产业层面上的研发组织特征；同时，生物制药产业研发活动自身的独特性使得生物制药产业研发组织在结构上有别于其他产业研发组织。此外，根据企业的不同实际情况及自身的实力，生物制药产业研发组织形式呈现出多样化模式，与之相对应的是，研发组织结构也有所不同，但从长期的发展趋势来看，研发组织结构的动态性是生物制药产业研发组织的最显著的特点。

外文文献中对生物制药产业研发组织模式(the Governance Modes/Patterns of R&D)这一层面的全面性、综合性研究较少，多是聚焦于技术创新的某一类型技术创新组织模式范畴内对其进行考察，而且从补充资源、组织学习、技术扩散等多个理论角度对较为热门的技术联盟、创新网络等产业现象的研究。相反，国内研究中从技术创新组织模式这一层面入手的研究则较多，且外文献中使用“Governance Modes/Patterns of R&D”主题词的研究也多数为国人贡献。国内相关的研究议题包括创新模式、技术创新模式、合作研发模式等。

前人在对生物制药研发模式的分类中角度多样，如按照创新程度，分为开拓创新、模仿创新(又可称为二次创新)和完全仿制；按照创新来源，分为内部研发、技术并购、技术购买、合资企业结和技术联盟等形式。王博(2008)从寡占性角度将企业研发组织模式分为企业内的非合作研发组织模式、企业间研发卡特尔策略模式和企业间研发合资企业策略模式。蒋国平和王林英(2012)对从“二元”理论出发，将突破式创新的组织模式分为内部孵化模式、联盟开发模式和并购模式。汪波等人(2005)从企业组织结构角度出发将现有组织模式归纳为职能式、事业部式、矩阵式、虚拟组织和网络组织。李京总结跨国公司技术创新国际化的组织模式，分别为独资子公司、合资企业、技术联盟、与大学合作和转包研发等模式。卢海东等人(2007)对大型企业技术创新进行考察，总结出三种典型的组织模式，单一产品类型条件下的单组团创新组织模式、相关多元化条件下的多组团创新组织模式和非相关多元化条件下的多组团创新组织模式。高鹏(2007)对现代企业虚拟创新的组织模式进行了详细划分，分别为链式模式、联盟模式、虚拟平台模式、网络创新模式、横向虚拟一体化外包模式、网络化的企业孵化器和技术实验室联合体等七种模式。Vrande 等人(2009)将外部技术获取模式分为合作风险投资、非股权技术联盟、合资企业、少数股权投资和并购。以上所述分类中研究者所采用的分类角度和标准不同，致使分类体系间由较大差异，而且往往仅涵盖了技术创新组织模式范畴的某个方面，且互有交叉，同一类型下指涉的具体组织模式也存在差异。

本研究主要从组织边界的角度出发，将生物制药产业 R&D 组织形式分为自主研发式和跨组织式的组织形态，从而简单地勾勒出生物制药产业研发组织的发展历程。

7.3.1 自主研发式的研发组织形态

企业内部设置研发机构，孕育于第一次工业革命中的英国，诞生于 18 世纪下半叶的法国，发展于 19 世纪上半叶的德国，而走向成熟则是在 19 世纪下半叶到 20 世纪初的美国，从此后，企业内设研发机构才成为大企业的基本行为(孟庆伟，1999)。一方面，市场竞争的加剧使企业仅靠常规生产在市场中生存日益困难；另一方面，市场竞争也越来越显现出科学技术的力量。于是，当时的一些大企业开始在内部设置研发机构。其中通用电器走在了前列，于 1905 年最先成立了比较正式的科研实验室，形成了一套开创历史先河的企业知识生产模式，为通用电器称霸整个世纪打下了基础。此后，其他一些企业纷纷仿效，也建立了自己的实验室。其中包括著名的贝尔实验室，以及杜邦、IBM 等企业的实验室。而对现代生活产生了巨大影响的尼龙、计算机就是在这种模式下分别产生于杜邦和 IBM 的实验室(黄向群，2001)。

在生物制药产业发展的早期，以及随着市场和生物技术呈规律性发展，一些生物制药企业在积累了足够的经济实力和研发实力之后纷纷建立自己的研究中心和开发部门，以大力推动自主研发，并以此来保持企业的竞争中优势，从而增强自身的生存能力和扩展发展空间。这种自主研发式的研发组织结构在产业层面上特征并不十分显著，但因其与企业外部的研发机构的联系而有别于直接设立于企业内部的工业试验室。两者对比而言，自主研发式研发组织既存在于企业内部的研发部门和又与企业外部(比如从事基础研究的大学和科研院所)密切联系。

在自主研发式模式下，一方面，企业内、外部的研发机构合作关系较为松散，科研院所和大学中所开展的基础研究与企业内部所进行的应用研究以及工艺开发的合作效率偏低，具体表现为基础研究与应用研究不匹配，有时候甚至出现脱节，从而导致新产品的开发不能够满足市场的需求。另一方面，进行自主研发，企业需要承担的风险较大，即使自主研发成功，新产品的商业化过程周期较大，同时伴随着市场环境的快速变化，新产品可能会产生一定的滞后性。因此，跨组织式的研发组织结构模式成为生物产业研发组织的必然选择。

7.3.2　跨组织式的研发组织形态

医药企业在进行 R&D 活动中采用何种组织形式一直是理论界和商界共同关心的问题。目前，医药企业在 R&D 活动中采用外包、技术转移与许可等资源共享的方式越来越得到理论上的支持。

生物制药产业的 R&D 不是基于单个职能机构的活动而产生的，往往涉及很多的参与者，对于新产品的诞生或者改进产品不仅需要企业内部部门之间的合作，而且需要不同企业或研究机构的参与，此外，由于严格的政府行政管制要求生物制药产业研发活动中的研究、开发、测试等各个环节保持高度的一致性，多个职能部门、不同企业和研究机构以跨组织式的合作以构成生物制药产业研发组织已经成为必然。从国际生物制药产业的实践来看，这种跨组织合作有助于降低研发风险，整合企业研发资源以及提高企业的市场竞争力。

在我国，生物制药产业采取跨组织合作研发还有其特殊的理由。我国生物制药产业缺乏完成整个技术创新活动所必需的全部资源。我国为数不多的医药科研院所由国家卫生部归口管理，医药企业由国家医药管理局管理，造成医药产业生产与开发的脱节，不仅导致我国医药企业缺乏技术创新的人才和知识资源，同时也使我国公共科研机构承担了本应由企业完成的大部分应用研究与产品开发工作，结果造成资源分割，影响了企业在战略上对技术创新管理的安排。企业在组织设计上忽视了医药开发功能的落实，无法形成以技术创新开发市场、占领市场的能力。而拥有 R&D 人才和知识资源的科研院所又由于其组织性质的原因，缺乏对 R&D 成果产业化、商业化的经济资源与人才，对新产品、新业务的市场潜力缺乏数据的积累和精确的测算，从而导致市场风险的存在。因此在我国，资源分割极大地限制了医药企业的 R&D 活动。

跨组织式的研发组织构成的显著特点在于各个职能部门、不同企业和研发机构之间的动态结合。尤其是近年来，生物工程技术的发展极大地改变了传统的药物研发流程，生物制药产业的研发活动主要集中在新技术开发、具有潜在治疗效果的已知化合物转变为医疗产品的开发，而不再是传统意义上的对新分子的开发，这导致开发风险持续升高，研发投入过多、资源互不匹配的问题日益凸显。在这种背景下，合作型研发、技术外包等多种动态研发形式在跨组织研发中更为突出，即根据具体的产业研发过程需要，企业与大学、实验室、研究所进行跨组织合作，从而形成以知识为基础的网络式生物制药研发联盟或技术伙伴关系。由于医药企业是在一个不断变化、充满众多技术、市场未知因素的环境中开展 R&D 活动的，为了保障从经济角度解决 R&D 活动中涉及的资源调配、战略决策等问题，提高 R&D 活动的产出，我国医药企业在跨组织合作 R&D 中宜采取项目小组的形式(见图 7.19)，以项目小组形式将生物制药产业研发组织中的各个组成部分以网络的形式进行动态的连接，并允许企业之间在产业层次上结成技术同盟 同时有利于保障合作研发中共同投资，避免重复研发，减少不确定性，节约成本、规模经济和范围经济，缩短 R&D 时间。

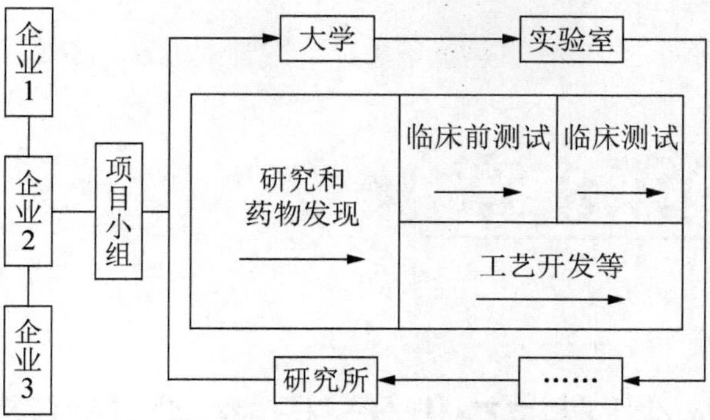

图 7.19　动态的生物制药产业研发组织构成

第 8 章

我国生物制药产业发明者合作网络特征、演化及对专利的影响

8.1 研究方法与数据

8.1.1 研究方法

本章节旨在通过刻画中国生物医药产业发明者合作网络特征以及高产发明者合作网络的演化，从而了解发明者合作网络的基本情况。发明者建立合作关系需要一定的时间，若以单独某一年构建发明者网络可能会改变网络的连接性，该网络可能无法体现这一指定年前后建立的合作关系。因此，我们选择使用以 5 年(假设发明者间的信息和科学知识交换持续年数为 5 年)为一个时间段来构建子网络，以期能够比较准确地反映合作网络的演化。本小节构建了从 2000 年开始到 2009 年结束的 6 个 5 年滚动子网络，以此来演示发明者合作网络特征的变化。

8.1.2 数据来源处理

本章节的数据来源于中国知识产权网，通过查询得出 2000—2009 年间中国大陆地区所有专利申请共 3 448 件，经再次筛选得到的合作发明专利申请共 2 394 件，该时间段内的专利合作率(即是合作发明专利申请与专利申请总数之比)为 69.4%，相对较高。

本章将 2000—2009 年划分为 2000—2004、2001—2005、2002—2006、2003—2007、2004—2008、2005—2009 年这六个时间段，即构建六个滚动子网络。在计算网络密度、中心度等指标时需要运用 Pajek 辅助完成。Pajek 软件所要求的数据格式是.NET 格式的，而我们最初下载得到的数据是不符合要求的(如表 8-1 所示)。所以需要通过编程(见附录)得到相应的数据，再使用软件 createpajek 进行转换以得到.NET 格式的数据(如图 8.1 箭头右方所示)。

表 8-1　专利数据信息

名　　称	发明(设计)人
表达高致病性禽流感病毒 H5 亚型血凝素蛋白的重组嗜酸乳杆菌	杨倩；王志胜；庾庆华
胃肠肿瘤诊断和预示的新分子标记	王弢；陈菲；渠香云

```
2-mode:                                  *Vertices 5 2
                                         1"John"
                                         2"Sue"
                                         3"Monday"
John     Monday                          4"Tuesday"
Sue      Tuesday                         5"Wednesday"
John     Tuesday        ------>          *Edges
Sue      Wednesday                       1 3
                                         2 4
                                         1 4
                                         2 5
```

图 8.1　createpajek 软件的转换功能

8.2　发明者合作网络特征的演化

网络行动者之间资源的流动方式和效率受到多方面因素的影响，诸如数量、方向、密度、力量和行动者在网络中的位置等等，因此，行动者对各种稀缺性资源的占有形式是区别的。本研究考虑的发明者合作网络特征包括专利合作强度、专利合作率、网络密度、平均程度中心度(Average Degree)、网络中介中心势(Network Betweenness Centralization)、高产发明者所占比例以及重复发明者对占全部发明者对的比例，下面将分别对这些特征进行演化分析。

8.2.1　发明者合作强度及其演化

科学合作的程度可以用合作强度(Subramanyam)指标来衡量，一般是指论文或报告的平均著者人数。在本研究中，我们用合作强度来表示专利的项均发明者人数，用 AI 表示，具体计算公式如下：

$$AI = \frac{\sum_{i=1}^{n} i f_i}{N} \tag{1}$$

其中，f_i 是合作者人数为 i 的专利数；n 是合作者人数的最大值；N 为专利总数。

从专利合作强度变化趋势图(见图 8.2)可以看出，专利合作团队的平均规模为 4.72～5.07 人，专利合作强度越来越大。可能的原因是生物医药领域的技术越来越复杂，而每个人所掌握的知识量相对有限，知识的多元化需要领域内知识互补型的多位研究者的共同合作才能完成发明。

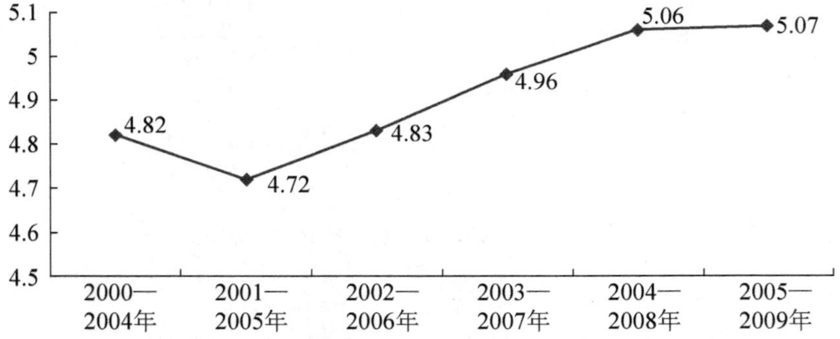

图 8.2　专利合作强度的变化趋势图

8.2.2　专利合作率及其演化

科学合作度的另一个衡量指标是合作率(Peters)，具体到本研究中它表示的是专利合作率，它的值是合作的专利项数和全部专利项数的比值，用 C 表示。

$$C = 1 - \frac{f_1}{N} \tag{2}$$

其中，f_1 表示只有一个发明者的专利数量，N 表示总的专利数量。

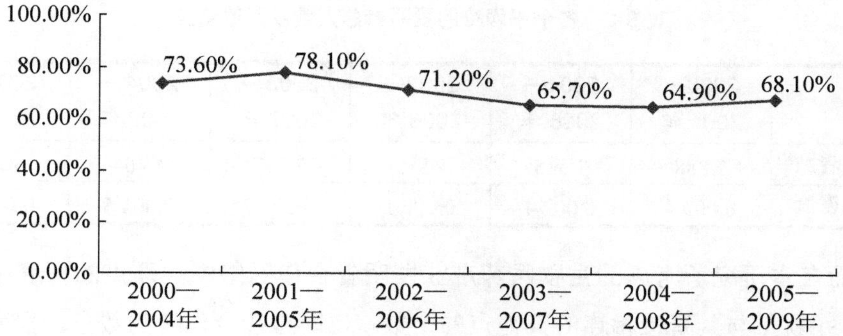

图 8.3　专利合作率的演变

从图 8.3 中可以看出六个子网络的专利合作率是此起彼伏的，但是一直位于64.9%～78.1%这个范围内，表明的是六个时间段内的专利合作率都相当高，即合作的范围是比较大的。这可能是因为个人所拥有的信息量是非常有限的，很容易出现研究的瓶颈，进而知识产出也受到限制。而多个人的合作使团队成员能够及时地掌握技术发展的最新态势以及较容易地获得广泛的知识信息，从而有利于发明创新。该趋势图再次证明了合作已经成为当今技术研究的趋势。

8.2.3　子网络的网络密度、平均程度中心度以及中介中心势的变化趋势

网络凝聚力可以用网络密度(Network Density)和平均程度中心度(Average Degree)来衡量。首先，密度[①]是群体结构形态指针中的一个重要变量，网络密度的值等于在该网络中实际存在的合作关系数与可能数量的合作关系数的比例。网络密度是社会分析中运用较为广泛的一种测度指标，表示了网络图中各节点间连接的紧密程度，在一定程度上能够反映网络节点间平均互动的多寡(刘军，2004)。因此，密度是随着网络规模的增加而减少的(见表 8-2)，这是因为可能数量的线随着点的增加而迅速增加，而每个人可以保持的关系数量却是有限的。由此可以推断，密度不能够作为不同规模网络的凝聚力的比较标准。

① 一般来说，关系紧密的团体合作行为较多，信息流通较易，团体工作绩效也会较好，而关系十分疏远的团体则常有信息不通、情感支持太少、工作满意程度较低等的问题。

表 8-2 各个子网络的发明者总人数及网络密度

	2000—2004 年	2001—2005 年	2002—2006 年	2003—2007 年	2004—2008 年	2005—2009 年
发明者数	1 888	2 515	2 989	3 737	4 464	5 113
网络密度	0.003 4	0.002 4	0.002 1	0.001 7	0.001 5	0.001 3

而在本研究所考虑的生物医药产业发明者合作网络中，顶点的程度中心度(Degree)就是与其直接相连的其他点的个数，也即直接合作者的数量。程度较高的发明者能够容纳更多的关系从而产生一个密集的合作网络。因此，我们可以用所有发明者的平均程度中心度来度量网络的结构凝聚力更加合理。平均程度中心度(Average Degree)不依赖于网络的规模，可以用于不同规模网络之间的比较，相对于密度，它是度量网络整体凝聚力的一个更好的指标。从图 8.4 可以看出的是网络的平均程度中心度整体上呈现出不断递增的趋势。可能的解释是生物医药技术越来越复杂化，单个发明者所掌握的知识也越来越专业化，知识的互补性需求不断增加，每个发明者要想有所产出，都需要综合各方面的人才的力量才能完成创新。

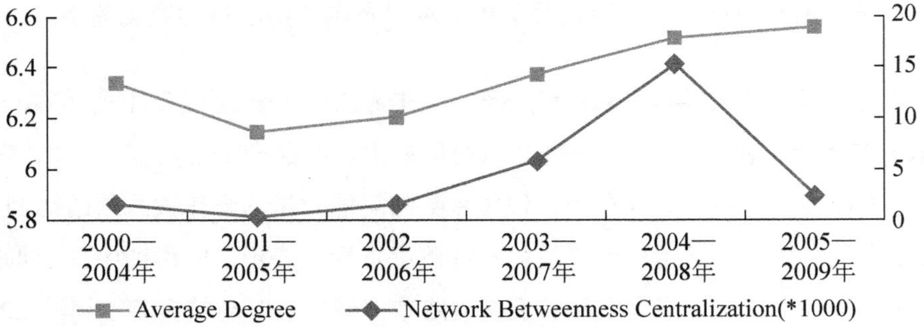

图 8.4 平均程度中心度和网络的中介中心势

Freeman(1979)认为，点的中间中心度(Betweenness Centrality)应该是信息、物质或能量在网络上传输时经过路径最多的节点，测量的是行动者对资源控制的程度，也即该点度上控制他人之间的交往。与之不同的是，中介中心势(Betweenness centralization)刻画的是整体网络的中心性，它的值可以用两个数的比值来计算。

其中，分子是中介性最高的点的中介性与所有其他点的中介性的“差值”总和，分母是理论上各个差值总和的最大可能值，星形网络的中介中心势指数是 100%，而环形网络则具有 0%的中介中心势。中介中心势值越高，表示网络的集中趋势也越明显。由于中心势的值很小，为了方便画图，在图 8.4 中我们使用的是处理后(乘以 1 000 所得)的数据。我们不难看出除了第六个子网络的中介中心势指数有所下降，其余阶段都是呈不断增加的趋势，并且在第五个子网络中达到最大值。因此，可以得出网络的集中趋势先是越来越高，然后是急剧降低这样的结论。另外，在 2004—2008 年这个子网中，网络的集中度最高，说明某一点在很大程度上控制着网络中的资源。

8.2.4　高产发明者所占比例变化趋势

Cohen 和 Lebinthal(1990)的研究建议并不仅仅在公司内部进行的基础研究投资是必需的，而且聘请最好的研究人员也是非常必要的，这些人员通常被称作“明星科学家”。Zucker，Darby 和 Brewer(1998)的研究结果也支持了这一论点，他们的研究表明新公司的成立与新产品的引进与企业和明星科学家密切相关。公司新产品的开发数量及其在市场上的表现均受到与明星科学家的合作研究的影响。由此可见明星科学家在科学合作研究中具有重要的作用。Rebecca R. Kehoe 等(2015)通过对 456 家生物技术公司进行研究，发现明星员工对公司的生产率有明显的正向促进作用。此外，Murray(2002)的研究结果表明，在诸如生物医学工程这样的以科学为基础的领域，科学家网络和发明者网络几乎重叠。因此，本项目可以将“明星科学家”的概念等同于“高产发明者”。在我们的研究中，定义拥有专利申请数量大于等于 5 件的发明者为高产发明者，高产发明者所占比例等于合作网络中专利申请量超过 5 件的发明者数量与所有发明者数量之比。

从图 8.5 的趋势线不难看出，虽然高产发明者所占比例呈现出递增趋势，但是增长的幅度非常小，为 0.24%～0.56%。高产发明者所占的比例也是相当少的，最高也只有 3.95%。而从表 8-2 中可以得知发明者人数增长较快，这表明多数的创新成果是掌握在少部分人的手中，这也符合管理学中的“二八定律”，同时也说明了我国生物医药产业的发展态势非常良好。

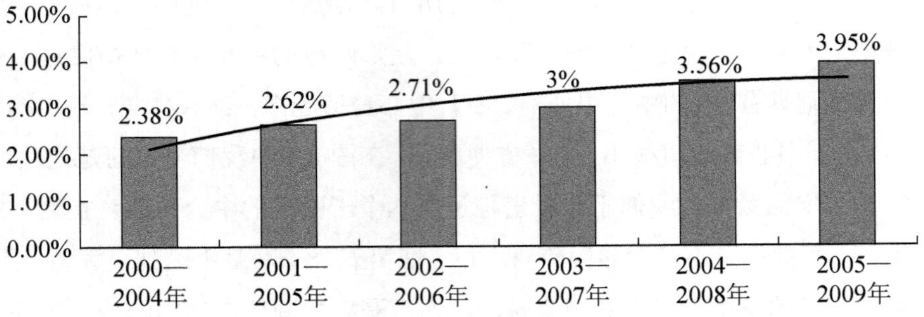

图 8.5 高产发明者所占比例

8.2.5 重复发明者对所占比例的变化趋势

学者们(Newman，2001)的研究表明，前期的合作是未来成功的决定因素之一。与同一个伙伴的重复合作能够提高成员间的信任，从而进行更深入的研究合作。那么，技术信息流是否存在于前期合作者之间呢？针对这一问题，Fleming (2007)等人通过使用专利合作发明数据进行了深入的研究。研究揭示，尤其是大学教授和他们的学生在会议上保持密切的联系，而在他们合作发明之后很长一段时间仍然保持互动联系。另外，实地访谈显示发明家在成为自雇发明家后，信息支持仍然来自于前期合作者。前期的合作关系对所有类型的信息具有潜在的有效传递作用，前期合作者之间的信息流是正的且偶尔是大量的。值得一提的是，Cowan(2005)的研究指出，由于信息的不完全性，企业间的合作是有风险的，包括伙伴技能风险、协同工作能力、伙伴的可靠性等等。为了尽量缩小信息不对称性所带来的危害，需要依靠经验信息以及其他合作者经验信息。所谓经验信息就是前期合作的经历，而其他合作者的经验信息即是其他合作者与潜在合作者的前期合作经历。R. J. Ruitenburg(2014)研究了前期经验等对创新联盟间信任和创新绩效的影响。因此，前期的合作对后续合作的成功具有决定性作用。

从图 8.6 所示的趋势线可以看出，总体上而言，重复发明者对所占比例呈递增趋势，从最初的 21.43%逐步上升到近年来的 24.1%。这说明了生物医药领域内发明者之间的重复合作越来越频繁，发明者之间的相互信任程度也随之增加，交流的信息内容必然随着更加有价值，从而研究合作也更加深入。

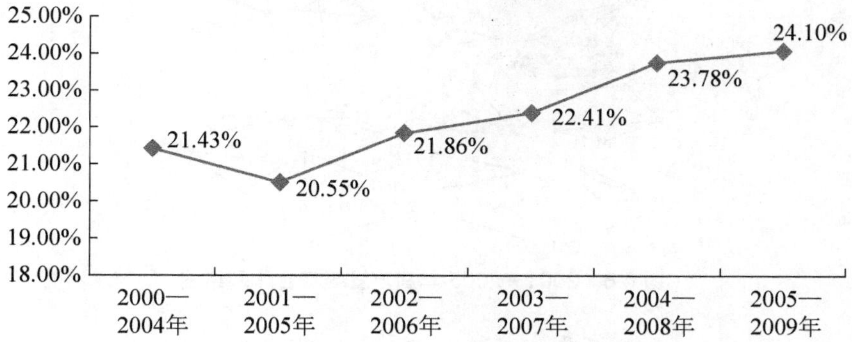

图 8.6　重复合作者对所占比例变化趋势图

8.3　发明者合作网络的演化

我们所考虑的每个发明者合作子网络包含发明者数量较多，绘制出的网络图不易看清规律。为了对发明者合作网络有个概括形象化的理解，我们运用 Pajek 绘制了合作次数至少为 5 次(也可称为高产发明者)的发明者合作网络图。执行绘图命令后，不难看出，高产发明者合作网络是由若干个相互分离的子网络构成的，并非是一个连通的网络。鉴于此，我们采用分离效果较好的 Fruchterman Reingold 命令。在网络布局时，选择自动布局 Fruchterman Reingold＞3D，再对得到的结果进行手动调整，使得结果图尽可能的美观。按照以上步骤进行绘制，并将结果以 Bitmap 格式输出，最终得到了中国生物医药产业高产发明者合作网络演化图(如图 8.7～图 8.12 所示)。

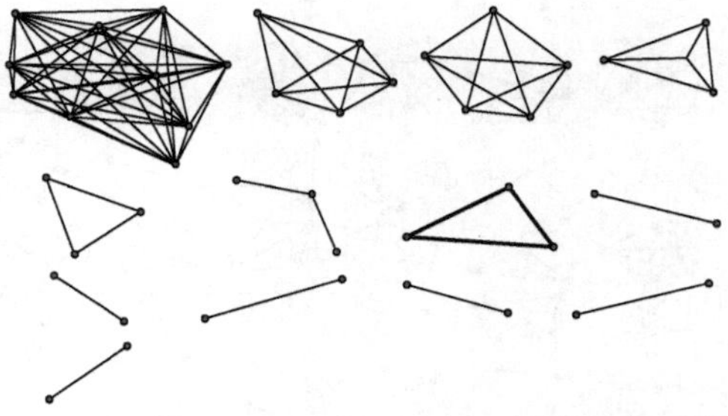

图 8.7　2000—2004 年高产发明者合作网络图

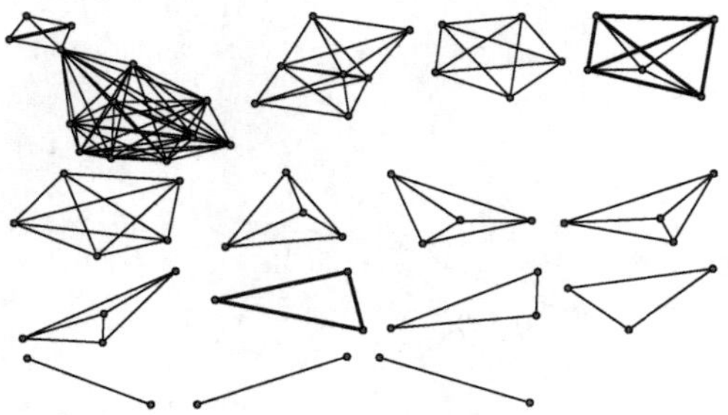

图 8.8　2001—2005 年高产发明者合作网络图

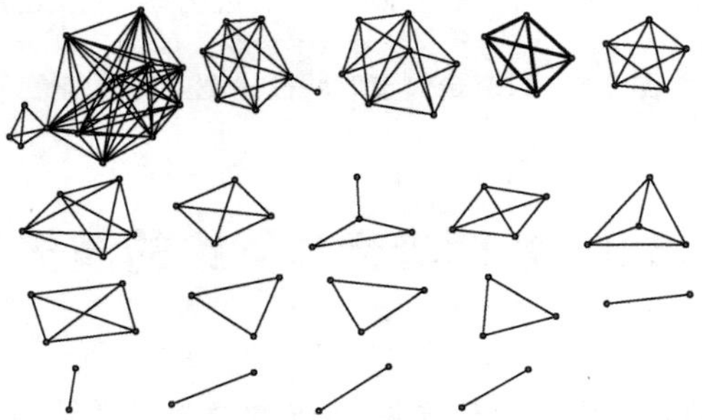

图 8.9　2002—2006 年高产发明者合作网络图

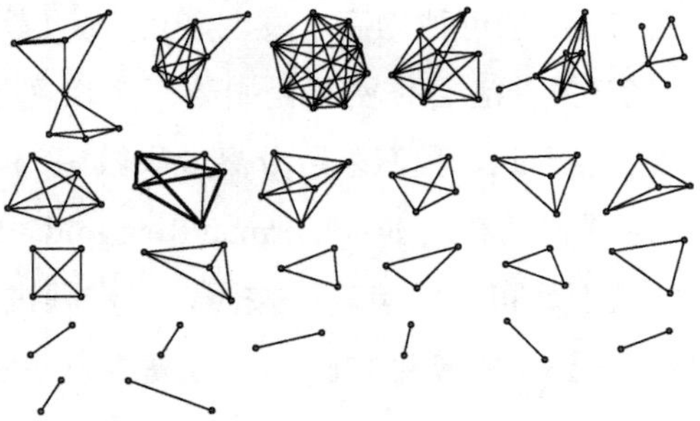

图 8.10　2003—2007 年高产发明者合作网络图

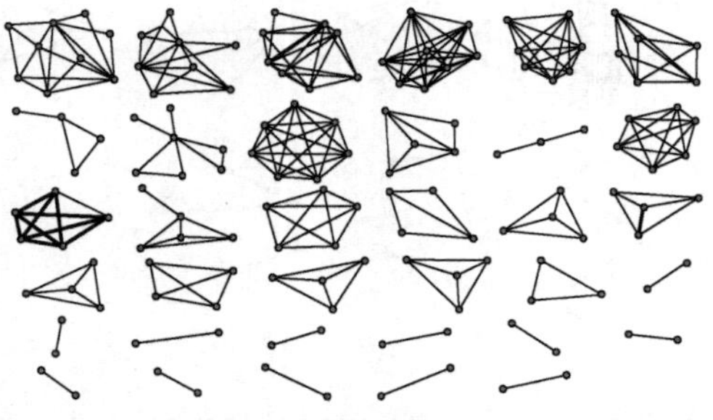

图 8.11　2004—2008 年高产发明者合作网络图

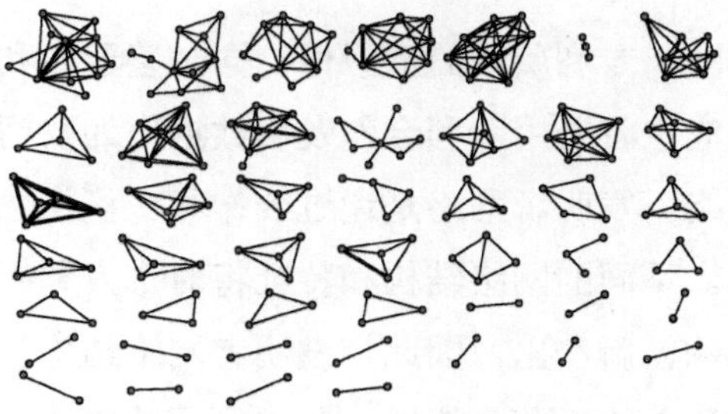

图 8.12　2005—2009 年高产发明者合作网络图

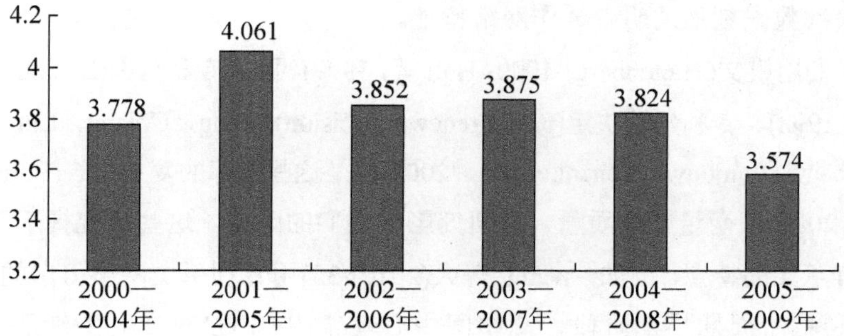

图 8.13　高产发明者合作网络的平均程度中心度变化趋势

从上面的发明者合作网络的演化图(图 8.7～图 8.12)来看，我们可以得出的结论的是：高产发明者人数规模在不断地扩大。网络组件个数越来越多，这说明高产发明者之间的交流合作还是很不够的。另外，从图 8.13 可以看出的是，生物医药产业专利高产发明者网络的平均程度中心度(Average Degree)在 3.574～4.061 这个范围内浮动，网络的凝聚力偏低，成员之间的互动沟通不够充分。多产发明者在一定意义上来讲可以视为该领域内的领头者，他们之间流动的信息都是高质量的信息。未来产业界的一些协会可以多举办些研究的交流活动，以促进这些成员的相互认识，鼓励他们展开进一步的知识互换合作，从而促进创新成果的产出。

8.4　发明者合作网络对专利质量的影响分析

8.4.1　研究方法与数据

综合关于专利质量的文献综述，考虑数据的可获得性，本研究将采用权利要求项数作为中国生物医药专利质量的近似值。同时鉴于专利合作发明数据的信息的丰富性，我们的研究也将采用专利合作发明数据作为发明者间的联系，进而创建这些个体联系的网络。发明者网络是通过合作和交换信息进而产生创新和科学知识的个人人际网络。不同的网络结构和特征将对个人和组织间的知识共享产生不同的影响，进而影响创新产出，因此，发明者网络结构和合作模式影响着专利的质量。本节试图使用发明者的程度中心性(专利团队中成员的平均中心性以及成员的最高中心性衡量)、专利团队中高产发明者的数量以及专利团队中发明者重复合作最大次数来刻画发明者合作网络特征。

学者们用引文(Trajtenberg，1990；Hall 等，1999)、同族专利范围(Lanjouw，Pakes，Putnam，1998)、专利延期决定(patent renewal decision)(Wang，Chiang，Lin，2010)和权利要求项数(Lanjouw，Schankerman，2004)或是这些指标的复杂组合(Bonaccorsi，Thoma，2007)来衡量专利质量，并研究影响它们的因素。这些研究揭示了创新网络一些有意义的特点。例如，Wang 等人(2010)[33]用专利引文网络得出的结论是：(1)在专利生命周期早期阶段，高中间中心性(高中介性)对专利的续展(Renewal Decisions)有负向作用。(2)在专利生命周期成熟阶段，上述作用不显著。当运用引文作为专利质量的近似值时，中介性(经纪)有利于提高专利质量。因此，各项影响因素对专利质量的作用随着其衡量指标的不同而有所差异。中心性是个人结构位置的一个重要指针，包括程度中心性和中间中心性(中介性)。有关创新网络位置对于创新的影响的文献很多，Guan(2015)探索了多层次网络对创新的影响，结果表明，城市的中心性对创新绩效有显著的正向影响。考虑程度中心性的影响，我们假设发明者的网络位置越好，专利质量也越好。

H1：发明者的程度中心性越高，则其专利质量越高。

中心性最高的发明者不一定是最多产的发明者，大多数发明产出是由一小部分多产发明者生产的。William Latham 等(2011)以高产发明者为研究对象，探究法国、德国和英国区域内流动、生产率和创新价值的关系。Zhang(2014)对高产发明者如何对公司绩效产生影响做了相关研究，文中指出，高产发明者不仅拥有高的创新生产率，也会通过创新网络影响其他发明者。因此，他们的角色具有重要的研究意义。Gay Claudine 等(2008)验证了两个假设：一是多产和国外发明者在知识生产中会产生更多的发明，二是多产外国发明者对新知识产生的价值有一个直接积极的影响。另外，最近的研究表明(Murray，2002)，科学家网络和发明者网络几乎重叠，尤其是在以科学为基础的技术领域，例如生物医学工程。邱均平等人(2011)以“图书情报档案学”专业的 50 为高产作者为研究对象，对作者的合作程度与产出数量和质量进行相关分析，结果表明高产作者的合作程度与科研产出质量呈正向相关关系。多产科学家的重要性是毋庸置疑的，他们是推动科学进步的重要力量。本项目可以将多产科学家的概念推广到高产发明者的概念，并做出假设 2 与假设 3。

H2：专利团队中高产发明者数量越多，则专利质量也就越高。

H3：高产发明者的参与能够提高专利质量。

Newman(2001)[34]指出一对科学家合作的概率随着他们共同拥有的合作者数增加而增加，而且科学家获得新合作者概率也随前期合作者数增加而增加。重复合作能够增进相互信任，从而进行更深入的研究合作(相互之间传递更高质量的信息和知识)以提高创新质量。因此，前期合作也被证明是未来成功的决定性因素。Cowan，Jonard 和 Zimmermann(2005)认为前期的合作能够提高成功合作的概率，Fleming 等(2007)也提出发明者前期合作网络很大程度上影响着后续的生产率。但是，重复合作不仅对企业创新生产有正向作用，它对专利范围也有影响。重复合作将导致个人间的互动变得常规化，随着时间的推移，将很难走出这种循规蹈矩的状态(Cattani，Ferriani，2008)。关于重复合作和信任建立的文献很多，但是很少有作者注意到重复合作对专利质量或专利价值的影响。我们假设重复合作对专利质量的负面作用超过了获得新合作者(有可能获取新知识)所带来的潜在利益。

H4：专利团队中发明者对的重复次数越高，那么专利质量越低。

专利数据主要包括专利申请数据和专利授权数据两种，但是，Groshby(2000)的研究指出学者们常采用专利申请数据来测量创新的产出，这是因为专利授权受到很多外界因素的影响，专利申请比专利授权更能反映创新的真实水平(Griliches，1990)。因此，本项目将采用 2000—2004 中国生物医药产业合作发明专利申请数据。

数据主要来源于中国知识产权网(http://www.cnipr.com/，检索时间：2011-12-17)。为了将数据锁定在中国生物医药产业，我们首先在检索框中输入“行业表达式 1197 or 行业表达式 1198 or 行业表达式 1199 or 行业表达式 1200”得到

1987—2011 年在中国申请的所有专利项数为 7 046。然后再通过二次检索出 2000—2004 年的中国发明专利 1 664 项(包含其他国家地区在中国的申请数据)，为了得到中国大陆地区发明者发明的专利数据，使用统计分析的国省分布，得到最终的专利申请为 827 项(包括单个人的发明申请)。最后，通过筛选，得到合作发明专利数据 626 项，合作率为 75.7%，即合作专利数量与专利总量的比值。相对较高。各省具体的分布情况如表 8-3 以及图 8.14 所示。

表 8-3　中国内地各省份 2000—2004 年的生物医药产业专利总量及合作专利量分布情况

单位：项

省份	专利总量	合作专利	省份	专利总量	合作专利	省份	专利总量	合作专利
北京	172	163	四川	17	15	河北	4	3
江苏	171	68	山东	16	10	福建	4	4
上海	141	112	黑龙江	14	13	河南	3	2
广东	59	50	甘肃	13	12	海南	3	3
浙江	47	30	云南	12	10	安徽	2	2
湖北	33	27	天津	10	9	新疆	2	2
吉林	32	30	湖南	8	7	江西	1	1
陕西	29	24	内蒙古	6	6	贵州	1	0
辽宁	22	18	重庆	5	5			

从表 8-3 和图 8.14 中看出包括天津在内的 13 个省的合作发明总数为 44 项，仅占总的合作专利数的 7%，对回归结果影响甚微；另外，专利申请人李惟和郭莉莉的权利要求项为 55，属于奇异值，考虑到回归结果的稳定性，应予以去除。因此，最终的样本数为 581 项。为了更形象化地展示中国生物医药产业各个省份间的合作状况，本项目使用 Pajek 绘制了图 8.15，从图中不难看出北京、上海、江苏、广东是中国生物医药产业合作网络的核心，而河北、天津、江西、新疆、内蒙古、湖南与其他省份都没有合作①。这进一步证明了我们去除上述 44 项数据是具有合理性的。

① 说明：顶点处的数字代表的是拥有的发明者的数量，连线上的数字表示的是共同参与两个省份生物医药专利开发的发明者数量。

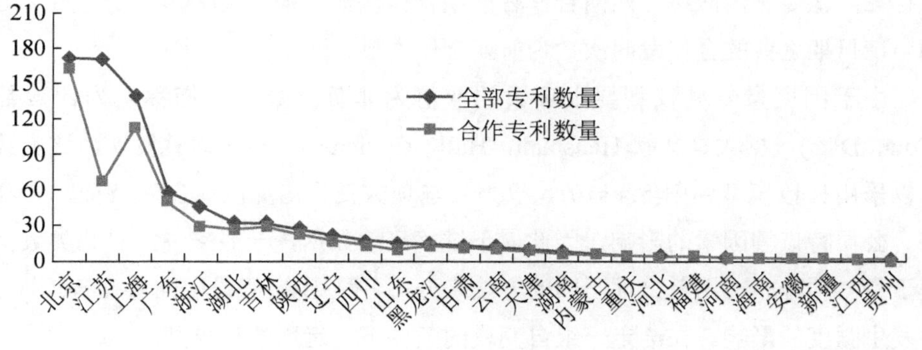

图 8.14　中国内地各省的专利合作情况

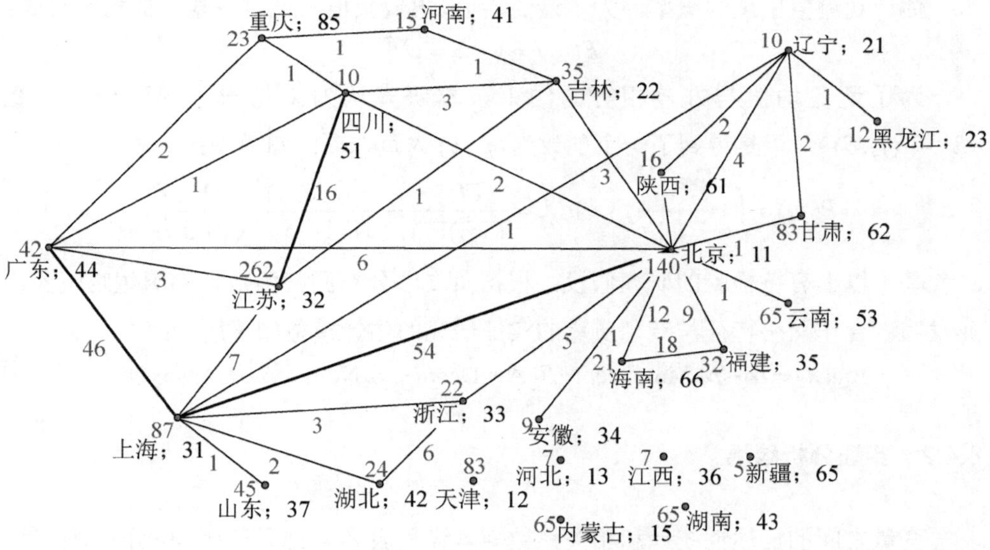

图 8.15　2000—2004 年省际合作网络图

在使用 Stata10 进行负二项回归时，选择的因变量是每个专利的权利要求项数(Claims)。为了验证前面提出的假设，我们选取了以下指标作为解释变量：①专利团队中程度中心性的最大值(Max Dcent)及团队成员的程度中心性平均值(Ave Dcent)，衡量的是与某行动者直接相连的其他行动者个数，也即，合作者数量。②专利团队中高产发明者的数量 Num，定义拥有专利数 5 项以上的发明者为高产发明者。设 e 为高产发明者存在与否的逻辑变量，e=1，表示存在；e=0，表示不存在。③专利团队中，两两合作者前期合作次数的最大值(Max Pc)，定义为专利申请日期之前的合作发明次数为前期合作次数。

由于因变量专利权利要求项数的取值为非负整数，我们称之为计数数据(Count Data)，据大量文献(Hausman，Hall，Griliches，1984)研究发现，这类数据可以采用计数模型回归(Stata10)。权力要求项数受到诸如区域创新特征、专利战略、公司特点等因素的影响，因此属于过度离散数据。一般来说，对此类数据可基于负二项分布，用负二项回归的方法来分析各种因素(假设用向量 xi 表示)对事件发生强度的影响。在给定一组自变量的条件下，运用泊松模型：

$$p(y_i / x_i) = \mathrm{e}^{-\lambda_i} \lambda_i^{y_i} / y_i!$$

估计观测值出现的概率。为了避免均值λ出现负值，把自变量写成指数形式：

$$E(y_i / x_i) = \lambda_i = \mathrm{e}^{x_i\beta}$$

为了避免均值与方差相等的约束，本研究认为 λ_i 是一个伽玛分布函数($\lambda_i \sim \Gamma(\gamma_i, \delta)$)，于是得到了一个参数为$(\gamma_i, \delta)$的负二项回归模型：

$$P(y_i) = \int_0^\infty \frac{\mathrm{e}^{-\lambda_i}\lambda_i^{y_i}}{y_i!} f(\lambda_i) d\lambda_i = \frac{\Gamma(\gamma_i + y_i)}{\Gamma(\gamma_i)\Gamma(y_i+1)} \left(\frac{\delta}{1+\delta}\right)^{y_i} \left(\frac{1}{1+\delta}\right)^{y_i}$$

基于以上有待检验的研究假设，根据负二项分布回归函数，中国生物医药产业发明者合作网络特征与专利质量的实证研究的估计模型如下所示：

$$\log(\lambda) = \alpha + \beta_{11}\mathrm{MaxDcent} + \beta_{12}\mathrm{AveDcent} + \beta_2\mathrm{Num} + \beta_3\mathrm{e} + \beta_4\mathrm{MaxPc}$$

8.4.2 实证分析结果

变量之间的描述性统计和相关系数矩阵详见表 8-4。结果表明，发明者中心性、高产发明者的数量和专利权利要求项数都显著正相关，专利团队中最大的重复合作次数与专利质量呈显著负相关，初步验证了本研究假设。

表 8-4 变量的描述性统计与相关系数矩阵($N = 581$)

变量	均值	标准差	Claims	MaxDcent	AveDcent	Num	e	MaxPc
Claims	8.559 38	5.345 833	1.000 0					
MaxDcent	0.004 63	0.003 982 1	0.222 4**	1.000 0				
AveDcent	0.003 458 5	0.006 346 7	0.209 8**	0.961 4**	1.000 0			
Num	0.833 046 5	1.591 359	0.089 5*	0.201 9**	0.182 7**	1.000 0		

续表

变量	均值	标准差	Claims	MaxDcent	AveDcent	Num	e	MaxPc
e	0.333 907 1	0.472 013 4	0.168 4**	0.236 3**	0.206 2**	0.975 2**	1.000 0	
MaxPc	2.507 745	3.770 854	−0.313 9**	0.137 5**	0.152 8**	0.501 0**	0.440 0**	1.000 0

注：**和*分别代表 1%、5%的显著水平，由软件 Stata10.0 给出。

发明者合作网络特征与专利质量的回归结果如表 8-5 所示，从表中可以看出除了个别变量不显著，其余变量都通过了 5%水平下的显著性检验。首先，专利团队中发明者最大中心性对权利要求项数有显著的正向作用，而团队成员的平均中心性对专利质量的解释力量不够显著，这可能是因为团队中成员存在重复合作，虽然合作者数量很多，但创新大多为常规化发明，同时也不利于新知识的引进。因此，排除团队中重复合作的情况，假设 1 是有效的。

表 8-5　发明者合作网络特征与专利质量的回归结果

Generalized negative binomial regression	Number of obs =	581
	LR chi2(5) =	238.20
	Prob > chi2 =	0.0000
Log likelihood = −1581.9786	Pseudo R2 =	0.0700

	Coef.	Std. Err.	Z	P>|Z|	[99% Conf.	Interval]
claims						
maxdcent	11.412 29	5.703 056	2.00	0.045	−3.277 812	26.102 39
auedcent	.902 457 2	3.240 39	0.28	0.781	−7.444 234	9.249 148
num	.003 212 4	.018 549 7	0.17	0.863	−0445 686	.050 993 4
e	.590 251	.061 013	9.67	0.000	.433 092	.747 41
maxpc	−.094 281 2	.006 954 4	−13.56	0.000	−.1121 945	−.076 367 8
_cons	2.069 394	.0329 559	62.79	0.000	1.984 505	2.154 283
lnalpha						
_cons	−2.273 214	.128 103	−17.75	0.000	−2.603 186	−1 943 243

其次，专利团队中高产发明者的数量对权利要求项数正向作用不显著(假设 2)，而高产发明者的存在对专利质量的影响是显著的(回归系数为 0.59 且通过了 1%水平下的显著性检验)，假设 3 成立。假设 2 不成立的原因可能是高产发明者一般为领域内的专家，他们对于某个特定问题都有着自己独特的看法，不太能轻易地接纳别人的建议。若是多个高产发明者共同参与某项发明的研究，必然增加

成员间沟通的难度，使得团队中的信息流通不畅，知识共享效果不明显，反而使得创新质量有所降低。我们认为高产发明者在研发网络中占据着很好的位置，掌握着重要的知识信息资源。因此，专利的合作需要提高高产发明者的参与率，这样才能够提高专利的产出率和创新质量。但是遗憾的是，中国生物医药产业专利的高产发明者的分布不是很均匀，通常都是一个专利团队中的所有成员都是高产发明者，而不是高产发明和一般发明者这种更优的团队搭配形式。

最后，专利团队中发明者对的重复次数的最大值对专利质量有负向作用，假设 4 成立，需要注意的是，重复合作是一把双刃剑，既能提高专利质量也能降低专利质量。反复的合作使得发明者间的相互信任程度不断增加，可能会有更深入的信息交流与合作，从而使得创新的成果更加有质量。但是也有可能使发明者形成思维定式，发明成果之间差异不大，非常相近，这样的话，专利质量必然降低。这可能是重复合作发明限制了团队发掘新知识的机会，从而使得创新结果的潜在价值减少。新知识来源于与团队成员的既有合作伙伴以及新加入的团队成员。新加入的成员可能会成为团队创新力量的源泉，但也不一定能够超过重复合作的负向影响。因此，我们可以得出这样的结论，即重复合作使得创新质量降低，在专利创新活动中需要尽量增加团队成员的多样性，因为这样团队所能获取的信息是极其丰富，能够打破传统的创新思维，产出更有质量的发明成果。

本章可以得出以下主要结论：一是中国生物医药产业的专利合作率较高，这可能是因为生物医药的研发需要耗费的时间较长，研究工作相对比较复杂，需要多个发明家的协同合作才能完成。二是中国生物医药产业省际合作研发网络的主要核心是北京、上海、广东、江苏地区，边缘包括河北、江西、新疆等地区，这说明生物医药产业的发展与经济是存在一定正相关的关系的，国内很多学者也通过实证分析证明了专利的数量和经济的发展是正相关的。三是从管理的角度看，我们的回归结果表明与高度中心性的发明者合作能够提高专利的质量，所以发明者应该尽可能多地与拥有重要知识资源的发明者建立联系合作，从而提高生物医药产业的专利质量。四是高产发明者的参与能够在一定程度上提高专利质量，并且大大地提高研发效率，做到质和量的并重。值得一提的是，一个专利最好不要同时聘请过多的高产发明者。最后，发明者的重复合作越多，专利质量反而越低。这表明在生物医药产业的研究中，新知识的注入是很重要的，因此，需要增加专利研究团队的多样性。生物医药产业是未来经济的制高点，领域内的研究者应当尽可能多地交流合作，促进新知识的流动，减少低质量的垃圾专利数量。

当然，本章的研究主题仍然存在很大的拓展或完善的空间：第一，本研究局限于中国生物医药产业，未来可以研究其他行业。第二，由于专利信息来源的限制，本研究仅选取权利要求项数作为专利质量的近似表示，待中国专利数据库的进一步完善后，可以采用引文数量、维持时间、专利家族范围等更多的专利指标的综合指标来衡量专利质量。第三，国外发明者的加入能够促进国际知识的转移，可能会大大提高专利质量，未来可研究国外发明者对专利质量的影响。

第 9 章

基于生物制药专利的知识共享网络分析

9.1 数据来源和处理方法

9.1.1 研究工具

相比于一般的计算机图的结构，复杂网络的复杂性最主要表现在节点数目庞大，通常达到几千甚至几万个。比如，一个大型的家谱图，它的节点数(即人数)可以达到一万个。另外，一个高分子的结构图中，通常也包含几千个原子。因此，复杂网络的结构比一般的计算机图的结构要复杂得多。目前，虽然已经存在不少算法来对复杂网络的这种拓扑结构进行分析，但它们通常都是基于复杂网络的矩阵表达形式，因而非常耗时耗空间，它们仅仅适用于中等规模(即节点数为几百)的网络。因此，当务之急就是需要一种快速有效的软件来分析和仿真复杂网络，Pajek①就是这样一种软件。

Pajek 主要用于对网络的结构分析、特征分析以及可视化操作，其已经被用于合作网、因特网、引文网、家谱、化学有机分子及蛋白质受体交互网、数据挖掘(2-mode)网、新闻及创新传播网等。Pajek 的主要设计目的在于：支持对大型网络的分解，将其分解为数个小型的网络，以便对网络进行进一步的处理；为使用者提供强大的、功能全面的可视化操作；执行分析大型网络有效算法。

① Pajek 是由卢布尔雅那大学于 1997 年 1 月正式发布的，它在斯洛文尼亚语中的原意是“蜘蛛”，可以绘制大规模的节点构成的大型网络，并对网络进行分析以及可视化操作。

选择 Pajek 来进行数据处理，是因为较之于 UCINET 而言，Pajek 无须将数据以矩阵的形式录入 Excel 表格，这样就省去了整理数据的复杂过程；同时 Pajek 是专门用来对大型网络(包含成百上千个结点的网络)进行分析的专用程序，它具有很强的绘图功能，同时支持二维网络与三维网络的可视化。Pajek 对被研究的所有数据结构均有操作和选择的权力。比如，它可以颠倒网络的顺序，将其由有向图变为无向图，Pajek 还可以删除或者添加联系，通过删除角色或者减少类以促使网络更简洁化。除此之外，它具备颇为丰富的特征变化方式，还拥有在特征(等级、类别)的基础之上对其他数据对象进行选择的权力。除了对网络进行上述分析，Pajek 还可以对其进行纵向分析。对于一些演化过程，Pajek 允许数据文件中存储个体或者角色在网络中存在的时间标志，并且支持对加入时间的纵向网络分析。Pajek 用户还可以生成一系列局部互相交叉的网络结构，除了对网络本身进行研究，还可以研究网络的发展过程。Pajek 的图像处理功能也极其强大，专门的绘图串口能够使用户方便快捷地处理图表。Pajek 还支持三维可视化，EPS、SVG、KIN、BMP 以及 VRML 等多种格式都可以用于存储这种可视化文件。Pajek 中拥有众多数据对象，因此可以很方便地用于描述网络、实例、深度、核心、度、中心度、类，以及便于发现关系类型(强或弱)、路径或流、结构洞，便于对两个网络进行二元操作。

9.1.2　数据来源

为了保证数据来源的可靠性以及权威性，我们选择中国知识产权网对数据进行全面的专利搜索(http://www.cnipr.com/，检索时间：2011-12-17)。

我们的数据全部集中在中国生物制药产业，首先，我们将“行业表达式 1197 or 行业表达式 1198 or 行业表达式 1199 or 行业表达式 1200”作为检索词在专利数据库中进行数据检索，从而得到 1987—2011 年在中国申请的所有专利项数，一共是 7 046 项，这些专利既包括发明专利，还包括外观设计与实用新型专利。

如若仅仅以单独某一年的数据来构建一个网络，在很大程度上会改变网络的连接性与结构特征，这是因为单独一年的专利合作数据形成的合作网络也许并不能包含发明人在这一指定年份的前后与其他发明人所建立起来的合作关系，并且可能会漏掉某些高产发明者，因此，在本研究中，我们选择使用五年(假设发明者间的信息和科学知识交换持续年数为 5 年)的专利申请数据来作为一个研究时间段来构建网络，这样相对而言就能够较为准确地反映科学家之间的合作关系，同时，由于一项专利从申请到获批最少要持续 18 个月的时间，所以专利数据库中 2010 年和 2011 年的数据应该还有缺漏，精确起见，我们通过二次检索，筛选出了 2005—2009 年的中国发明专利数据来进行分析。

经过二次检索后的数据共为 3 582 项，这其中还包含了其他国家地区在中国申请的专利数据，为了进一步得到中国大陆地区发明者发明的专利数据，使用统计分析的国省分布功能，同时减除掉香港和台湾的专利申请数量，经过人工统计得到最终的专利申请为 2 597 项(这个数据包括单个人的发明申请)。最后，通过筛选，得到合作发明专利数据共为 1 768 项，合作率为 68.1%，即为合作专利数量与专利总量的比值，这个比值比较高，说明了专利的创新发明很大一部分是依靠科学家之间的相互合作以及知识的相互加强与补充达到的。

专利的可用数据包含专利申请时间与专利授权时间，我们在这里之所以用的是专利申请时间，是因为大多学者认为，专利申请较之于专利授权更能反映一个国家或者地区的创新程度(Groshby，2000)，Griliches(1990)也从实证的角度论证了专利申请比专利授权更能反映创新的真实水平，指出专利授权会因多种不确定性因素的存在受到影响产生波动。因此，本项目将采用 2005—2009 年的中国生物制药产业合作发明专利申请数据来进行进一步的研究。

9.1.3 数据处理

采集数据样本以后，我们要选择适合的社会网络分析软件来对其进行分析。社会网络分析软件有多种，常用的有 UCINET、pajek、MultiNet、Net Miner、STRUETURE、StOCNET 等，本研究的数据分析和可视化软件使用的是 pajek 软件作为分析工具来对所得到的 1 768 项专利数据进行处理。pajek 软件本身是不能对 Excel 数据进行直接读取的，这里我们首先利用 pajek 软件将整理出来的 2 545 条 Excel 格式的数据转化成 pajek 软件可以读取的 2-mode 数据，然后通过 pajek 软件将 2-mode 数据转化成 1-mode 数据，初步得到 1 888 条数据。由于数据过多，pajek 无法将全部顶点显示出来，所以在这里我们只考虑合作次数为 5 次及以上的发明者，我们以“line value = 5”为条件剔除掉了与其他科学家的合作次数小于 5

的发明者者之间的连接线，然后再将分散的与其他科学家之间的合作次数小于 5 的发明者顶点删除掉，最终保留下来的发明人为 180 人。

为使图更加清晰明了，我们将顶点名称略去，由此得到这 180 位发明人之间的相互合作关系与合作次数，最后以 Bitnet 的格式输出得到见图 9.1。

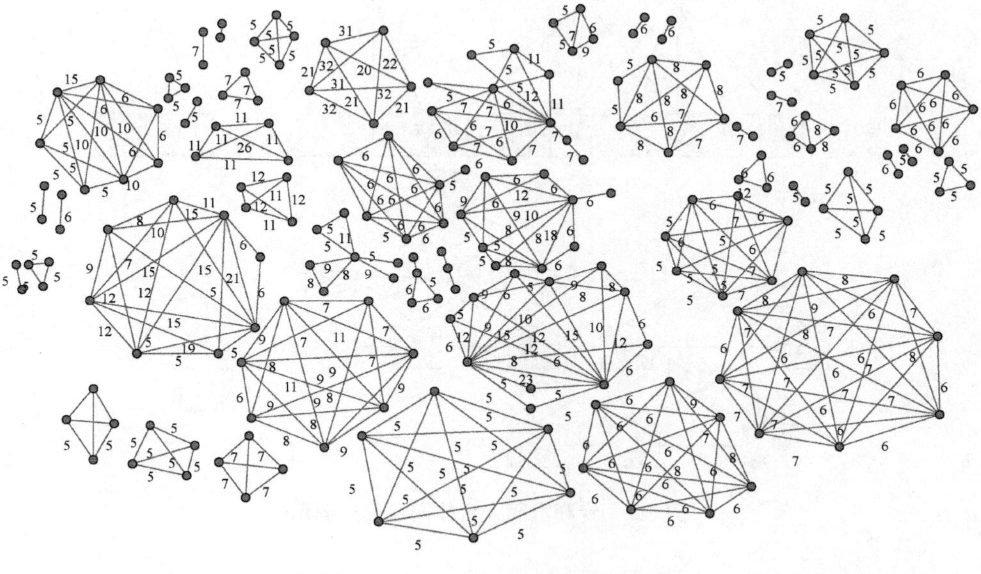

图 9.1　2005—2009 年中国生物制药产业合作发明专利网络图

本部分构建了从 2005—2009 年的发明者合作网络(见图 9.1)，显示了发明者合作网络的合作状况。网络本质上就是由点和线所连接而形成的图集，我们之所以会选择用点与线来描述网络，最重要的原因就是因为在实际生活中，大多数的结构体很难直观的对其进行描述，给人们对它的理解产生障碍，只能通过将其化简，才能更准确清晰地来分析网络的内部结构以及相应的一些演化过程，如此才能对网络的产生有更加有效的认识。

接下来，我们将使用以下假设为例子来说明合作网络生成的主要思想(见图 9.2)。假设有 5 个专利，分别是 α、β、γ、δ、ε，这 5 个专利一共是由 13 个发明者申请。其中，α 专利的申请是由发明者 A-E 构成的专利团队提出的，β 专利是由 B-G 共同申请的，以此类推。此时，我们可以做出一项合理的假设，以 α 专利为例，由于 A-E 是为共同的研究项目而进行合作，因此，他们之间存在某种知识关系，这五名发明者通过专利合作彼此相互连接，这种关系我们可以通过在每一对发明者之间绘制一条无向直线来表示，由此最后得到 A—M 所有发明者之间的合作网络图。

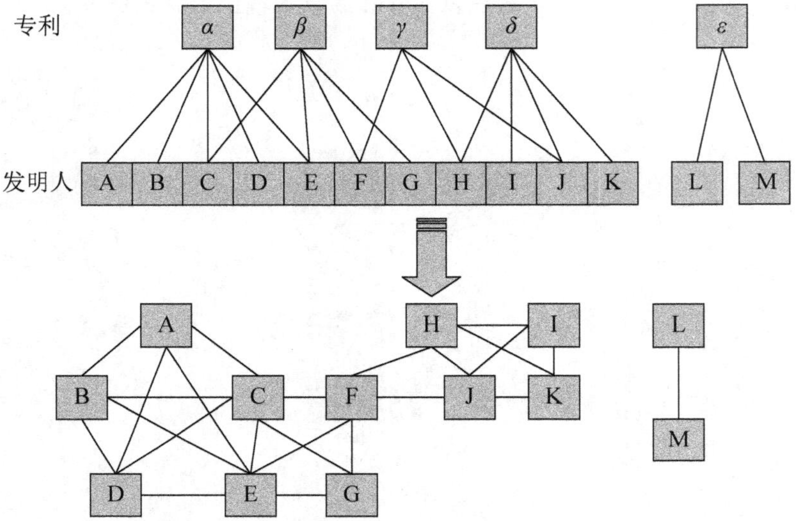

图 9.2　专利发明人合作网络形成图示

9.2　发明者合作网络特征分析——知识在“交易区”中的共享

我们根据 pajek 最终导出的网络图可以比较清晰地看到，发明者之间的相互合作并不是连通的，而是相对分散并且独立的，由此形成了多个单独的合作网络，整体性较差。因此当时在使用 pajek 软件对数据进行网络布局的时候，我们选择使用了 Fruchterman Reingold 命令，因为此命令的分离效果比较好，使顶点更加分散。

在进行网络布局的时候，我们首先通过自动布局命令 Fruchterman Reingold 中的 Factor 选项来设定节点间距离优先的因子。然后使用“Fruchterman Reingold ＞3D”来进行自动布局，之后根据所得到的图示，不断对其进行调整设置，重复改进，最后我们对所得图中的一些不足之处进行手动调整从而加以完善。

对于有 16 个合作人数超过 4 位发明者的相对来说比较大的子网络，分别构成整体网络中的分散交易区，单个交易区合作次数都在五次之上，这说明在每个交易区之中，科学家之间的相互合作是比较固定且频繁的。在这 16 个较大的子网络之中，发明者两两之间的合作次数最高可达到 32 次之多，以单个交易区网络来看，每个交易区中的发明者之间几乎都存在相互合作关系，可以说在此交易区内的团队合作关系十分紧密，在单个交易区当中的发明者之间的知识共享的有效性高，并且有着相对比较稳定的网络结构，因此，我们认为即便是缺少网络中的某几位科学家，合作关系也并不会因此产生减弱的现象，对单个交易区也不会产生较大的影响，属于网络结构较为稳定的一种类型。

但是就整体网络而言，虽然每个交易区中的发明人之间的相互合作还是比较频繁的，可是每个发明人与自己所在交易区之外的发明者的合作几乎不存在。这种现象比较容易理解，团体内部由于比较熟识且相互了解程度相对较高，因此彼此之间的相互合作十分频繁；而对于处于既在交易区之外的成员，由于缺乏信任与交流，再加上地理上的限制，权衡交易成本之下，知识共享在彼此之间便很难发生。但是这种现象其实非常不利于不同组织机构的发明人之间的知识的流动与沟通，从而在很大成分上阻碍了创新。

9.2.1　合作网络特征分析

在这一节，我们将对 2005—2009 年的中国生物制药产业专利申请数据信息进行深一步的挖掘。

1. 重复合作对数

合作对数指的是两个发明人之间出现合作事件的数量，重复合作对数即为两个发明人之间的合作出现两次及以上的数量。Freeman(1995)认为，科学家要通过与其他人不断地进行互动和交流，才能保证逐步使自己的学习能力得到提高，合作对于任何领域，甚至是各个领域的科学家的知识的不断充实与继续成功都是至关重要的，而且行动者在合作网络中的位置特点及合作模式对其创新产出的质量是有一定的影响的。

经过数据的整理，我们得到，发明人之间存在的合作对数共为 16 764 对，其中重复合作对数有 4 040 对，占到了总合作对数的 24.1%，说明将近四分之一的发明人会选择与对方进行重复合作，重复合作的意义在于决定发明人之间的合作关系的相对稳定性，从而决定了合作网络的知识共享活动的持续性。

科学家之间的合作的频率会随着他们共同所拥有的合作对象的数量的增加而增加，同时他们产生新的合作伙伴的概率也会因之前所保持的合作者的数量的增加而增多(Newman，2001)。重复合作能够增进相互信任，从而进行更深入的研究合作(相互之间传递更高质量的信息和知识)以提高创新质量。因此，前期合作也被证明是未来成功的决定性因素之一。Cowan 等人(2005)认为前期的合作能够提高成功合作的概率，Fleming 等(2007)也提出发明者前期合作网络很大程度上影响着后续的生产率。

2. 网络密度与平均程度中心度

网络凝聚力通常可以用网络密度(Network Density)和平均程度中心度(Average Degree)两个指标来加以衡量。网络密度[①]指的是在整个网络中实际存在的合作关系数与可能数量的合作关系数之间的比例。

我们通过测算，得到 2005—2009 年的中国生物制药产业合作发明专利网络的网络密度 Density＝0.00128250，显示该网络的网络密度很低。密度是群体结构形态指针中的一个非常重要的变量，一般来说，在网络密度比较大的合作网络中科学家之间会产生较多的合作活动，彼此之间的知识共享机制建立相对完善，交流顺畅，因此合作团体的工作绩效也会比较好；相反，网络密度小的网络中，科学家们之间的关系疏远，合作交流次数有限，因此常会出现彼此之间信任程度低、由于知识共享机制的不健全而导致信息沟通的阻碍、工作满意程度降低等一系列问题的出现。但是，事实上网络密度是随着网络规模的增加而降低的，这主要是由于可能数量的合作线段会随着顶点的增加而迅速增加，而每个人可以保持的合作关系的数量则是相对有限的。因此我们认为，整个合作网络的凝聚力比较差，但无法证明网络中每个子交易区内的科学家之间的合作性差。

顶点的程度中心度(Degree)就是与其直接相连的其他点的个数，也即直接合作

① 网络密度是指网络中成员间彼此互动的联系程度，即团队成员彼此互动的平均程度。密度越高就表示网络中的成员的互动程度也越高，产生的信息资源交换就会增加，密度低则会降低彼此间的信息、知识交换。

者的数量，程度较高的发明者能够容纳更多的关系从而产生一个密集的合作网络。因此，我们可以用所有发明者的平均程度中心度(Average Degree)来度量网络的结构凝聚力。此合作网络的平均程度中心度 Average Degree＝6.55740270，表明每一位发明人平均约保持有 7 人的合作对象，这个数据还是比较高的。平均程度中心度并不依赖于网络的规模，相对于密度来说，它可以更好的度量网络的整体凝聚力。由数据我们可以看出，虽然整体网络的合作性并不高，但是存在于子交易区当中的科学家各自的合作伙伴都保持着比较高的数量。

9.2.2　专利数量省际分析

图 9.3 显示的是在 2005—2009 年，中国生物制药产业专利在不同省份的申请数量，折线表示的是每个地区的专利申请数量占全国总数的百分比。这里的申请数量不仅包括合作发明的专利数量，而且包括个人发明的专利数量，是总量。从图中我们可以看出，江苏、北京、上海、广东、浙江、湖北、山东、重庆、天津、四川，分别为专利申请数量的前十名，总体来看，主要分布在经济实力较强、科研能力突出、高校集中的省份。仅江苏、北京、广东三地的专利申请数量就已经超过了全国总申请数量的 50%。由此可见，前十名的地区的知识储备十分丰富，因此我们推测在这十个省份之中，有大量的交易区存在。

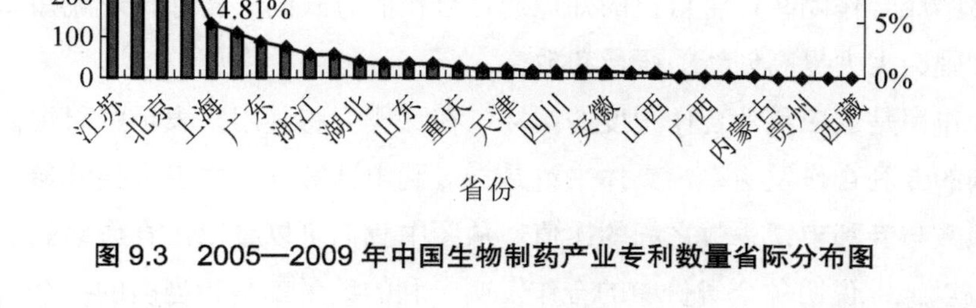

图 9.3　2005—2009 年中国生物制药产业专利数量省际分布图

我们将每个省份的个人发明的专利剔除之后，得到每个省份地区的合作发明专利数量，为了使图更加清晰，我们只保留了前十名的省份，重新画图得到(见图 9.4)。从柱状图上我们可以看到，除了排列顺序稍有改变，排在前十位的省份与图 9.3 相同并无出入。很明显，专利申请数量多的省份，其合作的频繁程度也就相对较高，存在较多的知识交易活动。由此可见，知识合作的多少是专利申请数量多少的重要推动因素之一。

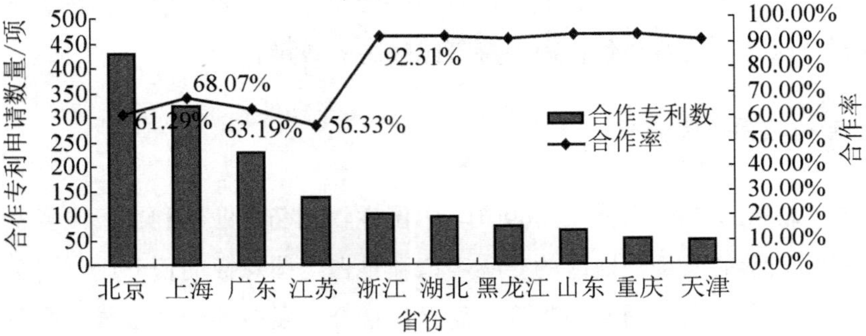

图 9.4　2005—2009 年中国生物制药产业合作专利申请数量与合作率

其中江苏地区从第一名下降到了第四名，从数据上可以看出，江苏的专利申请总量中有一半以上的是属于王尔中的个人发明，出现这种现象的主要原因首先是因为江苏的经济实力允许，能够给发明者的科学研究提供充足的经费与资源上的支持；其次是因为科学家的自身条件允许，正是由于地域的优异条件，吸引了大量质素高的科学家不断地输入其中，他们有足够的能力可以胜任。但是这种现象从长远来看并无优势，它不利于专利活动的可持续发展，由于个人知识量的有限性，以及单个科学家发现问题和解决问题的视角的局限性，会产生一定的思维定式，闭门造车，总将会减慢创新的进度；相反，如果拥有大量个人发明的发明者能够结成合作团队，将自己的知识通过合作的方式向外传递，形成知识共享的模式，则会大大提高创新的质量和数量。

合作率是反应科学合作程度的指标，在这我们将其用来表示中国生物制药产业专利的专利合作发明率，具体来说是指专利申请数据当中多人共同参与发明的专利项数与专利申请总数之间的比值。从图中我们可以看出，合作率的值都位于 56.33%以上，说明各个省份中的合作发明专利的数量都是相当多的，个人发明的专利数量都处于少数的状态。这说明团队参与专利的研究与发明更有可能激发团队的创新意识，突破个人发明专利时所遇到的技术上、知识上的瓶颈，在知识的获取上由于知识获取渠道的增加也较之于个人发明有很大的优势。知识资源相互连接的能力决定了知识利用和创新的能力，而这种知识资源的连接主要是通过知识共享网络的建立来达到的。

图 9.4 证实了我们在上面所做的推测，即在这十个省份之中，有大量的交易区存在。因为越是知识储备丰富的地区，越需要通过构成知识共享的网络拓宽知识获取的渠道，利用广泛和多元的网络来汲取知识，对各种有可能促进创新的知识和信息进行有效的整合。

2005—2009 年的中国生物制药产业专利申请合作网络显示，整体网络出现合作分散、网络凝聚力相对较差的现象。出现这种现象的主要原因在于地理上和部门的分散使得科学家之间的合作受到阻碍。而在分散的子交易区当中，科学家之间的合作状况却比较乐观，合作频次多且有效性高，说明在由不同合作团队组成的分散的知识共享网络中，团队中成员之间的知识共享活动频繁发生。

发明人之间出现重复合作的对数一共有 4 040 对，占到了总合作对数的 24.1%，有将近四分之一的发明人会选择与对方进行重复合作，由此可以看出发生合作的科学家之间的关系相对比较稳定，有利于合作网络的知识共享活动的持续发生。

网络的分散和交易区之间的相互独立，实际上并不有利于知识的传播与共享，所以，发明人应拓展自己的合作网络，而不是仅仅局限于目前的合作对象，能够从不同地区不同团队当中获得相异的知识，从而加速创新，提升创新质量。合作的拓展可以先由某几个科学家与其他团队建立起合作的关系，然后发挥中介的作用从而促进两个团队中其他科学家之间的合作，继而使整个网络合作更加集中、凝聚力加强。同时应该加强地域之间的合作，增进不同地区的科学家之间的信任感和稳定感，通过合作实现知识的转移，平衡资源的共享，带动落后地区的经济文化等各项发展。并通过合作产生优势互补，提高经济实力落后地区的创新能力，从而为形成全国性的知识共享网络打好基础。

第 10 章

我国生物制药产业虚拟 R&D 合作组织治理机制分析

10.1 生物制药产业研发组织的组织架构形式

在不同的研发活动流程中，生物制药产业研发组织呈现出动态结构特征。科研院所、从事长期基础研究的大学研究机构、医疗机构以及不同企业研发部门在共享知识的基础上，在基础研究、应用研究、测试和工艺开发等不同流程中动态地连接起来，从而形成动态的生物制药产业研发组织网络。在宏观层面上，生物制药产业研发组织网络作为整个产业链条的组成部分，受到了来自制造、销售、市场，特别是政府行政监管的影响。在这种背景下，由生物制药产业研发组织作为主要执行者的生物制药产业研发活动获得了向前推动的驱动力量。

10.1.1 理论基础：交叉研究组织理论

交叉学科研究(Interdisciplinary Research, IDR)，作为一种独特的协作式研究模式，指在研究活动中代表不同学科或部门的个体或群体研究者摄入到共同的研究课题中，并汇聚凝结成一个紧密连接的有机整体，在组织层面上实现与复杂研究对象结构上的耦合。

1. 多学科研究模式与交叉研究模式

复杂研究对象往往从客观上要求多学科的参与，但多学科、多个子研究机构的参与只是研究活动推动的必要条件，真正使得复杂的课题得到解决的是参加研究的多学科、多个子机构能够在有效沟通、交流的基础上本质地结合在一起，实现多学科的交叉。按照学科背景、子机构亚文化背景不同的个体或群体参与者在动态研究中的协作关系来看，交叉研究模式的实现往往要经过从多学科研究(Multidisciplinary Research，MDR)阶段到交叉研究阶段的过渡。

伯顿・克拉克等著作的《高等教育新论——多学科的研究》是最早进行多学科研究主题研究的，其在书中一再强调“各门社会科学以及主要的专业所开展的广泛的观点，为我们提供了了解教育的基本工具，不管这门学科是历史学、经济学或者政治学，还是其他社会科学，都给我们提供了观察世界的方法”。目前，学术界对多学科研究还没有形成一致的定义。潘懋元老先生曾经说过“高等教育是一门多学科可交叉的教育科学，高等教育的理论涉及多种学科能够开拓思路，只有在研究观点和研究方法上有所突破，才能有所创新”。多学科研究是一种普适的研究方法，选择确定特定的研究视角有利于准确设定话语环境，让不同的研究者遵循共同的游戏规则，提高不同研究成果之间的交流和共享的可能性。多学科研究与交叉学科研究具有显著的区别，简单来说，多学科研究(Multidisciplinary Research)是利用多门学科的知识进行研究，而交叉学科研究(Interdisciplinary Research)是多门学科间相互作用、相互补充的合作研究。相对而言，交叉学科研究是更高层次的多学科研究。

研发组织就像一个无形的容器，各个不同的学科和子研究机构在其中混合，并在研究活动的初期在组织层面上形成多学科研究特征。但这种简单的多学科研究只在形式上应对复杂研究对象的客观要求，即根据研究课题的多元化要求，针对性的采取多学科、多个子研究机构共同参与研究。这一特征下，构成产业研发组织的多个子研究机构并未产生解决复杂研究课题所客观需要的“化合”。只有经过不断地进行思想交流，相互启发，并达成不同专业学科和子机构亚文化在信念和行为上的局部协调，从而使得各个学科和子研究机构内在地、本质地结合在一起，以促成整体研发组织从多学科研究模式过渡到交叉研究模式。较之于多学科研究模式，交叉科研模式下的研发组织最大的特征在于，不仅有大量不同学科背景、不同子研究机构亚文化背景的研究者的参与，更重要的是具有不同学科背景和亚文化背景的研究者在思想上有效沟通的实现。

2. 交叉研究模式下的研发组织特征分析

根据前一节的分析，不同学科背景、不同子机构亚文化背景的个体或群体研究者在同一研究活动中充分交流思想是交叉研究模式下研发组织的最重要最显著的特征，这一重要特征具体表现在研发组织的构成上。根据伯恩鲍姆(Robert Birnbaum)的研究，典型的交叉研究模式下的研究组织在构成上通常表现出八个基本特征，即研究组织具备多种专业知识、成员运用不同方法来解决问题、成员在解决问题的过程中发挥不同的作用、研究一个共同的课题、研究组织对最终的研究结果共同负责、成员合用共同的设备，以及研究组织成员的人选又研究课题性质决定、成员彼此之间收到个子工作方法的影响。

在涉及复杂研究对象的研究活动的初始阶段，研究组织的构成主要由研究对象在外在特征上所表现出的多层次性所决定的。基于对研究对象性质理解的深入，研究组织在构成上呈现出动态的特征以适应复杂的研究对象的客观要求。因而，交叉研究组织在构成上的基本特征是在交叉研究的动态过程中逐步体现的，如图 10.1 所示，交叉研究组织的基本特征在研究活动的早期通常表现为多样性的参与、多种研究策略和方法的可选性等方面；而随着研究活动的推进，多个发挥不同作用但使用独特的共同语言的子研究机构参与，则成为交叉研究组织基本特征在组织构成层面上的特征体现，最终在研究活动的评估阶段中，这一特征体现为整体研究组织对研究结果的共同负责。

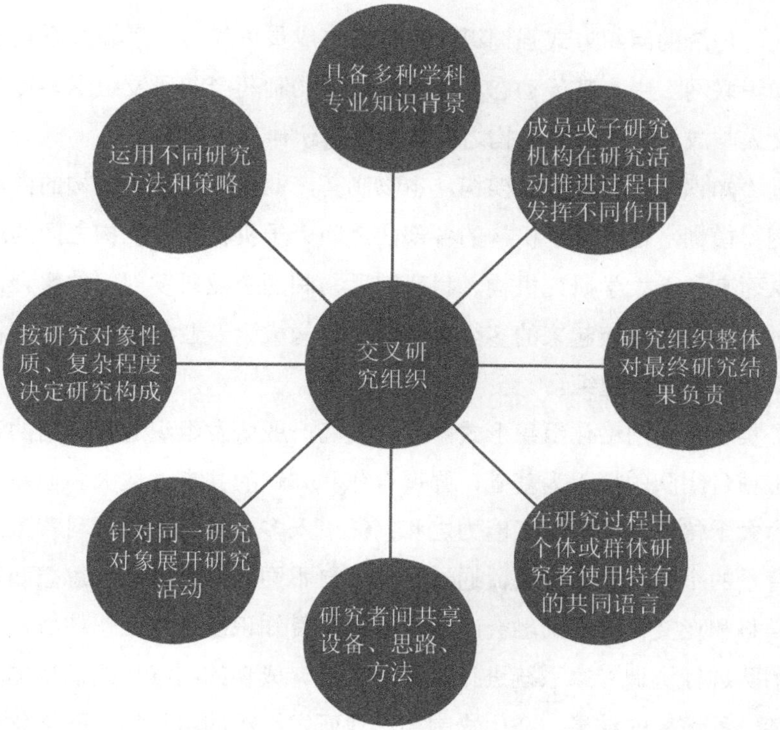

图 10.1　交叉研究组织基本特征及关系

10.1.2　生物制药产业研发组织架构形式

生物制药产业研发组织这一基于动态项目团队的知识性组织是在新商业环境中孕育而生的创新型高成长组织，其自身的发展取决于频繁的创新性项目的成功。生物制药产业研发组织因研发项目所涉及复杂研究对象的客观要求，具备典型的交叉研究组织特征。从其多学科参与的组织构成、在产业中所发挥的作用及动态组织特征来看，生物制药产业研发组织具备知识性组织的特点，即绝大多数组成人员是具有不同学科背景的知识工作者、输出形式以知识性产品或服务为主、以顾客为导向的动态项目团队为基础形成环境开放的系统。因而，生物制药产业研发组织在组织架构形式上具有鲜明的特色。

1. 网络化组织

“知识联网”是生物制药产业研发组织的基本架构形式。有别于传统的金字塔组织方式，传统的组织方式强调组织负责人与成员以权力、隶属关系实现连接，而在“知识联网”中，基于动态项目团队的生物制药产业研发组织则更多地强调组织负责人与成员、子研究机构之间契约式、伙伴式的连接。

通过“知识联网”式基本架构，生物制药产业研发组织子机构的内部和外部的界限变得模糊，这使得子机构的各部门之间、子机构与子机构之间的边界逐渐消失，从而有利于大学研究机构、科研院所与制药企业研发部门的整合，进一步使得通过技术联盟连接起来的多个企业研发机构成为专业价值创造、跨机构的交叉研究模式下的网状组织。

为了实现这种网络化组织形式，生物制药产业研发组织通常采用的途径有：①以动态项目团队的摄入为基础，强调合作和知识的共享、放大和创新，从而使团队能力大于传统科层下分工能力之和；②引入多个具有不同学科背景或子机构亚文化背景的个体或群体成员，通过交易各自不同的研究方法、思想和策略，达到众多学科和亚文化的交叉融会；③以动态项目知识团队为工作核心，同时有高层知识团队进行协调专家系统进行必要的支持。成功的网络化组织架构的实现并不只是某一种途径的结果，在生物制药产业研发组织的组织构成网络化过程中，以上三种常见途径往往交替出现或同时出现。

2. 组织联盟

动态项目团队构成了网络化生物制药产业研发网络化组织的基础，从一定意义上来说，生物制药产业研发组织可以视为一种知识体系或知识网络，其竞争优势主要源自于知识的整合、创造和管理。但动态项目知识团队的协作、具有不同学科或子机构亚文化背景的成员组织之间的交叉不仅存在于生物制药产业链层次上，也存在产业研发组织和社会群体之间。

这一更为广阔社会语境中的交叉和协作可以由各知识团队能动结成，比如为生物制药产业研发服务的不同研究机构之间形成联盟，也可以是为不同产业研发服务的同一研究机构通过资源共享建立一种不同产业研发之间知识创新联合体，即知识联盟。这种联盟的建立是基于组织资源、知识和能力的互补性，以实现联盟伙伴共同受益。生物制药产业研发组织的知识联盟通常通过选择合适的知识联盟方式，如合资、相互持股投资、功能性协议等实现，并保证联盟的时效性。组织联盟形态的生物制药产业研发组织的组织架构形式及其特征已在第 5 章中进行了深入分析，在此不作赘述。

10.2　生物制药产业研发组织的运行机制

生物制药产业研发中的知识生产和工艺开发是生物制药产业的实现高速增长的关键所在。作为这种知识生产和工艺开发的主要载体，生物制药产业研发组织具有显著的知识性组织特征，即由知识工作者构成的、提供知识性产品或服务的、以顾客为导向的动态项目团队为基础的环境开放系统。本节从知识性组织研究的角度出发，结合交叉研究组织理论，试图对生物制药产业研发组织的管理机制、协调机制生物制药产业研发组织运行机制作进一步的分析。

10.2.1　生物制药产业研发组织的协调机制

生物制药产业研发组织不是单纯按照市场或企业原则组织起来的，多个子研究机构通过研究思想、策略、方法以及亚文化的交易，以矩阵、网络或联盟架构形式联结起来，形成一个环境开放的系统组织。通过特有的组织架构形式，生物制药产业研发组织把众多的子研究机构联结起来，并通过项目管理模式或战略项目管理模式的管理机制协调各子机构的活动。这些子机构之间的联结通常发生在整个超组织之中，因而各子机构通常要放弃一定程度的自治权以成为整体产业研发组织的组成部分，为了维持这种联结关系，在生物制药产业研发组织的发展过程中形成其独具特色的协调机制。

1. 信任协调机制

学术界对“信任”主要有以下几种理解：Deutsch(1977)认为信任是信任方对被信任方采取合意行动可能性的信念和预期。这一定义的关键词是信赖、预期。Dodgson (1993)把信任看作是一种思维状态，即交易一方对另一方将付诸意料之中的、相互可接受的行为的预期。这一定义关键词是可靠性、预期。Sable(1993)认为信任就是合作各方相信任何一方都不会去利用另一方的易受攻击的弱点去获取利益。在这一定义中，主要强调信任是预期一种行为不发生，其中关键词是易受攻击、弱点。Johnson 和 Cullen(1996)指出，信任就是相信合作伙伴愿意而且能够完成他们的义务和做出承诺，同时合作伙伴对联盟和其他的行为都出于好的意愿。这一定义是从预期某一行为会发生的角度而做的，认为信任是一种心理意愿。总结以上内容，企业间信任的特点归结为以下几点。

第一，企业间信任是相互的。在任何形式的交易中，交易双方的信任都是相互的、双方的，信任一方对被信任一方有信心，被信任一方有责任。

第二，企业间信任的建立与消失在速度上是不对称的。企业间信任是逐步建立的，这既需要时间，又需要成本，但其消失却可以在短时间内迅速完成。而且一旦信任遭到背叛，重新建立则需要更长的时间和更大的成本。

第三，企业间的信任具有指向性特点。企业间信任总是指向某一具体行为，希望该行为发生或不会发生，发生或不发生形成了信任的方向，而其方向在产生信任时也就确定了。

第四，企业间信任必须进行控制。因为企业间信任是有风险的，要保障企业利益，需要对企业间的信任进行控制，避免误信或信任过度。

生物制药产业研发组织的信任协调机制是由各个组织成员之间利用合作各方的信任关系来加以规范、协调各企业及行为主体的行为方式。子机构之间的相互信任来源于已有的相互交往活动，信任协调机制使各个子机构根据已有经验使将来的合作更加便利。机构间信任的重要性成为信任协调机制的基础，牢固的相互信任使合作各方对彼此的行为有很强信任感，进而增加各方了解、减少分歧，这有利于整体研发组织做出一致的决策，从而达到避免或减小对整个生物制药产业研发组织的损害并使个体机构从整体组织发展中获益。

同时，信任也能够降低协调成本。子机构间的信任成为生物制药产业研发组织中各成员相互依赖、任务协调的一种润滑剂。信任协调机制使合作各方都能意识到要实现各自的利益最大化就必须遵守的既定的规则、惯例和程序。此外，信任协调机制使具有不同学科背景、不同子机构亚文化背景的个体或群体成员具有了很强的能力处理彼此之间的交易，并使成员之间的联结更加和谐。

2. 契约协调机制

契约也称合约、合同或协议，是在现代社会中广泛使用的一个范畴。在法律意义上，契约就是一个或一组承诺，法律对契约的不履行给予救济或者在一定的意义上承担履行义务。通常所说的契约协调机制多运用于供应链管理，以保证供应双方的协调，优化渠道的有关机制。

与传统的科层制组织不同，生物制药产业研发组织是依靠契约(包括规则、协议、法律合同等)而非传统行政权力来指挥运作的。组织的成员企业既相互依赖，又独立运作。但由于他们都有自己独立运作利益的存在，客观上不可避免组织成员、子机构具有追求对自身利益最大化的机会主义的可能性和不确定性。因此，需要通过契约协调机制使各成员、子机构清楚其行为预期，从而根除可能引致整体产业研发组织危机的投机心理和不端行为。契约协调机制是由生物制药产业研发组织成员机构之间的契约所决定的，用以规范、协调各成员、子机构各行为主体的行为方式。较之于信任协调机制，契约协调机制更侧重于对各成员、子机构行为的规范，为整体研发组织良好运作提供各种制度保障基础。

契约协调机制的作用不仅体现在于明示，而且在于促使成员自我履约。生物制药产业研发组织的契约协调机制通过制定人事规章、操作规范、法律合同、技术保密协议等约束规章规定成员、子机构行为主体的行动过程，对相互之间的关系做出特定的承诺，明确研发组织成员机构相关决策权的分派或分布，并就是否和如何建立机构和设置措施来进行信息的交流和权利的安排加以明确，以达到规范、协调成员机构在整体研发组织网络中的联结。因而，生物制药产业研发组织契约协调机制的建立使得研发组织的各成员和子机构行为主体可以按照契约来从事各种特定的行为，从而维持了生物制药产业研发组织这一系统的良性运转。这种契约协调实质是为了发挥各成员和子机构功能、实现最终目标而进行的彼此之间的权利让渡和交换，这些权利包括了用于规制交易的命令结构和权威体系的界定及激励机制的设计，而且这些权利也明确了规制交易的程序及解决各成员彼此之间争端的机制的设计等方面。

10.2.2　生物制药产业研发合作组织的关键治理机制分析

运行管理机制的含义是指一套用以规范成员责权利关系的制度或契约安排，以保证组织的顺利运行。对于虚拟研发组织的运行机制(包括战略伙伴的评价体系与选择方案、动态联盟内部知识转移机制的构建以及任务分派) 与治理结构(主要是成本分担与利益分配制度)亟待进一步研究。虚拟研发组织的治理结构，即用来规范组织成员行为的一系列关系契约，其核心是利益分配机制和知识转移体系。我们将从这两个方面对我国生物制药产业进行治理机制方面的分析。

1. 知识共享机制分析

在物理学中，所有物质的传导、扩散总是由势差引起的，并总是从高势能向低势能扩散。陈飞翔等(2005)把物理学中势能、势差、能量转换的概念引入到知识扩散的研究中，认为知识扩散与共享也有类似的性质。师萍等(2005)在研究员工个人隐性知识扩散条件与激励时，提出了“高位势知识主体”和“低位势知识主体”等术语，认为知识共享的关键在于高位势知识主体扩散其个体知识的意愿和能力。

如果从微观角度去考察一个组织，组织可以看成是复杂适应系统(Complex Adaptive System，CAS)。作为复杂适应系统的基本单元，Agent(也称智能体或主体)往往是异质的，即不同的 Agent 在性质或行为上表现出一定的差异或扮演不同的角色。当组织中 Agent 之间的某方面知识缺口或知识质差大于观察者所设定的参数值，Agent 之间就存在知识共享的可能，需要注意，这里只是说存在知识共享的可能性，并没有表明必然性。知识共享最终能否发生受很多因素影响。在组织中，如果知识共享行为发生，那么高位势知识个体需牺牲闲暇来帮助低位势知识个体进行学习。对于高位势知识个体来说，一方面，知识共享花费了大量的时间、精力；另一方面，随着知识在组织内的扩散，知识的重要(稀缺)性降低，这可能会牺牲其所拥有知识的未来收益。对低位势知识个体而言，在知识交流与互动后，不仅弥补了自己的知识缺陷，而且随着自己知识水平的提高，收入水平也会不断提高。然而在知识共享过程中，低位势知识个体没有直接付费给高位势知识个体，如果仅仅依靠个体之间的自动调节，那么高位势知识个体只能期待着在下一次知识共享活动中自己变成低位势知识个体，别人成为高位势知识个体，自己去分享别人的知识，但是在现实中，这种情况很难发生。因为，第一，知识的创造需要一定的知识积累和天赋，并不是人人都能发现新知识，双方角色转变存在巨大困难；第二，即使是低位势知识个体发现了新知识，变成了高位势知识个体，由于隐性知识显性化也需要投入大量的精力和财力，在没有有效激励的情况下，不愿意完成角色的转变。可以看出,依靠个体之间的自动调节很难实现知识主体之间的利益平衡，组织中有必要引入知识共享机制，并适当注重对高位势知识个体的激励倾斜。在不同的知识共享机制下，个体知识共享的成本收益是不同的，如果组织采用的知识共享机制，没能使高位势知识个体得到有效激励，知识共享后，高位势知识个体即期的效用水平没有得到明显改善，那么在下一期活动中，高位势知识个体要么选择不和别人分享知识，要么选择离开组织。

知识管理学者将知识分为两类：一类是高度个性化、难以形式化的隐性知识(Tacit Knowledge)；另一类是能够编码且能以系统方式表达的显性知识(Explicit Knowledge)。一个组织可以通过建立内部完善的电子平台或者网络系统来实现显性知识的共享，而隐性知识由于其本身的垄断性、表达的困难性、收益的不确定性等原因，而无法在组织内部各个成员之间进行分享，由此产生了知识转移的障碍。相对于成员少且固定的实体性研发组织来说，内部知识的管理对于虚拟研发组织显得尤为重要和困难。Choi 和 Lee (1997)研究表明，合作联盟模式的成功扩散，在很大程度上得益于联盟内部实现的知识共享。虚拟组织通过组织内部成员间的知识共享，内部化了研发投入，研发投入的溢出效应产生的外部性导致企业 R&D 行为的非社会有效性。因此，虚拟组织的内部知识共享机制决定着组织的进一步发展。

2. 利益分配机制分析

利益分配机制是企业动态联盟运营机制的重要组成部分，利益分配机制一旦建立，其有效运行事关联盟的运营成败，“对于研发型动态联盟来说，其利益分配机制中需要靠怎样的运行动力和措施来保证利益分配模式的正常运作，也是一个值得研究的问题”。

内部治理结构是虚拟研发组织能够持续动态发展的制度保证，而利益分配机制是虚拟研发组织治理结构的核心组成部分。虚拟研发组织的利益分配机制研究的理论基础包括公司治理与团队激励理论。从公司治理理论角度看，有效率的治理结构安排必须遵循以下三个基本原则：剩余索取权与剩余控制权对称分布，风险与权益对称分布以及贡献(企业收益创造力)与权益对称分布。而团队激励理论的两个最基础的研究中，Achain 和 Demsetz(1972)认为团队工作中存在的“搭便车”行为可以通过引进第三方即委托人的监督来解决；而 Holmstrom(1982)则认为，如果打破预算平衡约束，Pareto 最优可以通过 Nash 均衡达到。

从虚拟组织成员自身看，成员总是从自身角度出发，最大化自身利益。他们一方面以较少的投入获取较多的回报，另一方面又想多吸收其他成员的私有知识而少于他人分享自身的专有知识。利益分配机制本质上是组织内部剩余索取权的安排，它建立在任务分配制度和成本分担制度基础之上。

要使利益分配模式能够有效地运行，必须从以下三个方面着手：第一，从制度体系方面着手，研发合理的动态联盟治理结构，在研发型联盟管理的治理结构时，必须明确界定联盟各方的合作内容、绩效评估的方式、利益分配方式，并通过保护性协议使联盟伙伴的利益不受侵犯和损害，这样有利于促进利益分配机制联盟伙伴关系的稳定发展。第二，从组织体系方面着手，设立适合动态联盟的利益分配协调组织体系。由于结盟伙伴来自不同的组织，具有不同的背景，加之管理风格和企业文化的差异，联盟内部各企业容易互相猜疑或产生偏见，无形中会使得联盟合作增加障碍和困难。动态联盟应建立合适的利益分配协调组织体系，这个体系应包括联盟董事会会议和各项目委员会，借以明确结盟各方的权利与责任，公正评估结盟企业的绩效，这就成为利益分配协调的关键所在。因为动态联盟伙伴之间的有效沟通，可以缓解结盟各方的各种利益冲突。因此，结盟各方可以本着平等互利原则，根据需要派代表组成联盟的利益协调职能机构，动态联盟的利益协调职能机构应保持稳定性与灵活性之间的对立统一，使动态联盟的利益协调职能既要能兼顾各个结盟企业的个体正当利益，又要顾及联盟整体利益的协调。第三，建立稳固的信任沟通体系。利益分配机制的有效运行，离不开结盟企业稳固的信任关系，利益是企业寻求结盟的最主要动因，而动态联盟的利益并不是在所有合作伙伴之间均等分配，而不均等的利益也常常使合作伙伴关系格局改变，这可能与各方原来的期望不同，从而妨碍联盟的有效运行，作为联盟运行机制重要组成部分的利益分配机制也因此无法有效运作。所以首先有必要建立完整的信息沟通网络，积极沟通，保持良好的战略协同关系，结盟伙伴之间必须通过积极有效的沟通，本着共赢的合作理念，确保协议中规定的利益分配条款得以落实，以此来保持结盟企业的发展目标与企业战略联盟整体目标的高度一致，并最终提高企业战略联盟的总体绩效。其次，还要培育广泛的合作基础，动态联盟的利益分配机制要得以有效运行，需要结盟各方的积极配合，有许多协调工作要做，而协调工作的效果在很大程度上取决于结盟各方的友善和信任态度。没有信任，动态联盟的伙伴关系无从立足，有效的利益协调更无从谈起，在结盟伙伴之间建立信任关系能促使彼此更加关心对方的利益，防止利益冲突在联盟中出现，从而增强相互的可靠性。除了在结盟企业高层主管之间建立密切的互动关系外，最重要的是还要在财务管理人员中培育互信意识，否则无法解决动态联盟内利益冲突的固有矛盾。

诚然，具体设计利益分配机制过程中，还有可能碰到一些难点。首先，虚拟组织内部运行是一个动态博弈过程，如何设计一个动态自激励合约以促使成员利益与组织利益趋同是最大的难点。其次，利益分配与成员间知识转移密不可分，利益分配机制与知识转移机制如何相互协调、相互补充，也是一个关键难点。所以，未来的研究可以从动态合约的角度出发，运用机制设计相关原理，设计相应的动态自激励合约，消除利益分配中的机会主义行为，提高虚拟组织整体的运行效率，促使虚拟研发组织健康、有序、高效的运行。

10.3 行动者网络与我国生物制药产业技术的治理机制分析

10.3.1 行动者网络理论

行动者网络理论(Actor-Network Theory)于 20 世纪 80 年代由 Callon 和 Latour 提出。为了对称地看待自然和社会在科学技术实践中的作用，行动者网络理论(ANT)引入了“行动者”这一核心概念，用来表示在科学知识的建构过程中所有起作用的因素，既可指个人、团体、组织这样的人类行动者，也可指文化观念、技术、设备等非人类行动者。行动者网络理论认为，凡是参与到科学实践过程中的所有因素都是行动者，异质性是其最基本的特性，即任何通过制造差别而改变了事物状态的东西都可以被称为行动者。这一理论给予了非人类因素以关键地位，有效克服了人们在自然和社会之间所制造的对立，其基本取向是认为科学是一个由人类和非人类行动者相互作用的场域。在这个场域中，任何一方的因素并未被赋予特别的优先权。在科学活动中，自然行动和社会行动不断地变换着角色并进行着磋商，科学最终从这两类行动的游戏场地中涌现出来。ANT 用“行动者”来消除“人”与“非人”的二元对立，由此拓宽了对网络“节点”的理解，使我们在进行创新网络分析时，能够同时关注非人类行动者在网络形成中的作用，而不是把目光仅仅停留在人类行动者的作用上，这将有助于我们全面解析创新网络的影响因素。按照 ANT 的观点，创新网络可以视为是在人类与非人类行动者相互作用下形成的创新成果最终从这些行动者的相互建构中涌现出来。

科学技术的发展是通过行动者之间进行“转译链接(Concatenation of Translations)”的过程向前推进。“转译链接”的微观过程如图 10.2 所示，行动者之间的转译经历四个环节：首先是问题化过程(Problematization)。一项科研新策略的建议者(A)首先必须提出符合其他团体利益的途径，用以使自身和新加入者(B)结成联盟。第二个环节是权益化(Interessement)过程。实体存在(A)以一系列活动试图影响并固化由其通过问题化过程而定义的其他行动者(B)的身份。不同的装置和策略被用来实现这些行动，对于所涉及的所有团体而言，这一环节有助于所有实体被摄入，另外，权益化试图破坏所有潜在的竞争联系以构建一种联盟系统，因而包含社会实体和自然实体的社会结构被型塑和巩固。第三个环节是摄入过程(Enrollment)。成功的权益化使得摄入过程得以实现，一旦被摄入，其他的团体(B)就成为研究者(A)计划的参与者，其利益被转译到 A 所采用的计划中来。最后一个环节是对同盟者的激活过程(Mobilization)。如果发起者(A)已经成功地将其他的行动者(B)摄入到期计划中来，研究者(A)此时就上升为整个联盟链的代言人，激活过程使得 A 得以对其联盟者行使权力(Callon 和 Latour，1992)。

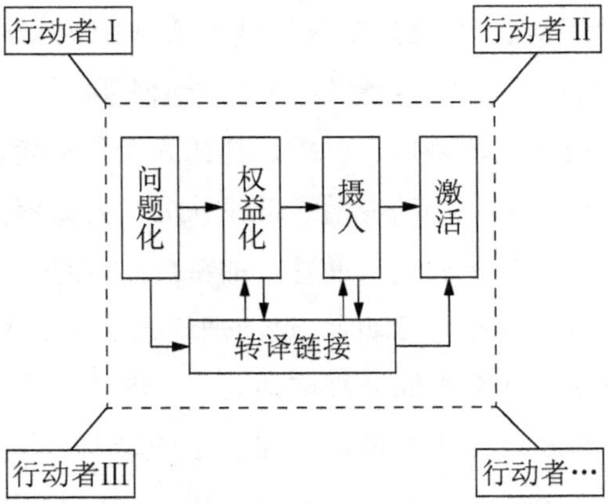

图 10.2 “行动者—网络”构建：转译链接环节

由此，行动者网络理论实际上塑造了一种全新的科学活动基本模式；行动者(无论是个体还是机构，无论是巴斯德还是扇贝研究者)试图通过“转译链接”建立起合作者或同盟者的长链，以形成网络。在这些链条中，发起者(A)力图实现自身作为“强制通行点”(Obligatory Passage Point)的枢纽地位。因此，科学研究成为相互竞争的联盟者之间有效的“角力”，科学技术的发展实际上是这些“角力”的结果。行动者—网络理论的中心思想是，研究成果由建立成功的联盟而产生。这些联盟被看作是异质的、开放的网络：它们由技术的行动者和制度和机构、非人行动者组成，工具装备本身也会在科学技术发展中成为行动者。

通过描述中国生物制药产业技术行动者和强制通行点(OPP)来生动刻画生物制药产业技术发展的利益嵌入和结合特征，从而为分析中国生物制药产业技术治理和战略制定提供一种有效思路，将是后文分析的重点。

10.3.2　政策建议

1. 建立开放型国家生物制药技术自主创新体系

首先，国家通过建立健全产学研结合机制等方式，充分发挥企业技术创新主体的作用，鼓励生物制药企业加大研发投入，加大对生物制药企业技术创新的支持，积极推进企业、高校和科研机构共建工程实验室、生物技术研究中心、实习实训基地等工程化平台建设。其次，加速自主创新生物制药技术成果的产业化。组织实施生物制药技术产业化专项管理，大力推进拥有自主知识产权的重大生物制药技术成果转化，加速规模化生产和应用，积极开展生物产品相关标准的研究制(修)订与实施工作，加强生物标样的研制和产业化。最后，我国应尽快建立健全专利保护制度体系和生物制药审批制度以保护技术创新成果，从而使企业获取专利药物的前期超额利润，以便激励更多企业和风险投资者加入到生物制药发展中来。

2. 积极拓宽融资渠道，建立完整的产业投资链条

一方面，引导社会资金投向生物制药产业。鼓励设立、发展生物技术创业投资机构和产业投资基金，支持信用担保机构对生物制药企业提供贷款担保，有效探索利用贴息、小额贷款等方式支持生物制药公司发展。另一方面，引导生物制药企业利用资本市场融资。积极支持符合条件的中小生物制药企业在中小企业板和创业板上市，鼓励符合条件的生物制药企业在境内外上市筹资。开展生物产业

基地内具备条件的生物制药企业进入证券公司代办系统进行股份转让试点，推进未上市生物制药企业股权的流通，拓宽创业投资退出渠道。对符合条件的生物企业发行企业债券、公司债券、短期融资券和中期票据提供一定优惠，并开展生物制药产业基地内企业联合发行企业债券试点。

3. 加强生物制药产业创新联盟的合作强度

我国生物制药产业创新联盟的普遍有规模小，力度小的问题。除了客观环境原因外，联盟内部因素占有主要地位。在生物制药产业创新联盟中，各知识协同主体之间应该尽可能的知识共享，共同进步。而在目前阶段，各生物制药产业创新联盟知识协同主体之间的联系不够，知识共享严重停滞，极大地阻碍了生物制药产业创新联盟知识协同的进程。作者认为要改善生物制药产业创新联盟知识协同滞后的现状应主要从以下几个方面入手：

第一，要从生物制药产业创新联盟的准备阶段入手，本着平等互利的原则，慎重选择联盟主体。联盟内知识协同主体选择的好坏，直接影响生物制药产业创新联盟知识协同的整个过程。知识协同主体选择的好，各主体间互信互利，步调一致，可以确保生物制药产业创新联盟知识协同的各阶段高效顺畅地进行，反之则否。

第二，要增强互信。生物制药产业创新联盟知识协同主体之间既相互合作又存在激烈的竞争关系，如果联盟内知识协同主体间由于某些原因相互防备，信任度不高，就会使得联盟内各知识协同主体对自己的知识资源进行本能的保护，有保留的合作甚至不愿继续合作。

第三，建立公正的利益分配机制。由于高校、生物制药科研机构、生物制药企业和医疗机构的组织属性、考核标准以及承担风险各不相同，所以生物制药产业创新联盟要在保证联盟利益最大化的前提下，确保联盟内各主体利益最大化，并根据各主体的组织属性和各自考核评估体系，设计相应形式的利益分配机制。联盟还要具体参考各知识协同主体的贡献、投入和承担风险，公平确定各主体的利益分配比例和风险补偿程度，尽可能做到公平公正、信息透明，最大限度地提高生物制药产业创新联盟内部知识协同主体间的合作强度。

4. 发挥和协调网络中各个行动者的作用

中小型生物制药公司应该积极与大型生物制药公司建立战略联盟，借助其强大的销售网络实现商业化和规模化。根据生物技术行业的“钥匙模型”，生物制药企业应该充分利用其优势去确定有价值药品的“靶位点”即所指的“锁”，大型制药企业应从事有价值药品的研发，即去寻找“钥匙”。研发行动者应该多渠道筹集重点生物制药产业项目研究资金，走“产学研”结合的道路，注重为生物制药行业培养持续技术创新人才。而在公众行动者中，应大力发展从事生物技术信息咨询、技术评估、专利代理等方面的中介机构。国际行动者可以推进我国生物制药企业与外国企业的竞争与合作，并通过类似人类基因组的国际合作，逐步缩小与发达国家生物制药产业技术差距。

第四篇　我国生物制药业虚拟R&D组织的案例研究及政策建议

第11章

生物制药业虚拟R&D网络的案例研究

11.1　中国四大生物制药产业创新模式比较研究

11.1.1　四大国家生物技术产业基地

1. 北京——以龙头企业为主，在政府支持下，公司化运作，多元合作的发展模式

中关村生命科学园为创新中心，北京经济技术开发区“药谷”为国际制造中心，中关村科技园区大兴生物医药基地为新兴制造中心。北京生物医药形成了高端制造和研发服务互补的产业格局。截至2009年年底，基地在研的国际国内开发项目近200项，在国际著名刊物上发表的论文39篇，园区内企业拥有500项各种专利，自主知识产权技术近百项，承担的国家“863”“973”和国家自然基金委员会等项目40多项。

从2006年基地批复到2009年年底，北京市医药工业总产值从202.4亿元增

加到 394.2 亿元，年均递增 25%，实现利润总额从 23.3 亿元增加到 66.6 亿元，年均递增 42%(数据来源：2009 年中国生物产业发展报告)。目前，北京正在形成以中关村生命科学园为创新研发基地，以北京经济技术开发区和北京生物工程和与医药产业基地(大兴工业开发区)为产业化基地的三足鼎立的格局，初步形成以在京的“大院大所”为背景，以生命所、芯片中心和蛋白质组中心为主体的园区创新体系。同时也正在形成以国内外著名企业为主体的生物医药产业化队伍，聚集效应已开始形成。

(1) 企业。北京的生物技术创新以龙头企业为主，主要有百泰生物药业、北京同仁堂、北京泰德制药有限公司、乐普(北京)医疗器械股份有限公司、康龙化成(北京)新药技术有限公司等。百泰生物药业是生物医药的代表，也是中国和古巴在生物技术领域水平最高、投资规模最大的合作项目，该企业同时还是目前国内规模最大、设施最先进的集抗体研发、规模化生产于一体的抗体产业化基地。其生产的国家 I 类新药，是我国第一个治疗恶性肿瘤的人源化单克隆抗体药物。作为创新的企业主体，百泰将自己定位于研究开发投入的主体、技术创新活动的主体和创新成果应用的主体，把研发和生产有机起来；北京同仁堂是我国最大的中药企业，主要业务领域为中医诊疗服务、治疗性产品和中医养生、康复、保健以及食疗等，包括中成药、中医医疗制剂、保健食品、化妆品及营养膳食等 1 300 余种药。北京泰德制药有限公司是化学制药公司的代表，是集原料药生产、制剂生产和药品销售为一体的大型现代化医药企业，拥有大输液、降压 0 号等多个知名品牌，其在全国输液、心脑血管和内分泌三大领域取得了领先地位。乐普(北京)医疗器械股份有限公司是我国最早研发制造心脏介入医疗器械产品的公司，专门从事高技术介入医疗器械和重症监护产品研发、生产、销售和服务的高新技术企业，主导产品是冠心病加入治疗用血管药物支架系统。康龙化成(北京)新药技术有限公司生物制药的研发服务上处于领先地位，其为全球制药公司和生物制药研发机构提供综合药物临床前的研发服务，是国内第三大医药服务外包企业，在组合化学、药物化学、右击合成化学等领域为全球制药公司和生物制药研发机构提供一系列全方位的新药研发外包服务，也是中国第一家拥有符合欧美 GLP 临床前毒理学服务能力的 CRO 企业。

(2) 研究机构和大学。北京是国内著名大学、生物院校和科研机构的聚集地，目前拥有 45 家国家重点实验室、部门开放实验室及北京市高科技实验室。清华大学、北京大学和中国科学院等高校院所正与企业、政府、科研所以及中介机构建立了信息资源共享体系，从而逐渐实现知识联网和知识联盟，为生物制造产业的快速发展提供完善的服务。从专利数据来看，2006 年到 2010 年，我国生物技术专利授权数量排名前 10 位的专利权人中，北京的中国农业大学和清华大学分别位于第 2 位和第 3 位，经过计算，二者的专利授权总量占前 10 位专利权人专利授权总量的 25%。

(3) 政府。北京市政府把生物医药作为“十一五”高新技术重点发展的三大产业之一。如北京经济技术开发区政府每年投入资金 5 000 万元，用来吸引生物医药企业项目入区，鼓励企业进行药物研发、中试产业化、引进高端人才方面给予生物医药企业资金扶持。北京市十二五规划中，北京提出抓住实施“新医改”和建设中关村国家自主创新示范区的重大历史机遇，围绕“创新驱动、聚焦高端、融合发展、服务民生”的主线，以整合创新资源为重点，提升产业整体创新能力；以高端制造和高端研发为支撑，提高产业在全球价值链中的地位；以产业融合为导向，发展新兴服务业态，以重大实施专项为抓手，带动产业结构优化升级和规模提升，保障民生健康需求。同时北京市政府明确表示要将北京打造成具有国际影响力的生物和医药研发创新中心、全国高端制造基地、全国医药流通中心，推动生物和医药产业由先导产业向主导产业跨越。

(4) 中介。中关村生物医药园、汇龙森国际孵化器和北京中关村生命科学院生物医药科技孵化有限公司等 10 家专业孵化器。近百余家试剂生产和代理企业为生物医药产业提供化学生物等各种试剂。北京银行、北京中关村科技担保有限公司等 11 家银行担保机构参与试点，为企业创新设立风险补贴专项基金，使投融资渠道更加畅通。此外，北京医药行业协会包括了北京地区医药、医疗器械、工商企业、科研、大专院校相关企业为会员，专门进行医药行业调研、为医药企业 GMP、GSP 认证进行测评和咨询，组织有关医药行业的展销会、展览会活动等活动，从而为生物医药产业的发展提供主要的中介服务。

(5) 支持禀赋。北京已组建中国生物技术外包服务联盟(ABO)、肿瘤联盟、抗体联盟、中关村 CRO 联盟等数个专业研发外包产业联盟。研发外包联盟，包括协和洛奇临床 863 实验动物基地、PPD 保诺、丹麦 cCBR 临床和基础试验中心等 12

家药物化学研发、药物安全研发、临床试验研发等外包服务技术平台。

总结：北京龙头企业突出，人才优势明显，拥有丰富的临床资源和新药筛选、安全评价、中试与质量控制等关键技术平台。但在投融资体系、企业咨询研究等中介机构、行业协会类分支机构、专业的评审中心等方面急需建立和完善，特别是区域主管政府部门分支服务机构的缺少，对园区内企业及时了解政策、掌握相关信息、提高办事效率有极大的影响。

2. 上海——以中小企业为主体、充分竞争的产业创新模式

上海的生物医药产业主要分布在浦东的“一江三桥”地带，“一江”是指张江高科技园区，是上海高科技产业的创新基地；“三桥”是指外高桥保税区、金桥出口加工区和孙桥现代农业开发区，已经呈现出一定的集聚效应。上海国家生物产业基地以张江高科园区为代表。该园区的生物技术产业以生物医药产业为主，已经形成了包括现代中药、化学药、生物制药和医疗器械在内的相对完善的医药产业体系，在心血管医疗器械、单克隆抗体药物、荧光诊断试剂等领域国内领先。近年来上海生物医药产业连续保持了年均 15%的增幅，2010 年生物医药产业链实现营业总收入 197.11 亿元，同比增长 18%，并且大品种创新药物实现规模化扩张。在现有产值过亿的 21 个品种基础上，有望形成 8 个超 5 亿元规模量级的大品种。张江园区已报或将报国际临床研究的药物 48 个，成为我国以美国、欧盟为目标的国际新药研发注册最多的地区，在高端医疗器械领域成绩斐然。

(1) 企业。作为中国最大的生物医药产业基地，张江“药谷”已聚集了 42 家中外生物医药企业、31 所大型研发机构和 120 多家创新型中小企业。截至 2012 年年底，上海有 368 家生物医药企业，经过多年的努力，已经形成了领先全国的包括国家重点实验室、国家工程中心、生物企业孵化器等在内的研发体系，每年获得批准的专利和生物药品均居于全国前列。中小企业之间以及中小企业与其他集群之间开展了紧密的合作，建立起了一套“人才培养—科学研究—技术开发—中试孵化—规模生产—营销物流”的现代生物技术创新体系。

(2) 科研机构和大学。目前，在上海从事生物产业研发的高校、省级以上科研院所就有 60 多家，每年获得批准的专利和生物药品均居于全国前列。依托雄厚的研发力量，上海开展了大量的基础研究与应用研究，承担国家“863”计划生物医药领域重大、重点项目的项目数和经费数均超过总量的 30%，在“十五”期间

主持承担了国家 40%以上生命科学相关重点基础研究项目(“973”计划)，自主创新能力不断提升，产生了一批在国际上有重大影响的技术成果。据统计，从 2001 年至 2006 年，中国生物技术与医药领域在《科学》《自然》《细胞》杂志上共发表论文 46 篇，其中 50%是由上海科学家完成的。另外，上海科学家在“十五”期末一举打破了中国在国际生命科学领域极具影响力的《细胞》上横跨四分之一世纪的空白格局，接连发表了 5 项重大发现。

(3) 政府。生物医药是上海重点培育和发展的七大战略性新兴产业之一，也是上海的科研优势。在政策保障上，上海市各职能部门形成合力及时破解产业发展的瓶颈。针对企业在产业发展过程中面临的创新创业、定价审批、医保采购、土地紧张以及其他方面的问题，上海市科委、市发改委、市规划局等有关部门分别制定了相应的政策和措施。上海市科委等适时推行“产学研医合作研究项目”，推进以企业为主体的产学研医相结合开展企业重大科技需求攻关，从选择项目转变为选择企业，由企业自主确定科技攻关需求、自主选择合作伙伴，市科委和企业按照不低于 1∶3 的比例，共同投入科研攻关经费平摊研发风险。通过个政府部门的合作，上海形成了生物技术产业园区网，激发了“集群效应”。

推动自主创新的主要政策有：设立“代持股专项资金”，推动股权激励；推行“聚才计划”，加速高端人才集聚；建造限价商品房，定向配售给核心园人才；拓展提升教育资源，满足人才子女入学需求；加大专项配套力度，激励研发创新；加大财税支持力度，降低企业创新成本发挥国资创投的引导功能，提高投资的活力和效率；加强投融资服务，支持中小企业发展；鼓励核心园二次开发，促进土地集约节约利用。

(4) 中介。张江园区已经成为国内医药研发外包服务企业最为密集的区域之一，是医药研发服务外包发展最为迅速和富有成效的区域。药谷汇集了 240 余家中小型创新研发企业，这些拥有自主知识产权的企业加注了园区研发的“推进剂”。作为园区生物医药产业的“管家”，张江生物医药基地还在不断扩容科研孵化功能。上海通过实施“聚焦张江”战略，集聚了一批国内的生物技术企业和国外大型医药企业，目前仅浦东就拥有了国家级企业技术中心(工程中心)9 家、市级企业技术中心 6 家，初步构筑了人才知识平台、技术服务平台、创业投资平台、中介服务平台、生活服务平台、政策法规平台六大平台。

(5) 支持禀赋。科技与金融不断融合尤为显著。一是企业正在积极推进改制及资本市场上市工作；二是完善了生物医药基金的资金构成、理事会组织构架、基金及理事会章程、基金管理的委托协议及团队、生物医药行业专家及资深顾问团队的筛选；三是实行担保体制；四是推进知识产权质押融资试点。

总结：拥有完善的生物技术创新体系和产业集群，是国内生物医药领域中小企业和研发机构最集中、创新实力最强的基地。上海国家生物产业基地已初步形成了产业群体、研究开发、孵化创新、教育培训、专业服务、风险投资六个模块组成的良好的创新创业氛围和“人才—培养—科学研究—技术开发—中试孵化—规模生产—营销物流”的现代生物技术创新体系。

3. 广州——依托良好的区位优势，政府主导的产学研联盟的创新模式

广州国家生物产业基地由两个核心区、扩展区和辐射区组成。核心区包括广州开发区所辖的广州科学城和广州国际生物岛两大板块，总体规划面积约 14 平方公里。广州科学城以高科技制造业为基础，推动科学技术研究和开发应用，以形成科学研究综合体为目标，培育科技创新环境，促进广州产业结构的协调发展。广州国际生物岛是一个综合性的生物高新科技开发项目，是以生物信息的研究为纲，带动药物、医疗、材料、食品、保健、环境保护等相关领域的开发，并建立一套完整的支撑服务体系，形成独特的生物科技研究环境。

(1) 企业。2011 年，广东省生物医药企业已达 560 家，全省生物医药总产值达到 890 亿元，实现增加值 320 亿元，增长速度居全省九大产业之首。截至 2010 年年末，全国制药工业百强企业中广东省拥有 6 家，年销售收入超亿元的中药产品达 14 个。基地集聚了一大批龙头企业。其中，广州医药集团拥有“广州药业”和“白云山”两大上市公司、18 家药品生产企业、6 家医药经营企业、5 家医药专业研究所，规模和效益居于全国医药行业前列。广州国家生物基地还在千方百计地吸引世界 500 强、行业领军企业和央企、国企、大型民企进入。一批居行业领先地位的骨干企业快速发展，广州医药集团、阳光药业集团、丽珠医药集团、珠海联邦制药和深圳迈瑞等企业成为超百亿元产值的龙头企业。广东省生物医药企业已形成涵盖药品、器械、试剂等领域的研究、开发、生产、销售各环节，以中药和化学药为主体、医疗器械为特色、健康服务和流通为市场价值链终端的生物医药产业体系，在现代中药、化学合成药物、生物制药、海洋药物、基因诊断

试剂、医疗器械等领域具有一定优势。

(2) 研究机构和大学。广州市基地汇集了与生物技术相关的高等院校、研究院所近 40 家、重点学科 68 个(包括国家级重点学科 11 个)、重点实验室(中心、基地)78 个。基地拥有生物技术研发人才 7 000 多人，并以中国留学人员广州科技交流会为载体，搭建了一个高层次的人才引进平台。广东省拥有 50 多家生物医药研究院(所)，创建了中科院广州生物医药与健康研究院、深圳市与中科院共建的中科院深圳先进技术研究院、华南新药创制中心等公共平台，拥有一批国家级和省级创新平台，一批生物医药企业建立了企业博士后工作站和工程中心，初步形成了以企业为主体、高校和科研机构为中坚、产学研相结合的创新平台体系。创新技术和成果不断涌现，中药现代提取分离、时间分辨荧光抗体诊断、海洋生物功能基因筛选、医用组织工程等技术居国内领先水平，部分达到国际先进水平；拥有人尿蛋白质生物药、狂犬病疫苗等一批具有自主知识产权的创新产品，产业创新能力不断增强。

(3) 政府。广州市政府在生物技术创新系统的建设中居于主导地位，已在统筹、规划引导、资金投入、资源整合以及自主创新等方面加大投入力度，引导生物产业集聚发展、特色发展、持续发展。同时，在吸引国外大型企业和国外留学人员上，广州市政府也颁布了很多政策。广东省十二五规划中明确提出扩大生物制药产业规模、提升国际竞争力，着力加强创新基础能力建设，着力培育龙头骨干企业，促进生物医药产业规模化、集聚化和国际化发展，推动生物医药产业成为广东省战略性新兴产业的支柱产业。

(4) 中介。广州国家生物产业基地的生物技术得到了优先的财政与税收支持，各中介机构通力合作使该基地在引进项目的投资密度、实缴资本、产品技术含量、专利申请数量、投产经济效益上建立了一套比较严格的准入指标体系。同时，广东作为国家改革开放的试点，积极探索，勇于开拓，且由于历史的原因，广东国有大企业一直不多，原来国民经济中计划经济的成分相对较弱，市场机制就更容易推行并发挥主导作用。与国内其他地区相比，广东市场机制建立得早、运作得好，在生物技术综合水平远远低于全国其他科技发达地区的条件下，广东生物技术产业在不到 10 年的时间从从无到有，从小到大，一个重要的原因就是发挥了市场机制重要的发展导向、项目选择、资源配置的作用。

(5) 支持禀赋。广州国家生物产业基地拥有近 30 个生物技术创新平台，其中国家级工程研究中心 5 个，如中科院广州生物医药与健康研究院、南海海洋生物技术国家工程研究中心、基因工程药物国家工程研究中心。省级和市级工程技术研究开发中心 10 多个，在源头上极大地提升了生物技术原始创新能力和集成创新能力。广州科学城具有高质量生态环境，完善的城市基础设施，高效益的投资创业软环境，以产、学、研为主，辅以配套少量高级住宅的多功能现代新型城区。

总结：广州是较早发展生物医药的地区，在生物服务和生物技术应用等领域形成了优势和特色，集聚了一批龙头企业。广州国家生物产业基地发展主要由政府主导，进行行业优惠政策吸引。其政府主导的产学研联盟的发展模式依托现有的生物产业基础，充分发挥生物技术科研力量雄厚、大型企业集中、市场环境相对完善和毗邻港澳的地缘优势促进产业集聚，实现了规模效应。但在推进大型生物企业集团和中小企业群、孵化器、基础设施等的建设上还有待加强。

4. 长沙——政府主导的产学研联盟的创新模式

长沙国家生物产业基地是 2006 年 10 月由国家发改委批准认定的、以湖南浏阳生物医药园区为核心区的国家级生物产业基地，是中西部地区唯一的国家级生物产业基地。“一园五区一带”的布局：长沙国家生物产业基地设“一园五区”，核心区为长沙生物医药园，拓展区为袁隆平生物农业产业区、常德化学制药产业区、岳阳生物医药产业区、株洲现代中药产业区、湘西中药谷。

浏阳生物医药园(国家级浏阳经济技术开发区)一期规划面积为 13.4 平方公里，现在建成面积为 8 平方公里；信息技术园一期 5 平方公里，现建成 2 平方公里；食品科技园已建成 1 平方公里。工业企业投资总额 70 亿元、基础设施投入 22 亿元。工业企业中有 70%为医药及相关企业，其余为生物环保和生物能源及信息技术企业。截至 2010 年年底，长沙国家生物产业基地共引进制药工业企业 42 家、医药创业企业 33 家、保健食品企业 15 家、生物农业企业 11 家、配套制药机械及包装企业 6 家。

目前，生物医药占园区总量 65%，龙头企业为威尔曼制药、九芝堂斯奇制药、莱美康源制药、老百姓安邦制药、金泰制药、泰尔制药、尔康制药等 43 家 GMP

工厂。信息技术有园区投资最大的企业蓝思科技及台资企业介面光电等，致力于打造手机触摸屏等高端配件及整机，现已成为世界知名品牌这一领域的主要供应基地。

本研究以长沙浏阳国家生物产业基地为例，概述长沙的生物制药产业发展特点与特色。

(1) 企业。园区中小企业大部分来自于高科技项目的孵化培育。目前，该园区有制药工业企业 42 家、医药创业企业 33 家、保健食品企业 15 家、生物农业企业 11 家、配套制药机械及包装企业 6 家(截至 2010 年 6 月数据)。这些企业具备成为“单打冠军”的潜力，为该园区成为全国制药企业密集、上下游配套完善、科技创新与资本市场结合非常活跃的中小企业科技园区奠定了基础。该园区目前正致力于引入国内外知名的管理公司，与其合作，从而最大程度的加快生物制药产业的发展。

(2) 研究机构和大学。招商引资机制与产学研结合。该园区以培育项目、嫁接招商为手段，将孵化平台、共享平台、生产基地与军事医学科学院、中科院植物所、北京大学、中南大学、湖南师范大学、湖南中医药大学及浙江大学等高等院校合作，极大地促进了新药成果的创新及产业转化。园区企业拥有博士、硕士以上学历的研发、管理人员达 1 300 多人，约占全园人数的 10%。建立以院士为领导的现代生物研发平台，如袁隆平院士领衔的国家杂交水稻工程技术研究中心。因此，雄厚的科研实力为该园区生物制药产业的发展奠定了坚实的基础。

(3) 政府。以管理体制创新为动力。园区管委会有 5 个内设局、7 个驻园分局、3 个服务中心，拥有相对独立的人事、财务、对外投资合作权。具体而言，一是人才管理创新。人才使用机制的灵活性、完全企业化的考核奖惩机制使园区充满活力和竞争力。二是财税管理的相对独立性。园区所得地方税收全额返还，使园区有更多的自有和自由资金用于孵化项目、帮扶中小企业和依托银行和开发商共同开发建设。此外，为解决园区内大多数中小企业的融资困难，政府坚持以金融创新促推工业园区发展。早在 2003 年，就在人民银行武汉中心支行支持下设立了工业园区金库，为企业税收减免等提供了便捷通道。政府还专门出台了支持企业上市的一系列政策，除 2011 年有 2 家企业成功上市以外，还有蓝思科技、盐津铺子、威尔曼、九典这 4 家企业进入上市冲刺阶段。同时，总额 160 亿元的纳新、潇湘、渤海等三大产业基金筹建顺利。与人民银行长沙中心支行共建“中小企业信用服务体系试验区”工作获得人民银行总行肯定，中央电视台财经频道等中央媒体曾给予关注、报道。政府部门还以抱团增信破解中小企业的融资难题，并为此成立的企业互助协会有会员企业 23 家，通过反担保为会员企业在国家开发银行贷款 2.2 亿元。工业园区还引进首家小额贷款银行——银盛小额贷款公司，新增了企业融资平台。

(4) 中介。现园区聘请了 1 家美国公司、2 家香港公司为顾问公司，引入了共 4 家法律、投资、招商管理公司，并聘请了诺贝尔奖获得者费雪等 10 余名顾问及企业家顾问。此外，国家级浏阳经济技术开发区设立了创业孵化基金，目前，在孵企业达 30 余家，在孵国内外项目 50 余个，已孵化毕业项目 5 个(截至 2010 年 6 月数据)。

(5) 支持禀赋。完善的公共服务平台。浏阳国家生物产业基地设立的管委会作为专业化的医药管理服务机构，除建立了新药报批、医药企业认证、资金筹措、医保目录统筹等为主要内容的产业化服务中心外，还建设了生物医药分析检测中心等公共实验中心、专业平台完善了产业链，提高了产业转化成功率，降低了入园医药企业投资成本，吸引了一大批具有国内先进水平的高科技项目。从 1999 年开始，长沙国家生物产业基地提出走差异化竞争、打造生物医药特色园区的目标。围绕这一目标，充分利用医药企业 GMP 认证机遇、工业企业从城市外迁机遇、医改工商结合机遇以及留学生归国创业潮带来的机遇，出台一系列措施，成为湖南省唯一的专业化园区，全国唯一的由县域主导的国家级生物产业基地。为促进科技产业化，工业园区投资建设了湖南省医药科技创业中心、湖南省实验动物中心、湖南药品安全评价中心等科技公共平台。此外，工业园区共有开放式的企业工程(技术)中心 30 家，其中部省级 16 家。这些公共平台的建设，使大批医药科技项目落户工业园区。

加强自主创新能力，提升知识产权保护力度，大力推动“产、学、研、用”结合，政府给予政策支持，加大技术研发与产业化投入是长沙国家生物产业基地内医药企业实现跨越式发展的重要途径。

总结：和广州不同，长沙国家生物产业基地的企业先在政府的引导下与高校合作，引进高科技项目，再用项目引进投资者，最终对接资本市场。但园区内的基础设施不完善，园内企业规模以中、小企业为主，没有培育或引进国内、外大型医药企业，资源未能快速有效整合，企业之间很少合作，没有形成合力。在知识产权保护方面的人力、物力、财力等实质性投入不足，相比其他几大生物医药园专利数量与质量亟待提高，如上海张江高科技园专利申请数达 14 233 件，是长沙国家生物产业基地的 48 倍(截至 2010 年 9 月 1 日)专利成果转化能力较弱，园区也缺少拥有自主知识产权的专利产品。

11.1.2 各区域创新系统的比较

从表 11-1 中可以看出，四大地区的创新投入与产出都具有显著的差异。首先从创新投入来看，北京不论在研发人员投入占全国总投入的 14.86%，研发经费占全国比率为 12.07%，两项指标均远远高于上海、广州和长沙，其中广州地区的研发经费支出占全国比率最低，仅为 0.33%，长沙地区的研发人员投入占全国比率最低，为 1.42%，而上海的研发投入水平处于四地区的平均水平。

从创新产出来看，本研究主要以专利申请量数据为基础进行研究。上海的专利申请量最高为 62 241 件，占全国比率的 23.4%，因此相对于北京而言，上海具有较高的创新效率，北京专利申请量占全国比率为 18.8%，广州和长沙分别为 6.21%和 4.93%。

表 11-1　各区域创新投入与产出的比较

地区	专利 (件) (% 中国)		地区 GDP (¥百万元) (%中国)		R&D 支出 (¥百万元) (%中国)		R&D 人员 (个) (%中国)	
北京	50 000	18.80	1 186 590	3.54	70 020	12.07	473 000	14.86
上海	62 241	23.40	1 504 645	4.49	42 338	7.30	175 000	5.50
广州	16 530	6.21	911 276	2.72	1 911.7	0.33	65 822	2.07
长沙	13 122	4.93	561 933	1.68	7 518	1.30	45 200	1.42
总计	266 000	53.34	33 535 300	12.42	580 210	20.99	3 184 000	23.84

数据来源：科学技术部网站，中国科技统计数据

综合以上内容，本研究从企业、研究机构和大学、政府、中介和支持禀赋五

个方面对四大地区的生物制药产业的发展进行对比分析。

第一，从企业的类型和合作情况来看，北京生物制药产业由龙头企业带动发展，且龙头企业涉及生物制药产业各个技术层面，但是各企业之间交流合作较少，缺乏合作创新；与北京相似，广州生物制药产业有国有大型生物制药企业带动发展，政府在创新中体现出主体地位，中小企业发展不活跃；长沙生物制药产业的发展具有一定的特色，虽然同样是龙头企业带动发展，但是大型企业与中小企业之间合作密切，同时带动中小企业的共同发展。而上海则呈现出不同的发展模式，具体来说，上海生物制药产业主要以中小型企业为主，各企业之间交流频繁，产业集群效果明显。

第二，从研究机构和大学的研究实力来看，四大地区呈现出不同的特色。北京地区主要是中国生物院校和科研机构的聚集地，为北京地区的生物制药产业的发展提供了重要的信息资源；上海地区的高校和科研院所与生物制药企业展开密切的合作和频繁的交流，取得了可喜的成绩，不论是生物专利授权量还是生物药品均处于全国前列；广州充分利用地区优势，以中国留学生人员科技交流会为载体，搭建了一个高层次的科研平台，推动了国内学者与留学生的合作；长沙地区主要是大量引入知名专家、院士，逐渐形成以院士为领导的现代生物制药研发机制，为生物制药的产业发展提供了一种新的模式。

第三，从政府的角色来看，北京地区政府鼓励企业进行自主研发和产业化，同时积极引进高端生物制药人才，并给予资金扶持；上海一直秉承合作创新的原则，政府积极鼓励政府部门、企业各部门、科研院所以及大学之间的频繁交流与合作，在创新过程中提供一系列政策扶持；广州主要由政府主导，出台行业优惠政策吸引人才、外资，同时政府在统筹、规划引导、资金投入、资源整合以及自主创新等方面投入力度很大；长沙地区政府积极引导产学研联盟的形成和发展，在知识产权保护方面的人力、物力、财力等实质性投入不足。

第四，从中介和支持禀赋的情况来看，北京地区中介机构主要为企业创新设立了风险补贴专项基金，同时为中小型生物制药企业提供更多的投融资渠道。此外，北京已组建数个生物技术专业研发外包产业联盟，企业、政府、科研所以及中介机构建立了信息资源共享体系。上海张江园区已经成为国内医药研发外包服务企业最为密集的区域之一，基地科研孵化功能凸显、科技与金融不断融合、担保体制较为健全，同时知识产权保护和质押融资试点工作顺利推行。广州地区区位优势明显，靠近香港、深圳和东南亚地区，为生物制药产业的发展提供了广阔的市场空间，但广州生物制药产业在孵化器的建设上有待加强，专利和法律服务不发达。长沙地区区内中介机构缺乏，缺少在孵项目，技术信息和服务咨询市场不健全，同时基础设施不完善，金融支撑体系发展缓慢，缺乏熟练的人力资源。各区域集群的比较见表 11-2。

表 11-2 各区域集群的比较

	北京	上海	广州	长沙
企业	龙头企业涵盖生物技术的各个方面，但各企业很少合作创新	中小企业为主，各企业之间合作交流频繁，产业集群效果显著	大型龙头企业为主，国有企业在创新中地位显著，中小企业不活跃	龙头企业带动中小企业发展，中小企业大部分来自于高科技项目的孵化培育
研究机构和大学	中国生物院校和科研机构的聚集地。信息资源共享体系中的重要一环	高校和科研院所开展大量的研究，每年获得批准的专利和生物药品均居于全国前列	以中国留学人员广州科技交流会为载体，搭建了一个高层次科研平台	以院士为领导的现代生物研发机制
政府	鼓励企业进行药物研发、产业化、引进高端人才方面给予生物医药企业资金扶持	各职能部门形成合力，在创新创业等问题上政府均有相应的政策和措施，但对知识产权的保护力度不够	主要由政府主导，进行优惠政策吸引。政府在统筹、规划引导、资金投入、资源整合以及自主创新等方面投入力度很大	政府引导产学研联盟的发展，但在知识产权保护方面的人力、物力、财力等实质性投入不足
中介	中介机构为企业创新设立了风险补贴专项基金，投融资渠道更加畅通	张江园区已经成为国内医药研发外包服务企业最为密集的区域之一，基地科研孵化功能凸显	孵化器的建设上有待加强，专利和法律服务不发达	区内中介机构缺乏，缺少在孵项目，技术信息和服务咨询市场不健全

续表

	北京	上海	广州	长沙
支持禀赋	已组建数个生物技术专业研发外包产业联盟；企业、政府、科研研所以及中介机构建立了信息资源共享体系。	科技与金融不断融合尤为显著，实行担保体制；知识产权质押融资试点工作顺利推行	依托靠近香港、深圳和东南亚的良好区位优势，生物技术创新平台迅猛发展，但基础设施不完善	基础设施不完善，金融支撑体系发展缓慢，缺乏熟练的人力资源

11.1.3　我国各地生物制药产业发展差距扩大的原因

从案例研究中可以看出，中国生物技术产业的区域创新系统的发展差距正在不断扩大，这主要是由于企业规模、环境体制与市场机制、产学研合作等方面的差异造成的。

首先从发展模式上来看，北京、广州和长沙的创新主要以龙头企业为主体，这些企业侧重生产，由于市场竞争较为激烈，各企业机构间很少开展合作创新，而上海则形成了以企业为主的创新组织方式，众多中小企业合作频繁(特别是在研发方面)，从而表现出较高的创新效率。

在体制上，政府在区域创新中都发挥了不可或缺的作用，每个基地都存在鼓励企业进行技术创新的相关计划或配套措施，但上海和北京的政策体制更加灵活，政府的定位是扶持生物医药产业的发展而不是主导，政府一再强调促进企业的自主研发和产品商业化，从而充分体现企业的创新主体地位。同时在资本市场和抵押担保上，政府同样积极支持和扶持企业的发展，绝不主导企业的发展自由。但广州和长沙地区主要体现的是政府在生物制药产业发展的主导地区，尤其是以国有企业为主导的发展模式，在一定程度上抑制了中小型企业的发展。值得注意的是，四个案例基地的知识产权的保护力度亟待加强。

产学研结合的密切程度也是引起差距扩大的原因。四个基地均注意产学研联盟的建立，但成效不一，北京和上海的创新主体企业与创新基础系统间的知识技术交换紧密且具有可持续性，企业与公共研究机构间共同设立研发机构开展研发，合作频繁，并且企业还经常聘请的专业和兼职的咨询专家为其创新提供有效建议。政府积极开展与研究机构和大学的合作交流，产业技术联盟等技术创新组织发展迅猛。而广州、长沙的产学研主要由政府推动和主导，各企业机构之间合作较为被动，“产学研”结合严重脱节、企业缺乏研发项目管理能力、新药研发投资体系不健全。

总而言之，在开发生物技术药物方面，中国面临众多挑战。

第一，国内生物制药业创新不足，技术先进的领军企业凤毛麟角。生物制药企业在研发的思想意识上还比较落后，新药研发的过程仍沿用了学术工作的方式，从文献索引开始，实际上仍然走模仿(me-too)的路，缺乏原创性。一方面，科研院所的研究成果，大部分还沉淀在实验室里或保险柜里；另一方面，相比于产品创新，企业更注重对现有产品的改革和提高。结果，创新成果市场转化率不高，离规模化、产业化的需求还有相当的距离。

第二，基础研究与工业应用严重脱节。同时，由于计划经济的历史背景，科研机构和大学的基础科研活动和工业应用之间的形成了脱节。当前中国生物技术和产品研发大多数集中在科研院所和高等院校，对生物技术成果如何实现大规模生产的工艺、装备研究以及市场需求重视不够，从而导致了科研与市场、产业发展的脱节。此外，生物制药产业无论在国家层面还是在企业或科研层面，往往重视生物技术研发点的突破，而忽视产业链之间的协同发展，由此导致产业发展整体水平不高和速度滞后，低水平重复研发的现象普遍存在。

第三，生物医药系统平台建设不足，中小型企业发展受制。我国生物制药产业发展还存在一些深层次、长期性的平台建设和大环境建设的问题。如国内资本市场不完善，生物制药技术企业融资渠道单一，融资困难，限制了生物制药企业的资金投入；科技成果转化率低，新研发的技术无法很快投入实际应用；专利保护不到位，生物制药领域浮躁作风现象严重；现行药品招投标机制、流通体制等不适应快速发展的生物制药产业等。所有这些问题都与生物医药系统平台建设水平不足有关，都严重制约我国生物制药产业的持续、健康、快速发展。

11.2　BioRegioN 虚拟 R&D 网络治理分析

自 20 世纪 70 年代基因工程技术的产生与发展以来，现代生物技术愈来愈表现出在改善人类未来生活质量方面的巨大力量，例如它对卫生研究、食品生产和环境保护等都有很大的影响。在许多市场中，对生物技术的掌握和控制已经成为公司竞争的一个主要要素，许多地区和国家的政府也正在积极支持这一领域的研发和技术成果商业化。Ernst and Young 的研究报告(1997)表明，在整个欧洲，生物科学公司正在持续涌现，并导致了这一领域的快速发展。正是在这样的背景下，德国政府、企业和科学界开始积极推动生物技术的研究，以应对全球化时代的新挑战。

11.2.1　现代生物技术产业化和 BioRegioN 的发展

在理解现代科学技术活动尤其是高新技术产业化的现象时，有两个特点特别值得关注：一是 R&D 活动及其商业化的虚拟网络化，即网络中的各类组织和机构通过 ICT 等技术的支持，形成超越空间和时间约束的虚拟合作网络；二是各类 R&D 组织和服务性机构在空间上聚集为区域性创新集群。从表面上看，这两个特点之间看似存在矛盾，因为前者反映了现代 R&D 活动的分散性，而后者则反映了 R&D 集中化的发展趋势。然而，这两个特点和趋势反映了现代科技发展的内在本质，即超越时空的物理限制和传统组织的人为限制，追求更为高效的资源配置和工作效率。实际上，虚拟 R&D 网络组织一方面打破传统组织约束，表现出分散化的特点，但本质上则是借助于组织创新和 ICT 技术的力量，实现了超越物理限制的资源整合和集中，可以被视为虚拟的一体化和集中化；同样，对于区域创新集群这一组织现象，它是为了突破等级组织的制度约束，在一定的时空物理约束下实现了组织的网络化和分散化。因此，从组织逻辑上看，虚拟 R&D 网络组织很好地保持集中与分散、实体化和虚拟化之间的均衡，为研发资源的优化配置和功能发挥提供最为合理的组织模式。

从生物技术的研发活动和商业化来看，技术和市场成功的不确定性、生物技术 R&D 项目的复杂性、参与竞争的必备素质的要求等，使得许多公司都难以独立地承担研发和市场开拓的任务。于是，在大多数国家和地区，由政府或相关的产业协会来倡导或组织，以形成虚拟 R&D 网络或区域性创新集群，从而完成复杂的研发任务和科研成果的商业化。生物技术的环境见图 11.1。

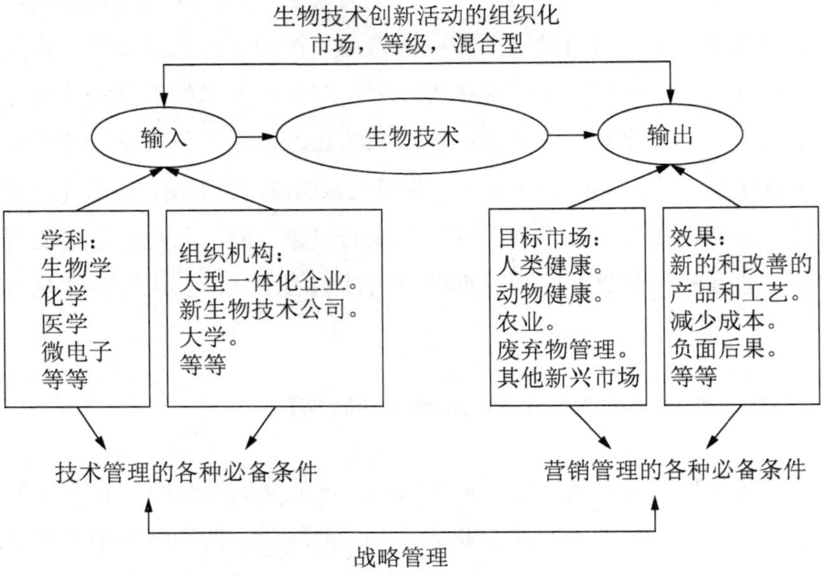

图 11.1　生物技术的环境

1995 年德国联邦教育和研究部(BMBF)发起了 BioRegioN 竞赛活动，以扩大公众对生物技术的了解，鼓励大学和科研院所的创业活动，促进技术成果转化。在这一政策的推动中，以商业为基础的整合概念是其核心，即将从事基础研究、应用研究和产业化的各种资源和力量整合在一起，形成合作性的生物技术领域 R&D 网络。依托网络的整体优势，吸引投资，加速专利转让，培育创新精神。在这一活动的推动下，有 17 个地区参与了竞争，其中 BioRegioN 是下萨克森州的一项计划，它由 150 多个公司、研究机构和公共机构组成，其成员愿意共同进行生物技术研究和应用，并以一种虚拟的方式来一起工作。虽然这一计划并未赢得竞争，但成员们仍然愿意保持这种虚拟合作的组织模式，因为这种模式可以提供类似真实的组织身份，不需要正式控制的协议，不需要再组建一个新的公司，但使得成员组织可以通过虚拟组织来提高适应环境变化的能力。

BioRegioN 的成员从事广泛的 R&D 活动，但基本上都集中于生物技术领域。当时，区域内有 3 000 多位从事生物技术研究的科学家，政府力图鼓励和支持这一虚拟 R&D 组织，并希望能推动经济增长，解决地区的失业问题。但是，与政府的政治目标不同，其中的成员组织各有所求，存在明显的差异。例如，公司之间可能是竞争对手，它们会担心失去自己的知识资产，也可能认为单独进行研发会更好；大公司则可能担心这一计划只会导致新的竞争对手的出现。

因此 BioRegioN 的最初动力来自于当地政府，它们给予 BioRegioN 经济支持和组织支持。BioRegioN 及其总部将支持创新理念，并帮助其得到批准和资金支持。一旦某一计划进入实际的运行，那么主要就由参与计划的合作伙伴来负责。在 BioRegioN 网络运行的最初 18 个月中，大约有 30 个创新计划启动，创造了 350 个工作机会，组建了一批新的公司。然而，BioRegioN 的成员们都意识到：这种虚拟研发的组织模式有很大的潜力来扩大合作伙伴的数量和范围，并能进一步改善和加速创新过程。

11.2.2　BioRegioN 虚拟网络的结构分析和运行机制

BioRegioN 虚拟研发网络的核心团队是由一批肩负着行政管理和对外宣传任务的人员组成。他们通过发布季度报告和共同标识(logo)，使得 BioRegioN 具有同一虚拟组织的身份认同，并培育与潜在客户的外部契约关系，以及虚拟组织成员间的内部契约关系。这些核心团队管理整个 BioRegioN 网络，是展示其存在的窗口，但它们没有自己的技术和产品，只有其中的成员组织拥有自己的技术秘诀，并与其他组织进行市场交易。就系统的整体功能而言，BioRegioN 网络提供一个合适的组织架构，以便于成员组织在其中进行研究开发及相关的业务活动，包括资金筹集、召开商业会议和技术会议、与媒体接触、讨论基因技术的伦理问题等。同时，这种网络关系还有助于构建成员间的相互信任。

除了核心团队外，还有一些围绕在周围的组织成员，包括：(1)一个内部的卓越团队，约 6 个人；(2)一个理事会，包括当地政府的一些部长，约 12 人；(3)若干处理特殊问题的工作小组；(4)17 个平均为 9 人的研发专业团队；(5)有 650 个注册的个人和 150 多个公司。

因此，整个 BioRegioN 网络包括一个核心团队(总部)，以及一大批具有不同动机的参与组织和个人。参与的公司之间存在很多的差异，如规模、资产专用性、组织传统和 R&D 方向等，这有利于成员组织间的优势互补，但也可能会影响网络的合作效应。其组织结构见图 11.2。

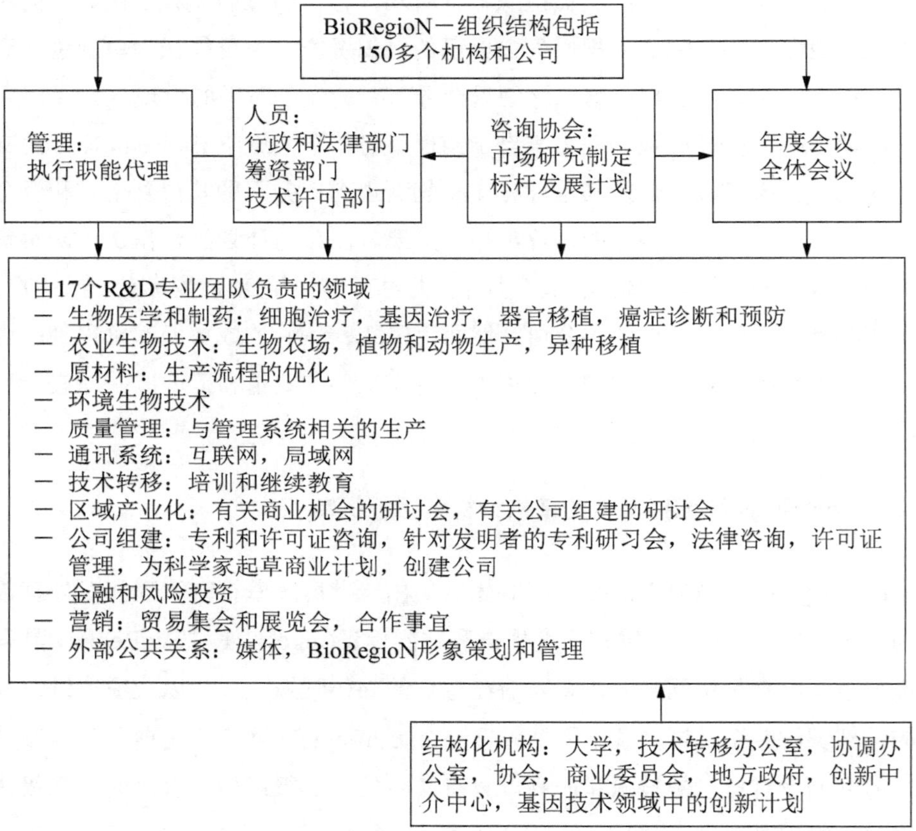

图 11.2 虚拟 BioRegioN 网络的组织结构

11.2.3 BioRegioN 虚拟网络的若干治理问题

1. *承诺和信任机制*

BioRegioN 是由独立的公司和研究机构组成的网络，其目的是通过暂时性的合作来完成特定的研发和商业计划。这种虚拟网络实际上既包括以商业化为目标的营销性商业网络，还包括以知识为基础的 R&D 网络，其间充满着各种交易和合作。然而，网络成员之间往往并没有牢固的相互承诺，它们之间的信任联结也比较弱。这可以体现在以下方面：第一，成员名单是由 BioRegioN 总部所列出的，但这些公司并不需要正式签约，也不需要缴纳任何成员费。第二，成员间的利益存在很大的差异，许多小企业渴望能进入 BioRegioN 网络，以便能向大公司学习；但一些大公司并不情愿与之分享知识。第三，仅次于对成员组织的业务支持，当地政府似乎对于生物技术的社会和政治利益也十分关注，但这种社会政治利益对于成员组织间的承诺影响甚微。因此在 BioRegioN 网络中，无论是对成员伙伴关系的承诺还是对研发任务的承诺仍然是比较弱的，也是比较有限的。

但在具体的 R&D 项目运作过程中，这两类承诺是能比较好地得到发展的。在 R&D 项目执行的初期，更多地是以任务承诺为主。而相互间信任的形成则是需要时间的，因此由关系承诺规制的伙伴信任关系会在较长时间里成为主导关系。即使如此，是否能形成信任关系仍然是对 BioRegioN 计划实施的主要挑战之一，因为有调查显示(Ursula Weisenfeld et al，2001)，一些成员意识到：由于作为协调机制的市场和等级制，以及政治利益的主导地位，可能会破坏构建信任机制的过程，尤其是政治利益更是短暂和不稳定的。

2. 信息管理问题

BioRegioN 的建立远远不只是一个发生于某一时间地点的决策或事件，而是一个在网络中制定共同战略、建立相互信任和发展基础实施条件的过程。沟通和信息的交换是网络中的主要任务，这包括工作团队和 R&D 专业团队间的组建，也包括个人之间的会面和讨论。这些组织活动意味着信息的交换、鼓励首创精神和相互的理解，成员组织对伙伴竞争能力、战略和利益的理解将增进相互间的信任和尊重。

关于这一问题，可以从定量和定性两个方面来分析。从定量的方面看，已经有大量的个人和组织(650 多个个人和 150 个公司)加入了 BioRegioN，同时 BioRegioN 总部和成员组织的管理者也在努力吸引更具研发实力的个人或组织加盟，以扩大网络的规模。从质的方面看，一是推动各个层面上(个人、成员组织、网络)的沟通制度化，二是强化 ICT 基础设施的建设，为有效沟通和信息交换提供高质量的技术支持。目前，BioRegioN 总部采取各种手段来促进网络中信息的交换以及相关技术的标准化，同时还在资金上支持建设高质量的 ICT 设施；另外，网络中的成员组织也在双边或多边关系中发展新的设施和标准。

然而，在 BioRegioN 虚拟网络中，还没有形成覆盖整个虚拟网络的 ICT 设施系统，基础设施状况有待进一步改善。另外，信息管理和知识管理还不具有很高的优先位置，在数据库和知识产权管制方面也不够完善，因此一些公司和机构比较担心知识产权方面的损失。

3. 市场性机制

BioRegioN 可以被视为一个虚拟的创新系统，旨在将 R&D 成果商业化。因此这一虚拟 R&D 网络的目标不单纯是知识性，而是市场性的。实际上，市场性目标是 BioRegioN 的成员的共同愿景，众多公司和研究机构都为此而共同努力。而这些市场性目标、知识性目标和政治性目标共同构成了 BioRegioN 的长期战略目标，各个成员都会从中获取收益，实现自己的个体目标。同时，BioRegioN 的网络整体优势还可以帮助成员组织实现其各自的特殊追求。

正是在这样的市场化推力的作用下，BioRegioN 的重要任务就是构建独立的“组织身份”和鼓励沟通，以形成作为整体的 BioRegioN 虚拟组织的资源优势和合作优势。在 BioRegioN 网络中，有着各具核心研发能力的 17 个 R&D 团队，也有从事市场运作的工作团队，并有政府投资和其他风险投资的支持，因此从市场竞争的角度看，BioRegioN 拥有明显的“池”(pooling)优势，即拥有互补性的资源池和能力池。

从 BioRegioN 网络的实际运行和治理来看，除了各类契约、信任、技术管理等网络治理的关键机制之外，还有一些十分重要的外部治理要素值得关注，其中最为重要的是政府的政策法规、技术标准和风险资本。首先，BioRegioN 网络正是在德国联邦政府和地方政府的倡导和支持下建立起来的，来自政府的政策约束和价值导向对于 BioRegioN 网络运行和发展的影响是直接的。其次，对于生物技术和生物制药业来说，技术标准属于专业性的约束，但也间接地反映了消费者的利益。最后，在几乎所有的高新技术行业中，风险资本的影响作用都是至关重要的。任何一个虚拟 R&D 网络的有效运行都会并行地运行着一个风险资本的网络，资本和技术几乎是共生的，而资本也会在以信任机制为核心的虚拟网络结构中获取更为可靠的高额回报。总之，这些治理机制对于虚拟 R&D 网络也是关键性的，这里就不一一展开加以分析。

11.3　中欧生物科技合作创新网络(BIONET)的运行和治理机制分析

从 20 世纪 90 年代开始，伴随着信息和通信技术的迅猛发展，创新网络逐渐演变为现代经济中创新和新知识生产的主要组织形式。尽管创新网络合作进程的全球化极大地吸引了管理科学家的兴趣，在研发国际化方面已经进行了大量的研究工作。但是在组织的跨国地理分布上的运行管理和机制治理方面，一些重要问题仍然没有解决。本章节从创新网络组织的运行和治理机制出发，通过对 BIONET 的组织运行和网络运转分析，着力探讨其中的治理结构即知识转移和冲突管理方面，首先力求通过对相关文献的综述，理清创新网络运行和治理的研究脉络；然后立足于创新网络的一般运行、治理机制，以中欧生物科技合作网络为例，依托这一合作组织的运作流程，来探索创新网络在建立之初和发展过程中存在的问题和缺陷；最后，结合对中欧生物科技合作网络治理模式的探讨，为这一合作框架的继续延展发展开拓新思维，同时为创新网络在运行和治理机制的理论体系构筑上提供新思路和新启发，从而更好地促进创新网络的跨国合作和各个体的共同发展。

11.3.1　创新网络的文献研究

Freeman 认为创新网络是一种对系统性创新的基本制度安排，网络架构的主要联结机制是各企业间的创新合作关系，而我们现在一般广义上认为，创新网络不单只在企业的合作之间构成，在其他的研发机构和组织者之间也广泛存在。BIONET 也是一个创新网络组织，这一合作组织的主要参与者是来自中欧的大约 300 个科学家、临床学者、律师、伦理学家、社会科学家、政策制定者和其他学者。一般认为，创新网络是中心企业或机构组织者与其周边的利益相关者构成的网络，由此将优先获得创新信息和资源等优势，随着现代信息和交流技术的支持，为了促进技术知识转移的进展，创新网络的项目团队也随之产生，因此这些网络优势能否转化为创新绩效，就取决于知识转移的动态效率性和项目团队内部的冲突管理有效性。

在创新网络组织中，国际化趋势促使团队合作的不断深入和加深，团队是以信任为合作前提的，在知识转移和冲突管理方面，由于各个不同组成团队的文化异质性和信任基础的维度差别，合作伙伴的协调关系尤为重要。此外，创新网络的组织运行是一个系统化的进程，机制是建设和管理组织的必要非充分要素，治理是团队的事中事后控制。体系的产生、发展和完善可以显性促进创新网络的运行，在某种特定情况下，也会隐性阻碍虚拟组织延伸拓展。因此，对机制治理的研究非常必要。本项目的创新点是：不同于以往的研究大都集中于企业层次与区域(包括产业与集群) 层次，本项目集中于跨区域的研究和跨国家的研究。

1. 概念界定

关于对创新网络内涵的甄别，从以下几个方面进行认知和探讨。首先，不同视角下的概念界定。Freeman 认为创新网络是一种对系统性创新的基本制度安排，网络架构的主要联结机制是各企业间的创新合作关系。Freeman 之后，学者从各自视角，对创新网络内涵进行讨论。系统科学角度，Koschatzky 认为创新网络是一个相对松散、非正式、嵌入性、重新整合的相互联系系统，促进学习和知识交流。管理角度，Nonaka 和 Takeuchi 认为，创新网络是组织获取规范化知识、正式文件、软件及缄默知识的工具，其统一了组织内外部正式与非正式的联系。其次，从创新网络成员构成上来看，一般认为，它是由企业、大学、科研院所、政府、中介机构、金融机构等相互联结而形成的组织合作，这些创新成员的集群是一个异质性的知识集合体。集群内成员可从集群内部其他主体中享受来自集群整体的收益(如知识溢出)，不管企业间或企业与公共机构间是否存在联系，而创新网络中企业的收益则来源于企业拥有的关系，如基于关系的隐性知识、信息。

2. 运行和治理模式研究(发展历程追溯)

对创新网络研究起推动作用的是 1994 年吉本斯(Gibbons)等人合著的《知识生产的新模式》一书，吉本斯在该书中描述了新知识生产模式的特征。知识生产模式的根本转换要求有不同的制度和组织形式与之适应，创新网络正是这样一种适应新知识生产模式的组织形式。从提出创新网络到现在对创新网络的逐步成熟研究，创新网络的发展历程阶段可以总结概括为：经济学分析——行为嵌入式分析——社会网络分析。从交易费用角度来看，企业与各参与主体由网络互连，降低了成员间交易成本。因交易中技术知识复杂性和缄默程度提高，网络内企业容易建立信息与协调机制，并减少交易过程中信息搜索、沟通、谈判等成本，减少机会主义行为。网络关系的建立使得网络成员构建信任，其可促成基于长远利益和重复交易行为发生，以及在知识、技术上的相互依赖。交易费用视角下，网络的形成成为一种治理结构选择，具备经济合理性与效率。随后，Granovetter (1985) 提出"嵌入性"概念，认为交易成本说忽略了市场也有社会关系构成的秩序，经济行为嵌入于社会网络与人际关系之中，嵌入机制是信任。"嵌入性"视角下，创新活动主体存在于社会经济网络与关系网络之中，彼此相互影响，以正式关系与非正式关系相互联结。创新网络参与主体可通过广泛的联系组成社会网络，根据 Nahapiet 和 Ghoshal (1997) 的研究，社会资本是一种促进社会行为者进行相互合作的生产性资源，并使行为者通过社会网络或网络结构联系获取资源，其核心构成要素为网络、信任和规范。Burt 的"结构洞"指网络中处于高关系密度区域间的网络位置，其认为行动者所拥有的结构洞越多，获取收益更多。由于文化的异质和差异性，我们要从两个方面对 BIONET 实现创新网络跨国文化的交融和妥协合作：文化互渗和文化融合。文化互渗从以下几个方面进行调节。

(1) 重视并协调好文化差异。

(2) 建立共同的创新组织网络文化。

(3) 建立共同的价值观，推进跨国合作化的进程。

(4) 开展跨文化培训。

(5) 加强国家间公众人员、组织创新网络的文化交流与合作。

文化融合从下面两个方面进行。

(1) 各国文化在互相渗透的基础上进一步达到融合，在融合过程中吸收各国文化精华，形成一种集中外文化特点和双方共同利益于一体的新型创新网络文化。

(2) 充分了解国内外文化的基础上，选择适合自己的跨国创新网络文化管理模式，从而使不同的文化达到最佳的融合，形成创新网络的核心竞争力。

基于创新网络的运行管理(合作伙伴的评价体系与选择方案、动态联盟内部知识转移机制的构建以及任务分派)和治理机制(知识转移和冲突管理制度)，我们将在本项目中结合 BIONET 进行分析探讨。

11.3.2 BIONET 的基本分析

中欧生物科技合作网络(BIONET)是英国医学研究委员会支持的欧盟第六框架计划资助的“生物学和生物医学研究的伦理治理：中欧合作”研究项目，其目标是关注在生物学和生物医学研究中的伦理问题研究，关注于三个主要研究领域：生殖和再生医药、临床试验，生物银行和基因组易感性、可治疗性研究。通过共同努力，旨在绘制基本原理和伦理管理实践；提供一个中欧伦理管理比较研究上的平台；通过中欧之间研究者和实践者的对话，促进社会科学界对于生物伦理问题、挑战和方法进程的理解；对主要问题领域的研究者和实践者进行培训；报告政策和实践的特定关联。这一合作组织的主要参与者是来自中欧的大约 300 个科学家、临床学者、律师、伦理学家、社会科学家、政策制定者和其他学者，覆盖辅助生育技术、干细胞研究、临床试验和生物资料库研究领域。在这个项目中，能力构建是极为重要的。通过研究的比较分析和对话，在对国家、文化和国际规则和伦理问题上以一个更清楚的视角来评估生物医学研究的制度规则，最终基于伦理管理研究的中欧数据库和中欧专家组将会被建立和构建。在项目运行和管理中，网络在促进双方的沟通交流方面发挥了巨大的作用。

这一项目为期三年(2007—2009 年)，通过两次大会及四次研讨会，在中国和欧盟的生命科学和生物医学合作领域建立对话与交流的共同伦理框架。最初的生命伦理重点是知情同意、利益分享、知识产权、数据保护和道德标准的行为，通过伦理审查研究，在中欧加强生物学和生物医学领域的进一步合作上探讨针对这些关键问题的共同伦理规范。2006 年 11 月 9—10 日，项目在伦敦启动；2007 年 4 月 1—5 日，“知情同意在生殖遗传学和干细胞技术和作用的伦理审查委员会”研讨会在北京举行；2007 年 11 月 9—11 日，“生殖、干细胞研究、干细胞库研究的伦理与(协商)管理”研讨会在上海举行；2008 年 4 月 1—3 日，“生殖技术、治疗性干细胞和干细库研究的伦理(协商)管理”大会在武汉举行；2008 年 9 月 9—12 日，“临床研究和临床研究机构欧盟中国研究——伦理(协商)管理问题”研讨会在西安举行；2009 年 4 月 27—29 日在深圳举办了“生物银行和基因组研究”研讨会；2009 年 9 月在伦敦举办了“基因组研究、生物银行、临床试验和利益分享”大会。

BIONET 的实施和运行实质上是对中欧生物学和生物医药伦理的管理和治理，它包括四个方面的制定、探讨和实践研究：伦理审查、伦理规章、伦理监管、伦理交互协调。

自从 21 世纪初开始，中欧之间关于生命科学和生物学的研究合作就在显著增长。BIONET 的一个主要问题是：一个国家生物学、生物医药伦理治理的系统多样性如何解决不断出现的生命科学研究合作问题。科技的快速发展，日益影响着人们对生命和生命本身的理解，同样科技的发展也使人们对它产生了争论和争议。以下各个方面是 BIONET 在运行中各种措施的具体实施和操作。

操控——问题是人类生物学操作的形式应该被限定在受控的实验室场景中；基因技术的进步使科学家在 DNA 水平上操控生命，构建所谓的生命墙。

选择——基因研究的发展使研究者们确定了一些罕见疾病和不同染色体局部基因突变的因果关系，基因携带测试成为可能，胚胎移植。问题是一些父母会使用这项技术来决定要不要这个孩子，一些私人公司将夸大这种愿望的可行性。选择的何种形式会被允许是新生物学面临的问题，国际合作背景下，不同国家如何控制和限制选择生命的自由需要被解释和同步化。

开发——自从先进的生物学和生物医药研究依靠人体捐赠者来作为样本信息和试验治疗的来源。在这一阶段水平上，大部分基因和干细胞治疗方法没有被证明，然而在一个低飞行费用时代，一些患者常常不惜高昂的费用进行长距离旅行以获得治疗。最终对于社会经济状况不佳没有医疗保健的患者来说，他们是弱势群体，因为他们可能会被误导进行研究。参与者会认为活动的目的是治疗而非是研究或临床试验，因此保护的形式应该被负责任地在伦理范围内执行。在国际合作背景下，不同的国家如何保护公民免于开发应该被解释和同步化，特别针对跨边界活动。

BIONET 的潜在核心矛盾是随着国际伦理标准需求的不断增长，如何让中欧各国创造合法的文本和设备，匹配于他们的文化和传统。许多问题已经通过研讨会和会议被解决。作为全球科学合作的一个实践，产生了一系列重要的问题，一方面围绕和谐化和标准化，另一方面围绕转移和交流。

表 11-3　BIONET 的治理系统形式

形　式	简　述
伦理审议	目的：达到伦理治理的最佳实践
伦理规章	法律和法规是任一个伦理框架的必要部分 法规和执行之间的差距也是巨大的 如何付诸实践和很好地翻译成各国的语言文字是不同的而且可能导致误解
伦理监督	目的：伦理治理系统的能力构建
伦理交互协调(研究者和研究课题之间)	目的：达到研究者和病人之间的知情同意 存在的问题：强迫、诱导、对潜在研究者的不正当影响

11.3.3　BIONET 运行和治理机制探讨

1. 运行机制

本项目对于创新网络的运行和治理机制研究，旨在探索创新网络在建立之初和发展过程中存在的问题和缺陷，结合对中欧生物科技合作网络治理模式的探讨，为这一合作框架的继续延展发展开拓新思维，同时为这一项目组织在运行和治理机制的理论体系构筑上提供新思路和新启发，从而更好地促进创新网络的跨国合作和各个体的共同发展。研究主要着眼于中欧生物科技合作网络(BIONET)的以下几个方面。

(1) 合作网络的组织运行和管理构成。

(2) 相关会议和研讨会过程和内容(合作中的问题、启发和合作后的发现、探索)。

(3) 相关案例和事件分析。

(4) BIONET 的动态创新能力建设和冲突管理、治理。

在合作过程中，运行和治理机制无形中影响和制约着合作的前进和发展。在确定了合作网络的合作成员和组织团体后，我们通过其中的事件案例分析，找出项目成员的共识和冲突意见异质的原因所在，最后在对项目调查的基础上，分析这一创新网络的动态能力建设表现和对于冲突的管理、治理，找出问题和缺陷，改进协调模式和治理机制。数据来源主要是 BIONET 的最终报告、研讨会报告、专家报告，以及调研数据。

1) 研究 BIONET 的基本构成和动态运行过程(见图 11.3)

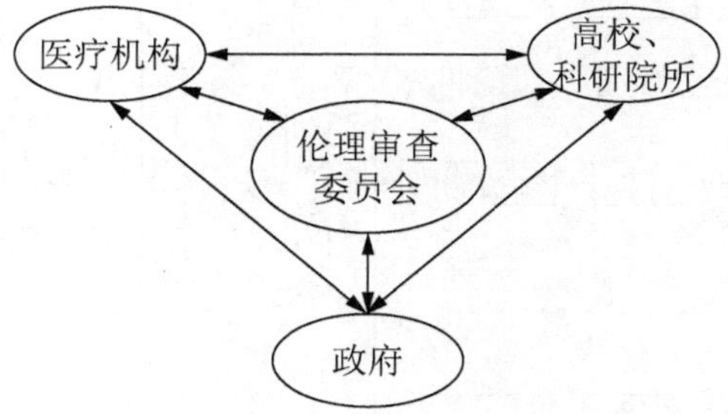

图 11.3　BIONET 的组织构成

创新网络的模型构成其实是创新网络主体之间的关系。在 BIONET 这个网络系统中，伦理审查委员会处于主导性地位。这是由于：第一，伦理审查委员会是 BIONET 合作创新网络的倡导者；第二，伦理审查委员会是合作创新机制建立的主导者；第三，伦理审查委员会较其他合作创新主体承担了更多的对团队体系建设的责任；第四，创新成果价值的体现和显示主要依赖于伦理审查委员会的开拓和治理效果。

高校和科研院所作为创新网络中的活跃群体，其创新优势决定了在合作创新中处于支撑性地位。首先，高校和科研院所为合作创新提供了可发掘和利用的创新成果；其次，高校和科研院所满足了网络的研发需求；再者，作为创新组织和机构的发源地，高校的技术和人才是后备基础；最后，高校和科研院所架构了国外国内机构组织深入联系的网络。

政府作为制度创新和政策的供给者，对合作创新的发展具有重要的推动作用；政府机构的参与，强化了合作创新过程中的信息沟通，增强了合作创新的环境适应性和应变能力。因此，在合作创新网络发展过程中政府处于协调性地位。

医疗机构是 BIONET 进行研究和探讨的重要对象，伦理审查委员会运行治理的对象也是医疗机构和相关医疗院所，所以，BIONET 的绩效成效体现在医疗机构上，他们今后发展的动向决定着这一创新网络的实施效果。他们是合作成果的重要体现者。

2) 研发组织的动态能力建设(见图 11.4)

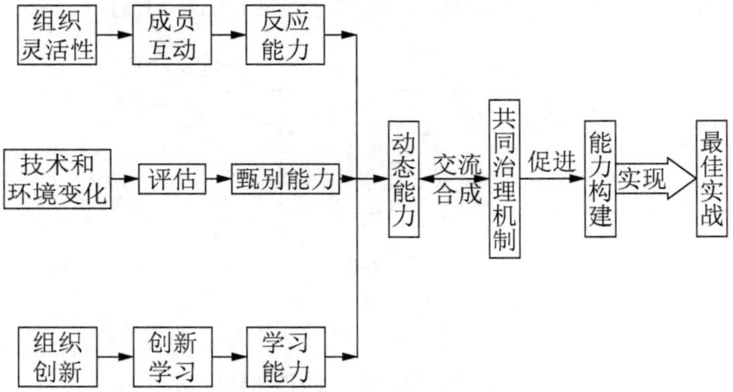

图 11.4　动态能力构筑过程

网络自身内部组织的管理是统筹其发展的一个重要范畴，组织柔性和成员的交互协调影响着组织的能力构建。对于技术和政策环境的变化，如何进行评估，做出反应从而增强自身的甄别能力。网络的创新需要对创新的学习，学习能力是网络运行和治理的动力。三个方面共同作用最终达到最佳实践。

2. 治理机制

我们主要通过跨文化视角进行研究，主要研究几个治理方面的机制：①知识管理(转移)，其中包括技术知识、社会法律制度知识、伦理知识的跨度和转移；②信任治理：跨文化如何信任；③风险、冲突管制，存在的冲突不同。如何构建、如何合作、如何治理、如何结束的、存在的问题，针对这些问题，我们如何突破跨文化沟壑，继续合作交流，真正和谐各个国家的现存伦理问题和冲突(Harmonization of Conflicts and Cooperation Within the Exchange)，统一或是各自制定自身适合自己国家的规则和制度。

运行治理机制的含义是指一套用以规范成员责权利关系的制度或契约安排，以保证组织的顺利运行。创新网络的治理机制即是用来规范组织成员行为的一系列关系契约，BIONET 的治理分为三个关键机制的治理：知识管理，信任治理，风险、冲突的管控(技术风险、知识风险，以及对意见不一和观点冲突的协调和处理)。关系契约是网络组织形成与运作的基础。关系契约有两条基本形成途径：一条是由专用性资产而形成的相互依赖，另一条是动用个体的社会资本而锁定双方的关系。在宏观社会资本不足的情况下，人们表现出明显的机会主义行为，此时动用个体社会资本形成关系契约是降低成本的有效办法。从资产专用性所形成的关系契约治理的角度看，关系契约是隐含的自我实施机制，它不同于法律和道德，是由重复博弈所形成的一种声誉机制，即算计性的信任机制。只有建立在信任基础上的伦理运行和治理才是合作网络达成的目的。

创新网络作为一种以协调创新活动为主的组织结构，可以从三个方面规避组织机构的沟通协商成本。

第一，关于创新资源的相关信息可以通过网络关系进行发现和识别，增加双方甚至多方的信息对称性，进而在一定程度上规避不完全信息所带来的道德和逆向选择等风险。

第二，网络关系作为一种创新主体间的协调机制，在一定程度上可以作为创新主体间协作创新活动的程序和惯例，降低冲突管理的协调成本和耗时。

第三，任意二元创新主体间的网络关系，还可以作为该二元创新主体共同网络结构的抵押物，即双方的协作行为和协作能力等信息，在其公共的网络结构中，往往是“公开”的，有利于形成群体监督机制。

BIONET 的初始假设是中欧合作研究管理最重要的是所有研究应该在清楚的国家制度和伦理框架内负责任地执行。

(1) 知识管理。

知识管理学者将知识分为两类：一类是高度个性化、难以形式化的隐性知识(Tacit Knowledge)；另一类是能够编码且能以系统方式表达的显性知识(Explicit Knowledge)。一个组织可以通过建立内部完善的电子平台或者网络系统来实现显性知识的共享，而隐性知识由于其本身的垄断性、表达的困难性、收益的不确定性等原因，而无法在组织内部各个成员之间进行分享，由此产生了知识转移的障碍。相对于成员少且固定的实体性研发组织来说，内部知识的管理对于研发组织显得尤为重要和困难。成员总是从自身角度出发，最大化自身利益。他们一方面以较少的投入获取较多的回报，另一方面又想多吸收其他成员的私有知识而少于他人分享自身的专有知识。对于合作创新网络来说，由于 BIONET 在组织运行中涉及中欧生命科学前沿技术的传输和披露，所以针对知识管理，中欧双方虽然尽量达成了展示的默契和协议，实际运行中，在知识转移和共享上仍存在一些问题。

我们认为，合作交流中的知识溢出是必然的，如何使外部效应合理化和最大化是网络建设的主要目标。显性知识如生物科学方面上的前沿尖端上的技术知识，中欧可以进行相互的沟通交流和学习合作，以制定相关的合适匹配的伦理规则，同时也存在一些潜在的难以克服的问题。比如，由于在三大治理的关键领域发展程度的不同，不同国家的境遇状况不同，如何进行伦理审议，这就需要指导委员会和专家团的严谨调研，对不同技术条件下的伦理知识发展进行勘察分类，通过伦理交互，实现伦理制度的制定和协调同一发展。对于隐性知识，由于中欧伦理道德、制度、观念和体制上的差异，也导致感情上的文化价值观念选择的不同。欧洲的伦理法律体制建设较于中国开始的更早，所以发展较快，在关于伦理规章的制定上显然比中国更加完善和全面。如何在合作中最大化双方的伦理审议进程和伦理法制建设进程，需要欧洲专家团体包容开放的态度，也需要中国的积极聆听和吸取，以制定出符合各国不同规制和环境的伦理制度。中欧文化异质性对比见表 11-4。

表 11-4　中欧文化异质性对比

特质	中国	欧洲
对血缘关系的重视	重视	一般
对家族后代的重视	重视	一般
回顾伦理学发展的历史 (重视程度)	发展缓慢	开始较早
伦理、法律、道德等学科的发展融合程度	融合度低	融合度高
公众对于生物和生物医药发展的态度 (关心和重视、支持和参与、国家扶持，公众接受成果但不参与)	较为重视，集体主义倾向	重视，个人主义倾向

(2) 信任治理和风险、冲突管控。

只有建立在信任基础上的伦理运行和治理才是合作网络达成的目的。在跨国合作中，由于各个不同国家制度、文化的不同，我们要在尊重彼此文化的基础上，基于团队的信任和组织的协调进行沟通配合。冲突的存在是必然的，也是正常的，但冲突的性质和结果存在差异，Deutsch (1990)将冲突划分为合作式冲突、对抗式冲突和让步式冲突三种类型，不同类型的冲突表现为团队成员之间对创新机会和信息的良性互动或恶性互动，这将成为制约创新网络优势转化为创新绩效的主要因素。合作式冲突度量指标：①注重营造我们是一个整体的氛围；②注重追求对每个个体都有利的方案；③强调最佳的角色分工来提高决策效率；④持续投入以实现理想和追求；⑤总有意识地去说服他人同意自己。由此，BIONET 运行中的冲突类型我们确定为合作式冲突。

研究发现，合作式冲突会显著正向调节企业创新网络强度与创新绩效的关系，进一步放大创新网络强度的积极作用，更高效地转化为创新绩效。而对抗式冲突和让步式冲突作为两种消极的冲突类型，两者对创新网络强度与创新绩效间关系的调节作用不显著。Choi & lee(1997)认为，联盟内部成员之间的文化差异增加了知识转移的难度。他们强调，有效实施知识转移必须引入一套治理机制，以解决成员间的冲突，中和彼此文化差异所产生的矛盾，保证组织的正常运行。Ferrary 和 Granovetter (2009) 研究了风险资本对于硅谷创新网络的作用，认为硅谷创新能力是在多异质性主体多元联系以支持高技术企业的创造发展中演化的风投公司对网络的支撑作用包括：资金支持、伙伴选择、知识集聚、嵌入与信息传播。

11.4　政策建议

基于上述研究，本项目针对中国生物制药产业的发展提出以下政策建议。

1. 更新组织的思想观念，促进虚拟研发组织的建立

观念转变和更新是实施虚拟研发组织的前提。我国企业的总体上的技术创新能力还比较弱，借助于虚拟研发这一新的研发模式，提升其创新能力对于我国企业的发展起着至关重要的作用。通过组建虚拟研发组织在提高企业创新能力的同时，自然而然会推动企业自主创新能力的提高。因此，在我国发展虚拟研发组织模式必须转变企业、高校和科研院所的思想观念，正确认识自主创新与虚拟研发的关系，借助研发外部化战略提升我国企业的自主创新能力。高校和科研院所也需转变观念，主动关注产业界的应用方向，发挥自身优势，与产业界合作，推动研究成果产品化，实现其社会价值。同时虚拟研发可以使组织间知识共享，是一

个利于促进企业学习的研发模式，因此企业需要转变其观念，加强自己在外部学习新知识的能力。

2. 建立学习型组织，提升虚拟研发组织的整体学习创造能力

学习贯穿于组织发展的始终，是组织生存与发展的基本条件。开发一种新产品，引进一项新技术，都需要更新原有的知识，吸收或创造出新知识，每一项创新都在学习中实现。培养和有效的学习机制，一方面为最大限度地获取虚拟研发联盟知识创造条件；另一方面，也为知识存量的激活创造条件。学习型组织是一个宏观的管理理论，其可分为个人学习和组织学习两方面，个人学习是组织知识能力积累和激活的微观基础，组织学习是组织总体知识能力积累和激活的重要体现。学习型组织的理论可以用以指导各种组织的管理。虚拟研发组织的研发过程，也是知识相互学习、吸收和应用的过程，这就需要在虚拟研发组织范围内构建学习型组织和培育有效学习机制，以助于知识在整个组织内部合理的流动和转移。

3. 加强知识产权保护，构筑虚拟研发组织发展的制度平台

我国的许多法律、法规是以工业经济时代为背景制定的，随着知识经济的到来，企业经营的内外部环境发生了巨大的变化，有些法律已经不适合经济发展的需要了，要求改革和完善传统的法律体系。虚拟研发组织的产生给传统法律带来了很大挑战，如虚拟研发组织在研发过程中产生的知识产权归属问题需要有明确的法律规定。在虚拟研发组织的产出中，一项创新活动往往是合作伙伴通力协作的结果。由于科技成果权益归属问题环节较多，经常出现权益不清和权益受到侵害的情况。因此，我国在发展虚拟研发组织时需要加强知识产权建设，构筑利于虚拟研发组织发展的制度平台。在宏观层面上，我国应进一步健全知识产权法律、法规，加强知识产权立法保护，坚强对知识产权法的宣传、检查和执法力度。以此加快我国知识产权保护的进程，规范市场竞争和创新活动，使创新活动有法可依。同时，要加强企业、高校和科研院所的知识产权意识，建立有效的技术保密和使用制度，以知识产权保护为核心，灵活运用知识产权策略参与市场竞争。

4. 注重诚信体系建设，降低虚拟研发组织的合作成本

目前，协调虚拟研发组织合作伙伴之间的关系主要采用的还是契约控制的方法，通过契约的手段来规范伙伴的行为及减少合作风险。但是契约作为一种强制性的约束手段，不可能完全消除合作的风险。因此，要保证虚拟研发组织良好的运行，除了契约的“硬性”约束外，需要其他“软性”的约束。在前面几章中已经提到，信任是虚拟研发组织运行的重要基石。所以说，虚拟研发组织合作伙伴要想适应市场的变化，他们之间必须建立各自独立的前提下相互信任，真诚相待，这是其利润最大化的基础所在。当然，我国的诚信体系还在建设之中，人们之间的信任程度还普遍不高。在这种情况下，我们不能单纯一味地把信任问题丢给社会，而要根据虚拟研发组织组建的情况，对存在的问题进行具体分析，有意识地从诚信入手，力图通过对诚信重要性的认识，把握诚信的标准，注重对诚信成员的选择，让具有更高诚信的组织加入到虚拟研发组织中来，降低成员之间的合作成本。

5. 加强信息网络建设，提供虚拟研发组织发展的技术支撑

信息网络对虚拟研发组织内部及其同外部之间的知识，尤其是显性知识的共享与网络化合作知识创新提供了强大的技术手段。虚拟研发组织本身是建立在信息网络之上的动态研发联盟，组织成员之间的联系与沟通依赖于现代通信手段，企业实施虚拟研发组织运行，建立完善、高效的信息网络系统是最基本的条件。另外，研发是一个十分复杂的过程，需要大量的信息。企业要创新就需要以最快的速度掌握国内、国际的信息和科技资源，使技术创新工作没有必要从头搞起。这些最新信息的获取，离不开信息网络技术的应用。因此，需加强企业的信息化网络的建立，如以企业业务流程和管理流程为依据，建立起的企业总体数据库；建立相关的各种自动化及管理系统，如计算机辅助设计系统、管理信息系统、决策支持系统，建立 Extranet，使企业与虚拟研发组织的其他成员之间达成信息共享等。

6. 发挥政府职能，营造适于虚拟研发组织发展的良好环境

虚拟研发组织不仅是一种研发的经济活动，同时还表现出很强的社会性，

它面临着高额的成本支出和高度的不确定性，合作伙伴之间的利益协调需要依靠国家的法规、政策及服务支持。国外经验表明：发展虚拟研发组织，要在市场机制下充分发挥政府的服务职能。在市场体系和竞争机制尚未完善的现阶段，我国政府职能尚未充分发挥。为了促使我国虚拟研发组织的顺利发展，需要我国政府政策、制度等相关条件营造的良好环境。政府应该努力开发信息资源，建立范围广泛的信息交流制度；大力发展中介服务组织，鼓励和吸引分流出的科技人员建立技术服务组织与中介组织，为虚拟研发组织发展高新技术产业提供服务支撑体系，为虚拟研发组织提供信息咨询中介服务，营造具有综合性中介服务体系的社会环境；加快基础信息建设，营造区域创新环境，构建一个可以把处于不同操作环境中的软、硬件兼容到一起的信息平台。另外，政府还要营造良好的创新软环境。随着区域经济的发展，区域软环境的建设日益成为影响区域发展的最关键因子，成为很多政府为增强竞争优势而选择的一种重要的弹性政策措施。

7. 借鉴国内外成功经验，重点发展适合中国特色的虚拟研发组织

对虚拟研发组织这一新的研发模式，我们不能简单地照搬照抄国外的现有成果，应结合我国经济发展状况和企业的实际情况，全面学习国外虚拟研发的成功经验，吸取它们失败的教训，趋利除弊，灵活运用，创造具有我国特色的虚拟研发组织模式，充分发挥虚拟研发组织的巨大优势。针对中国国情和我国企业所具有的长处和优势，以共同发展为目的建立各种形式的联盟，形成适合我国国情的虚拟研发组织是一种可行的战略选择。

结　语

当今，科技与人才已经成为企业乃至国家间竞争的关键因素，而有效地发挥科技与人才的潜在功能，在很大程度上取决于对科技与人才的组织模式。随着信息技术的发展，一种新型的科研组织模式——虚拟 R&D 正在迅速崛起。实际上，虚拟 R&D 组织在实践领域中已经有了相当的发展，但至今并未看到对它的系统研究。本课题立足于系统性和创新性，通过对虚拟 R&D 组织的组织形态及其治理机制的全面研究，力图揭示现代科学技术活动在组织创新方面的新趋势，深化对于虚拟 R&D 组织这一新的组织形态的理解。

本项目主要从两个方面展开对虚拟 R&D 组织的研究：一是基础理论研究，即深入探讨虚拟 R&D 的演化、基本形态以及网络化的治理机制，并借用“交易区”理论和“边界客体”理论，分析虚拟 R&D 组织的知识管理和创新；二是以中国生物制药产业为例，生物制药业及其科研活动的基本现状，探讨生物制药产业 R&D 组织网络、治理机制及其“交易区”共享网络的构建。本项目最后结合基础理论研究与生物制药 R&D 组织分析，提出了相关政策建议。

总而言之，本项目一方面推动了现有 R&D 组织的理论研究，尤其是在 R&D 组织的基本形态研究、治理机制分析、基于“边界客体”的科研和组织“交易区”知识网络的构建等方面，推动了 R&D 组织的基础理论研究；另一方面，揭示了中国生物制药高产发明者合作网络特征、R&D 合作模式、运行机制等基本规律，衍生出更具有科学性、前瞻性的政策建议，为中国生物制药业的技术进步和产业发展提供理论与政策参考。

参考文献

[1] Alavi M, Leidner D E. *Review: Knowledge management and knowledge management systems: conceptual foundations and research issues*[J]. *MIS quarterly*, 2001: 107-136.

[2] Alchain A, Demsetz H. *Production, information costs, economic organization*[J]. *American Economic Review*, 1972, Vol.62, No.5, pp. 777-795.

[3] Amir R, Evstigneev I, Wooders J. *Noncooperative versus cooperative R&D with endogenous spillover rates*[J]. *Games and Economic Behavior*, 2003, 42(2): 183-207.

[4] Asheim B, Hansen H K. *Knowledge bases, talents, and contexts: on the usefulness of the creative class approach in sweden*[J]. *Economic Geography*, 2009, 85(4): 425-442.

[5] Austin D H. *An event-study approach to measuring innovative output: the case of biotechnology*[J]. *The American economic review*, 1993: 253-258.

[6] B. Holmstrom. *Moral hazard in teams*[J]. *The Bell Journal of Economics*, Vol.13, No.3, 1982, pp. 2-47.

[7] Balconi M, Laboranti A. *University–industry interactions in applied research: the case of microelectronics*[J]. *Research Policy*, 2006, 35(10): 1616-1630.

[8] Barzel Y. *Economic Analysis of Property Right*[M], Cambridge press, 1989.

[9] Beaudry C, Schiffauerova A. *Impacts of collaboration and network indicators on patent quality: the case of canadian nanotechnology innovation*[J]. *European Management Journal*, 2011, 29(5): 362-376.

[10] Belderbos R, Carree M, Lokshin B. *Cooperative R&D and firm performance*[J]. *Research policy*, 2004, 33(10): 1477-1492.

[11] Breschi S, Lissoni F. *Knowledge networks from patent data*[M]//Handbook of quantitative science and technology research. Springer Netherlands, 2005: 613-643.

[12] Breschi S, Lissoni F. *Knowledge networks from patent data*[M]//Handbook of quantitative science and technology research. Springer Netherlands, 2005: 613-643.

[13] Calero C, Van Leeuwen T N, Tijssen R J W. *Research cooperation within the bio-pharmaceutical industry: network analyses of co-publications within and between firms*[J]. *Scientometrics*, 2007, 71(1): 87-99.

[14] Cantner U, Graf H. *The network of innovators in Jena: an application of social network analysis*[J]. *Research Policy*, 2006, 35(4): 463-480.

[15] Costa M, Iezzi S. *Technology spillover and regional convergence process: a statistical analysis of the Italian case*[J]. *Statistical Methods and Applications*, 2004, 13(3): 375-398.

[16] Cowan R, Jonard N, Özman M. *Knowledge dynamics in a network industry*[J]. *Technological Forecasting and Social Change*, 2004, 71(5): 469-484.

[17] Cowan R, Jonard N, Zimmermann J B. *Bilateral collaboration and emergent networks*[J]. *SSRN eLibrary*, 2005.

[18] Cowan R, Jonard N. *Network structure and the diffusion of knowledge*[J]. *Journal of economic Dynamics and Control*, 2004, 28(8): 1557-1575.

[19] BOER MD, BOSCHFAJVD, Volberda H W. *Managing organizationalknowledge integration in the emergingmultimedia complex*[J]. *Journal of Management Studies*, 1999, Vol.36, No.3, pp.379-398.

[20] D'Aspremont C, Jacquemin A. *Cooperative and noncooperative R&D in duopoly with spillovers*. 1999, *The American Economic Review*, 1988: 1133-1137.

[21] Demil B, Lecocq X. *Neither market nor hierarchy nor network: the emergence of bazaar governance*[J]. *Organization studies*, 2006, 27(10): 1447-1466.

[22] Deng Z, Lev B, Narin F. *Science and technology as predictors of stock performance*[J]. *Financial Analysts Journal*, 1999: 20-32.

[23] Dodgson, Mark. *Learning,Trust and Technological Collaboration*[J], *Human Relations*, 1993, Vol. 46, No.1, pp.77-95.

[24] Ernst H. *Patent information for strategic technology management*[J]. *World Patent Information*, 2003, 25(3): 233-242.

[25] Ernst H. *Patenting strategies in the German mechanical engineering industry and their relationship to company performance*[J]. *Technovation*, 1995, 15(4): 225-240.

[26] Fabry B, Ernst H, Langholz J, et al. *Patent portfolio analysis as a useful tool for identifying R&D and business opportunities—an empirical application in the nutrition and health industry*[J]. *World Patent Information*, 2006, 28(3): 215-225.

[27] Fleming L, King III C, Juda A I. *Small worlds and regional innovation*[J]. *Organization Science*, 2007, 18(6): 938-954.

[28] Fosfuri A, Rønde T. *High-tech clusters, technology spillovers, and trade secret laws*[J]. *International Journal of Industrial Organization*, 2004, 22(1): 45-65.

[29] Freeman C. *Networks of innovators: a synthesis of research issues*[J]. *Research policy*, 1991, 20(5): 499-514.

[30] Freeman L. *Centrality in social networks: conceptual clarification*[J]. *Social networks*, 1979,1(3):215-239.

[31] Fritsch M, Franke G. *Innovation, regional knowledge spillovers and R&D cooperation*[J]. Research policy, 2004, 33(2): 245-255.

[32] Fritsch M, Kauffeld-Monz M. *The impact of network structure on knowledge transfer: an application of social network analysis in the context of regional innovation networks*[J]. *The Annals of Regional Science*, 2010, 44(1): 21-38.

[33] Galison P L. *Image and Logic: A material culture of microphysics*[M]. Chicago: The University of Chicago Press. 1997.

[34] Gay C, Latham B, Le Bas C. *Collective knowledge, prolific inventors and the value of inventions: an empirical study of French, German and British patent in the US,* 1975-1999[J]. *Economics of Innovation and New Technology*, 2008, 17(1-2):5-22.

[35] Gorman M E. *Trading zones and interactional expertise: creating new kinds of collaboration* [M]. MIT Press, 2010.

[36] Griliches Z. *Patent statistics as economic indicators: a survey*[M]//R&D and productivity: the econometric evidence. University of Chicago Press, 1998: 287-343.

[37] *Interdisciplinary Research and Education: Preliminary Perspective from the MIT Media Laboratory*[DB/OL], http://pzweb. Harvard. Edu/ Research / GoodWork/ GoodWork13.pdf.

[38] Jenkins L D. *The evolution of a trading zone: a case study of the turtle excluder device*[J]. *Studies In History and Philosophy of Science Part A*, 2010, 41(1): 75-85.

[39] Guan Jiancheng, Zhang Jingjing, Yan Yan. *The impact of multilevel networks on innovation* [J]. Research policy, 2015, 44(3):545-559.

[40] Johnson, Jean L,Cullen, John B. *Setting the stage for trust and strategic integration in Japanese-US cooperatiive alliances*[J], Journal of International Business Studies,1996, Vol.27, No.5, p981, 24p, 3 charts, 1 diagram.

[41] K Kakabadse N, Kouzmin A, Kakabadse A. *From tacit knowledge to knowledge management: leveraging invisible assets*[J]. *Knowledge and Process Management*, 2001, 8(3): 137-154.

[42] Kellogg K C, Orlikowski W J, Yates J A. *Life in the trading zone: structuring coordination across boundaries in postbureaucratic organizations*[J]. *Organization science*, 2006, 17(1): 22-44.

[43] Kogut B, Zander U. *Knowledge of the firm, combinative capabilities, and the replication of technology*[J]. *Organization science*, 1992, 3(3): 383-397.

[44] Kogut B. *The network as knowledge: generative rules and the emergence of structure*[J]. *Strategic management journal*, 2000, 21(3): 405-425.

[45] Lanjouw J O, *Schankerman M. Patent quality and research productivity: Measuring innovation with multiple indicators* [J]. *The Economic Journal*, 2004, 114(495): 441-465.

[46] Lanjouw J O, Schankerman M. *The quality of ideas: measuring innovation with multiple indicators*[R]. *National bureau of economic research*, 1999.

[47] Latour B. *Reassembling the social—an introduction to actor—network theory*[M]. Oxford University Press, 2005.

[48] Leitner K H. *Managing and reporting intangible assets in research technology organisations* [J]. *R&D Management*, 2005, 35(2): 125-136.

[49] Lerner J. *The importance of patent scope: an empirical analysis*[J]. *The RAND Journal of Economics*, 1994: 319-333.

[50] Mark Dodgson. *Learning, Trust, and Technological Collaboration*[J]. *Human Relations*, 1993, Vol. 46, No.1, PP. 77-95.

[51] Martin Roman，Jerker Moodysson. *Innovation in Symbolic Industries: The geography and organization of knowledge sourcing* [J]. *European Planning Studies*, 2011, 19(7): 1183-1203.

[52] McKelvey M, Alm H, Riccaboni M. *Does co-location matter for formal knowledge collaboration in the Swedish biotechnology–pharmaceutical sector?*[J]. *Research Policy*, 2003, 32(3): 483-501.

[53] Newman M E J. *Clustering and preferential attachment in growing networks*[J]. *Physical Review E*, 2001, 64(2): 025102.

[54] Nieto M, Quevedo P. *Absorptive capacity, technological opportunity, knowledge spillovers, and innovative effort*[J]. *Technovation*, 2005, 25(10): 1141-1157.

[55] Nonaka I, Von Krogh G. *Perspective—tacit knowledge and knowledge conversion: controversy and advancement in organizational knowledge creation theory* [J]. *Organization Science*.2009，20(3)：635-652.

[56] Nonaka I. *A dynamic theory of organizational knowledge creation*[J]. *Organization science*, 1994, 5(1): 14-37.

[57] Nowak M J, Grantham C E. *The virtual incubator: managing human capital in the software industry*[J]. *Research Policy*, 2000, 29(2): 125-134.

[58] Orsenigo L, Pammolli F, Riccaboni M. *Technological change and network dynamics: lessons from the pharmaceutical industry*[J]. *Research policy*, 2001, 30(3): 485-508.

[59] Owen Smith J. *Knowledge networks as channels and conduits: The effects of spillovers in the Boston biotechnology community*[J]. *Organization science*, 2004, 15(1): 5-21.

[60] Peters H P F, Van Raan A F J. *Structuring scientific activities by co-author analysis[J]. Scientometrics*, 1991, 20(1): 235-255.

[61] Pike S, Roos G, Marr B. *Strategic management of intangible assets and value drivers in R&D organizations*[J]. *R&D Management*, 2005, 35(2): 111-124.

[62] Powell A, Piccoli G, Ives B. *Virtual teams: a review of current literature and directions for future research*[J]. *ACM Sigmis Database*, 2004, 35(1): 6-36.

[63] Powell W W, Koput K W, Smith-Doerr L. *Interorganizational collaboration and the locus of innovation: Networks of learning in biotechnology*[J]. *Administrative science quarterly*, 1996: 116-145.

[64] RJ Ruitenburg, FTJM Fortuin, SWF Omta. *The role of prior experience, intellectual property protection and communication on trust and performance in innovation alliances*[J]. *Journal on Chain and network science*, 2014, 14(2):117-128.

[65] Reagans R, McEvily B. *Network structure and knowledge transfer: The effects of cohesion and range*[J]. *Administrative science quarterly*, 2003, 48(2): 240-267.

[66] Rebecca R Kehoe, Daniel Tzabbar. *Lighting the way or stealing the shine? An examination of the duality in star scientists' effects on firm innovative performance*[J]. *strategic management journal*, 2015, 36(5):709-727.

[67] Sakakibara M. *Cooperative research and development: who participates and in which industries do projects take place?*[J]. *Research Policy*, 2001, 30(7): 993-1018.

[68] Sakakibara M. *Knowledge sharing in cooperative research and development*[J]. *Managerial and Decision Economics*, 2003, 24(2-3): 117-132.

[69] Shane S. *Technology regimes and new firm formation*[J]. *Management science*, 2001, 47(9): 1173-1190.

[70] Sherstuyk K. 1998. *Efficiency in partnership structure*[J]. *Journal of Economic Behavior and Organization*, Vol.36, No.3, pp. 331-346.

[71] Singh J. *Collaborative networks as determinants of knowledge diffusion patterns*[J]. *Management science*, 2005, 51(5): 756-770.

[72] Sosa M E, Eppinger S D, Pich M, et al. *Factors that influence technical communication in distributed product development: an empirical study in the telecommunications industry*[J]. *Engineering Management, IEEE Transactions on*, 2002, 49(1): 45-58.

[73] Subramanyam K. *Bibliometric studies of research collaboration: A review*[J]. *Journal of information Science*, 1983, 6(1): 33-38.

[74] Suh W, Sohn J H D, Kwak J Y. *Knowledge management as enabling R&D innovation in high tech industry: the case of SAIT*[J]. *Journal of knowledge management*, 2004, 8(6): 5-15.

[75] Tapon F, Cadsby C B. *The optimal organization of research: evidence from eight case studies of pharmaceutical firms*[J]. *Journal of Economic Behavior & Organization*, 1996, 31(3): 381-399.

[76] Tapon F, Thong M, Bartell M. *Drug discovery and development in four Canadian biotech companies*[J]. *R&D Management*, 2001, 31(1): 77-90.

[77] Tapon F, Thong M. *Research collaborations by multi-national research oriented pharmaceutical firms: 1988–1997*[J]. *R&D Management*, 1999, 29(3): 219-231.

[78] Tapon F. *A transaction costs analysis of innovations in the organization of pharmaceutical R & D*[J]. *Journal of Economic Behavior & Organization*, 1989, 12(2): 197-213.

[79] Teece D J. *Strategies for managing knowledge assets: the role of firm structure and industrial context*[J]. *Long range planning*, 2000, 33(1): 35-54.

[80] Tong X, Frame J D. *Measuring national technological performance with patent claims data*[J]. *Research Policy*, 1994, 23(2): 133-141.

[81] Tyebjee T, Hardin J. *Biotech–pharma alliances: strategies, structures and financing*[J]. *journal of commercial biotechnology*, 2004, 10(4): 329-339.

[82] V V D Vrande, W Vanhaverheke, G Duysters. *External technology sourcing: The effect of uncertainty on governance mode choice*[J]. *Journal of Business Venturing*, 2009, Vol.24, No.1, pp. 62-80.

[83] Verona Gianmario, Ravasi Davide. *Unbundling dynamic capabilities: an exploratory study of continuous product innovation* [J]. *Industrial and Corporate Change*, 2003, Vol. 12, No.3, pp. 577-606.

[84] Wang J C, Chiang C, Lin S W. *Network structure of innovation: can brokerage or closure predict patent quality?*[J]. *Scientometrics*, 2010, 84(3): 735-748.

[85] William Latham, Christian Le Bas, Jawel Riad Bouklia-Hassane, Dmitry Volodin. *Interregional mobility, productivity and the value of patents for prolific inventors in France, Germany and the UK*[J]. *International Journal of Foresight and Innovation Policy*, 2011, 7(1-3):92-113.

[86] Winters R, Stam E. 12. *Beyond the firm: Innovation and networks of high technology SMEs*[J]. *Entrepreneurship, industrial location and economic growth*, 2007: 230.

[87] Zhang Gupeng, Lv Xiaofeng, Duan Hongbo. *How do prolific inventors impact firm innovation in ICT: implications from patent coinventing network*[J]. *Technology Analysis and Strategic Management*, 2014, 26(9):1091-1110.

[88] 艾凤义，韩伯棠，张平淡. 完全信息下基于知识溢出合作行为的博弈分析[J]. 北京理工大学学报，2004，24(9)：782-785.

[89] 艾少伟，苗长虹. 从“地方空间”、“流动空间”到“行动者网络空间”：ANT 视角[J]. 人文地理，2010(2)：43-49.

[90] 蔡宁，吴结兵，殷鸣. 产业集群复杂网络的结构与功能分析[J]. 经济地理，2006，26(3)：378-382.

[91] 陈传夫. 高新技术与知识产权法[M]. 武汉：武汉大学出版社，2000.

[92] 陈飞翔，张黎，胡靖. 知识扩散场的建立与实证分析[J]. 科学学研究，2005，23(2)：253-257.

[93] 陈菊红，汪应洛，孙林岩. 虚拟企业收益分配问题博弈研究[J]. 运筹与管理. 2002，11(1)：11-16.

[94] 陈力，宣国良. 跨功能知识整合对新产品开发绩效的影响[J]. 科学学研究，2006，24(6)：921-928.

[95] 陈旭. 基于产业集群的技术创新扩散研究[J]. 管理学报，2005，2(3)：333-336.

[96] 程跃，银路，李天柱. 中国生物技术制药产业创新现状可视化研究——基于科学计量学的专利数据分析[J]. 技术经济，2010，29(5)：18-23.

[97] 崔维军，傅宇，周彩红，王进山. 中国制药和生物科技产业研发投入的国际比较：基于全球研发投入 2000 强企业的实证分析[J]. 科技管理研究，2015，(16)：123-128.

[98] 董丽丽，刘兵，李正风. 另一种科学革命？对伽里森交易区理论的一种解读 [J]. 科学技术哲学研究，2013，30(4)：77-82.

[99] 冯蔚东. 虚拟企业中的风险管理与控制研究[J]. 管理科学学报，2001，4(3)：1-8.

[100] 付俊，中国生物制药产业发展现状分析与建议[J]. 对策与战略，2014，(4)：70-71.

[101] 高鹏. 论现代企业技术创新组织模式的虚拟化特征[J]. 自然辩证法研究，2007(04)：50-53.

[102] 桂子凡，王义强. 我国生物医药产业发展的现状，问题及对策研究[J]. 特区经济，2006(6)：267-269.

[103] 洪进，李敬飞，李晓芬. 两阶段创新价值链视角下的我国医药制造业技术创新效率及影响因素分析[J]. 西北工业大学学报(社会科学版)，2013，33(2)：51-64.

[104] 洪进，李敬飞. 我国医药制造业的区域差异与空间集聚[J]. 中南大学学报(社会科学版)，2013，19(5)：26-31.

[105] 侯贵松. 知识管理与创新[M]. 北京：中国纺织出版社，2002.

[106] 胡昌平，晏浩. 知识管理活动创新性研究之协同知识管理[J]. 中国图书馆学报，2007，33(3)：95-97.

[107] 胡显文，陈惠鹏，汤仲明，等. 生物制药的现状和未来(一)：历史与现实市场[J]. 中国生物工程杂志，2004，24(12)：95-101.

[108] 胡铮. 虚拟企业中成员企业的组织结构[J]. 经济管理，2001 (2)：39-43.

[109] 黄坡，陈柳钦. 产业集群与企业技术创新[J]. 新疆社会科学，2006(1)：16-21.

[110] 黄向群，梁巧转. 大企业技术创新模式再造[J]. 科学管理研究，2001，19(2)：7-9.

[111] 黄烨菁. 外国直接投资的技术溢出效应——对中国四大高技术产业的分析[J]. 世界经济研究，2006(7)：9-15.

[112] 蒋国平，王林英. 开放式创新下的突破性创新能力提升问题的研究[D]. 天津：天津商业大学，2012(5).

[113] [英]科鲁夫. 知识创新——价值的源泉[M]. 北乔，译. 北京：经济管理出版社. 2003.

[114] 李春燕，石荣. 专利质量指标评价探索[J]. 现代情报，2008，28(2)：146-149.

[115] 李金洲. 我国生物医药产业可持续发展战略研究[J]. 商业时代，2008 (35)：99-101.

[116] 李平. 技术扩散中的溢出效应分析[J]. 南开学报(哲学社会科学版)，1999 (2)：29-34.

[117] 李秋容. 论虚拟研究开发中知识产权的确认[J]. 学术论坛，2005 (1)：51-54.

[118] 李天柱，银路，程跃. 生物技术产业集群持续创新网络及其启示——基于国外典型集群的多案例研究[J]. 研究与发展管理，2010，22(3)：1-8.

[119] 李肖军，武振业. 试论企业战略联盟分配问题[J]. 系统工程理论方法应用，2002，11(3)：235-239.

[120] 李绪成，王保保，杨建安. 知识管理研究[J]. 计算机工程与设计，2002，1(1).

[121] 李振亚，孟凡生，曹霞. 基于四要素的专利价值评估方法研究[J]. 情报杂志，2010，29(8)：87-90.

[122] 厉海鸥. 高校虚拟跨学科组织研究[D]. 杭州：浙江大学，2008：66-83.

[123] 厉无畏，王慧敏. 创意产业促进经济增长方式转变——机理·模式·路径[J]. 中国工业经济，2007 (11)：5-13.

[124] 立明. 科学计量学：指标模型应用[M]. 北京：科学出版社，1995.

[125] 刘洪，王玉峰. 复杂适应组织的特征[J]. 复杂系统与复杂性科学，2006，3(3)：1-9.

[126] 刘军. 社会网络分析导论[M]. 北京：社会科学文献出版社，2004：107-111.

[127] 卢海东，连燕华，于浩. 论大型企业技术创新的组织模式[J]. 科技进步与对策. 2007(2)：90-92.

[128] 栾春娟，刘则渊，侯海燕. 发明者合作网络中心性对科研绩效的影响[J]. 科学学研究，2008，26(5)：938-941.

[129] 骆品亮，周勇，郭晖. 虚拟研发组织的知识转移机制：一个文献综述[J]. 研究与发展管理，2004，16(5)：18-25.

[130] 马骏，唐方成，郭菊娥，等. 复杂网络理论在组织网络研究中的应用[J]. 科学学研究，2005，23(2)：173-178.

[131] 马跃，蔡兵，于小娟. 交叉学科研究的成长环境与动力机制分析[J]. 研究与发展管理，2007，19(5)：105-110.

[132] 孟庆伟. 企业技术中心建设及完善中的几个问题[J]. 中外科技信息，1999(5)：22-26.

[133] 潘淑清. 技术溢出情况下企业合作创新效率研究[J]. 大连理工大学学报：社会科学版，2004 (3)：42-45.

[134] 祁红梅，庞世俊，王惠东. 基于合作的主动知识外溢策略研究[J]. 科学管理研究，2004，22(4)：70-73.

[135] 秦吉波，曾德明. 团队治理：关于提高高新技术企业 R&D 绩效的思考[J]. 数量经济技术经济研究，2003 (3)：43-48.

[136] 邱均平，段宇锋. 论知识管理与知识创新[J]. 中国图书馆学报，1999，3(5)：1.

[137] 邱均平，温芳芳. 作者合作程度与科研产出的相关性分析：基于“图书情报档案学”高产作者的计量分析[J]. 科技进步与对策，2011(5)：1-5.

[138] 邱均平. 知识管理学[M]. 北京：科学技术文献出版社，2006.

[139] 任皓，苏新宁，孔敏，等. 论企业知识资源的组织[J]. 情报学报，2003，22(2)：211-216.

[140] 孙彩虹. 技术溢出下企业合作研发博弈分析与协同问题研究[D]. 重庆：重庆大学，2009.

[141] 王波，宋泽海，阎颐. 技术创新战略与企业组织模式的适应性[J]. 科学学与科学技术管理. 2005(10)：71-74.

[142] 王博. 企业研发组织模式的选择研究[D]. 上海：上海师范大学，2008，5.

[143] 王聪，李真真. 交易区理论的兴起、发展及应用[J]. 科学学研究，2014，32(8)：1149-1156.

[144] 王玉梅. 产学研知识联盟运行和发展机理的系统动力学分析[J]. 情报杂志，2009(9)：135-1391.

[145] 王月平. 知识联盟 R&D 投入与绩效的关系——基于知识势差视角的研究[J]. 科技进步与对策，2010(9)：133-1371.

[146] 王志成，谢佩洪，陈继祥. 城市发展创意产业的影响因素分析及实证研究[J]. 中国工业经济，2007(8)：49-57.

[147] 邬亮，戴伟辉，孙涛. 我国生物医药产业自主创新的生态群落模式研究[J]. 研究与发展管理，2007，19(2)：42-49.

[148] 吴晓隽，高汝熹，杨舟. 美国生物医药产业集群的模式、特点及启示[J]. 中国科技论坛，2008 (1)：132-135.

[149] 吴晓颖. 基于博弈论的知识溢出效应解构及约束机制[J]. 情报杂志，2008，27(1)：35-36.

[150] 吴志军，赵立昌. 合作创新还是自主创新？——一个扩展的 AJ 模型及其在中国互联网产业中的应用研究[J]. 经济管理，2011，12：019.

[151] 席酉民，郭菊娥，李怀祖. 大学学科交叉与科研合作的矛盾及应对策略[J]. 西安交通大学学报(社会科学版)，2006(1)：79-83.

[152] 夏业良，程磊. 外商直接投资对中国工业企业技术效率的溢出效应研究——基于2002—2006 年中国工业企业数据的实证分析[J]. 中国工业经济，2010 (7)：55-65.

[153] 肖伟，赵嵩正. 虚拟团队沟通技术及其适应性问题研究[J]. 科学学研究，2004，21(6)：632-635.

[154] 谢洪明，刘常勇. 知识管理战略、方法及其绩效研究[J]. 管理世界，2002 (10)：85-92.

[155] 徐和平，孙林岩. 虚拟企业中的知识扩散与技术创新[J]. 工业工程与管理，2003，8(1)：26-29.

[156] 严浩仁，贾生华. 试论知识特性与企业知识共享机制[J]. 研究与发展管理，2002，14(3)：16-20.

[157] 翟丽. 企业知识创新管理[M]. 上海：复旦大学出版社，2001.

[158] 张宝建，胡海青，张道宏. 企业创新网络的生成与进化——基于社会网络理论的视角[J]. 中国工业经济，2011(4)：117-126.

[159] 张钢，倪旭东. 从知识分类到知识地图：一个面向组织现实的分析[J]. 自然辩证法通讯，2005，27(1)：59-68.

[160] 张洪潮，何任. 非对称企业合作创新的进化博弈模型分析[J]. 中国管理科学，2010，18(6)：163-170.

[161] 张立国. 新药研发组织模式演化及对我国的启示[D]. 中国人民解放军军事医学科学院，2013.

[162] 赵晓春. 跨学科研究与科研创新能力建设[D]. 合肥：中国科学技术大学，2007：12-15.

[163] 赵修卫. 组织学习与知识整合[J]. 科研管理，2003，24(3)：52-57.

[164] 周贵川，张黎明. 资源型企业间合作技术创新影响因素的博弈分析[J]. 管理世界，2014 (1)：184-185.

[165] 周天慧，蔡耿谦. 知识管理理论与策略研究[J]. 中国软科学，2000 (9)：88-92.

[166] 朱祖平. 知识进化与知识创新机理研究[J]. 研究与发展管理，2000，12(6)：16-19.

[167] 庄亚明，李金生. 高技术企业知识联盟中的知识转移研究[J]. 科研管理，2005，25(6)：50-55.